实用健身与训练指导

（第二版）

主　编◎兰成伟　　孙全振
副主编◎邓　勇　　边秋蔚
参　编◎陈　悦　　赖周林　　吴正兴
主　审◎张先松

西南交通大学出版社
·成都·

内容提要

《实用健身与训练指导》第二版是在《实用健身与训练指导》第一版的基础上修订而成的，对知识内容进行了分级处理，增加了健身健美运动的发展史，各种小器械健身，肌肉定位和图示，健身健美运动的运动生物力学分析，特殊人群健身指导（含体态矫正），健康体适能，制订健身计划，健身运动营养和健美健身比赛规则，还归纳了正常人体八大部位参与活动的肌肉列表，以及多个可供参考的表格。

本书既具有实用性，又兼顾理论知识的切入，还巧妙地植入了课程思路元素，使此书的思想性、科学性、基础性、职业性、专业性和实用性都有了明显的增强。本书既是健身运动指导书籍的较好选择，也是高校健身专业教学的理想用书。

图书在版编目（CIP）数据

实用健身与训练指导 / 兰成伟，孙全振主编.
2 版. -- 成都 ：西南交通大学出版社，2024. 9.
ISBN 978-7-5774-0028-0

Ⅰ．G883.2

中国国家版本馆 CIP 数据核字第 2024VH4149 号

Shiyong Jianshen yu Xunlian Zhidao

实用健身与训练指导（第二版）

主编 / 兰成伟　孙全振

策划编辑 / 李芳芳
责任编辑 / 宋浩田
封面设计 / 曹天擎

西南交通大学出版社出版发行
（四川省成都市金牛区二环路北一段 111 号西南交通大学创新大厦 21 楼　610031）
营销部电话：028-87600564　　028-87600533
网址　http://www.xnjdcbs.com
印刷　四川煤田地质制图印务有限责任公司

成品尺寸　185 mm×260 mm
印张　24.5　　字数　610 千
版次　2019 年 6 月第 1 版　2024 年 9 月第 2 版　　印次　2024 年 9 月第 2 次

书号　ISBN 978-7-5774-0028-0
定价　79.00 元

图书如有印装质量问题　本社负责退换
版权所有　盗版必究　举报电话 028-87600562

参编人员简介

第一主编：兰成伟，男，1964年出生，毕业于成都体育学院体育教育专业，教授，拥有中国健美协会颁发的中国专业健身教练证书（CBBA证书），中国健美健身国家级专业健身教练、中国健美健身独立培训师，四川工程职业技术大学体育类健身指导与管理专业带头人。拥有四十余年的体育运动生涯，三十余年的体育教学和训练工作。喜欢研究运动损伤，善于专研科学健身和系统训练 。2019年完成了本书第一版的编写工作，后经过多方求学，并增加了参编人员，完善了内容结构，加深了知识点，主持编写了本书。第一主编近照如下。

第二主编：孙全振，男，本科，成都职业技术学院"孙全振健身技能大师工作室"领衔人，2020年和2023年分别获得中华人民共和国第一届和第二届职业技能大赛（社会体育指导员）第四名，2017年全国健身教练专业大会个人一等奖，2019年全国健身教练专业大会团队第一名，健身教练国家职业资格培训师、考评员，全国技术能手，安徽省五一劳动模范，成都市总工会劳模创新工匠工作室主理人。

第一副主编：邓勇，男，硕士研究生，中共党员，副教授，任职于四川工程职业技术大学，负责健身专业的教学工作。

第二副主编：边秋蔚，男，国家级运动健将（健美），国际健联大师级健美教练，中国健美协会等级健身教练培训导师，CBBA大众体能水平等级测评员，培养了3位全国健美冠军，（浙江）嘉兴市嘉信健身健美培训中心创始人。

参编人员1：陈悦，女，硕士研究生，中共党员，助教，任职于四川工程职业技术大学，负责健身专业的教学工作。

参编人员2：赖周林，女，本科，中共党员，讲师，任职于四川国际标榜职业技术学院。奇迹健身四川区私教课程技术顾问兼培训讲师，道格韦恩健身私教课程技术顾问，美航国际健身成都区私教课程技术顾问，V9健身俱乐部成都私教课程技术顾问兼培训师。2019年荣获四川省教育厅举办的"四川省高等职业院校教师教学能力大赛"一等奖。

参编人员 3：吴正兴，男，硕士研究生，中共党员、讲师，任职于四川卫生康复职业学院，负责健身专业的教学工作。

主审简介

张先松：教授，曾任江汉大学体育学院学术委员会主任、武汉文理学院体育学院教授委员会主任。武汉市优秀专家和二次政府专项津贴专家。世界健美联合会（IFBB）国际健身健美大师，全国普通高等教育"十一五"国家级规划教材《健身健美运动》主编，北京兰超形体健康管理科技研究院首席专家。北美华人运动健身协会常务理事，纽约洋子健身客座教授，国际形体健康管理科技专家。

专家评语

《实用健身与训练指导》第二版比第一版的理论性更强，知识覆盖更全面，系统性也更好，各章节分类清晰、层层递进、采用了理论指导实践、实践验证理论方法，不仅适合大众人群健身，亦适用于高校健身专业教学使用或参考。

江汉大学体育学院
张先松　教授

PREFACE 前言

"健身"已成为我国当代热搜词语，国家强盛、人民安居乐业，人们对健康的追求越来越强烈，这也推动了我国体育产业的蓬勃发展，健身行业更是彰显了它的魅力所在，展现了其在大众健康、高水平健美运动、增强国民体质、强健民族体魄等方面所起的重要作用。中共中央、国务院印发的《"健康中国 2030"规划纲要》提出，要加强健康教育，塑造自主自律的健康行为，提高全民身体素质等。

本书采用了大量彩色图片，图文并茂，兼收并蓄，汇集了诸多理论体系。文字部分既有理论知识的传承，也有实践经验的总结，不仅吸收了健身前辈的专业知识，还推出了独具特色的知识点，希望能为健身教学、健身者的健康运动、科学健身提供一定的参考。

本书主要介绍以下内容：如何发展各类身体素质、如何正确地进行抗阻锻炼、如何健康锻炼、如何科学增肌、如何控制体内脂肪比例（BMI 值）、特殊人群如何健身、如何进行健康体适能训练、如何制订健身计划、如何进行健身营养补给、如何参加健美比赛以及如何做到文明健身和文明执教（健身）等。本书运用了浅显易懂的专业知识，采用简单易懂的文字描述和专业术语，并配以图片展示，使读者更加容易理解和掌握。

本书由四川工程职业技术大学兰成伟教授担任第一主编，成都职业技术学院的孙全振副教授（健身技能大师工作室领衔人）担任第二主编，四川工程职业技术大学的邓勇和（浙江）嘉兴市嘉信健身健美培训中心的边秋蔚（大师级健身教练）担任副主编，四川工程职业技术大学的陈悦老师、四川国际标榜职业技术学院的赖周林老师和自贡卫生职业技术学院的吴正兴老师参与了本书的编写工作，全书最后由兰成伟统稿，由张先松审稿。

特别感谢（浙江）嘉兴市嘉信健身健美培训中心、奇迹健身成都分公司、（成都）美航国际健身俱乐部、（德阳）泊伦健身服务有限公司以及多位健身专家、体育教师和相关参考书籍的作者为本书的编写提供的大力帮助和指导。

由于编者水平所限，书中所有的不足之处恳请读者指正。

兰成伟
2024 年 9 月

目 录

第一章 健身健美运动发展介绍
第一节 健身健美运动发展史 ……………………………………………… 002
第二节 我国健身健美发展概况 …………………………………………… 006
第三节 健身教练职业概述 ………………………………………………… 011

第二章 健身手段及器械
第一节 固定式单功能健身器械 …………………………………………… 018
第二节 固定式多功能健身器械 …………………………………………… 020
第三节 有氧健身器械 ……………………………………………………… 020
第四节 自由重量 …………………………………………………………… 028
第五节 自重健身 …………………………………………………………… 030
第六节 小器械健身 ………………………………………………………… 031
第七节 户外健身器械健身 ………………………………………………… 043
第八节 滑　雪 ……………………………………………………………… 045
第九节 游　泳 ……………………………………………………………… 045
第十节 其他运动项目健身 ………………………………………………… 046

第三章 健身与训练常识
第一节 健身健美运动通识知识 …………………………………………… 048
第二节 骨的生物力学特征 ………………………………………………… 059
第三节 骨骼肌的功能 ……………………………………………………… 060
第四节 脂肪的功能 ………………………………………………………… 064
第五节 呼吸和循环系统的功能 …………………………………………… 066
第六节 健身运动中的力学原理 …………………………………………… 068
第七节 正常人体八大部位参与活动肌肉列表 …………………………… 074

第四章 运动训练
第一节 身体素质分类 ……………………………………………………… 076
第二节 身体素质训练原则和方法 ………………………………………… 077

第五章　增肌、减脂和增重训练原则

    第一节　增肌训练原则 ·· 091
    第二节　减脂（减肥）训练原则和方法 ································· 092
    第三节　增重（增胖）训练原则 ·· 097

第六章　肌肉部位锻炼动作

    第一节　抗阻健身肌肉分级 ··· 099
    第二节　躯干部位 ··· 100
    第三节　上肢和上肢带部位 ··· 151
    第四节　下肢带（盆带）和腿部 ·· 191
    第五节　肌肉用力分析列举 ··· 225

第七章　走步健身

    第一节　走步基本知识 ·· 237
    第二节　初级走步技术 ·· 238
    第三节　中级走步技术 ·· 242

第八章　特殊人群健身指导

    第一节　体态异常人士的健身运动 ····································· 249
    第二节　高血压患者的健身运动 ·· 254
    第三节　心脏病患者的健身运动 ·· 254
    第四节　脑卒中患者的健身运动 ·· 255
    第五节　哮喘患者的健身运动 ·· 256
    第六节　糖尿病患者的健身运动 ·· 256
    第七节　骨质疏松患者的健身运动 ····································· 257
    第八节　肥胖患者的健身运动 ·· 258
    第九节　女性的健身运动 ··· 259
    第十节　少年儿童和老年人的健身运动 ································ 261

第九章 放松

第一节 自我放松 ·········· 264
第二节 按摩放松 ·········· 267
第三节 伸展练习 ·········· 273
第四节 意念放松 ·········· 287

第十章 健康体适能

第一节 健康体适能的概念 ·········· 292
第二节 如何进行健康体适能测评 ·········· 293
第三节 竞技体适能 ·········· 301

第十一章 健身计划与私教

第一节 健身计划的概念 ·········· 303
第二节 如何制订健身计划 ·········· 305
第三节 健身计划举例 ·········· 309
第四节 私　教 ·········· 313

第十二章 健身运动营养

第一节 营养基础知识 ·········· 325
第二节 大众健身营养 ·········· 331
第三节 健身运动营养 ·········· 335

第十三章 健美健身比赛规则及组织裁判法

第一节 竞赛总则 ·········· 341
第二节 比赛动作及评判标准 ·········· 347
第三节 健美健身竞赛组织及裁判法（简介） ·········· 359

附　录 ·········· 361

参考文献 ·········· 382

第一章

健身健美运动发展介绍

健身健美运动也被称作健美健身运动、健美运动、健身运动，大众普遍认为这几种称呼的基本意思一样，但实际上，健美和健身是两个不同的概念：健身是健美的初级阶段，归属于群众体育的范围，难度低、易参与，强度小、适应面广，适合于大众群体强身健体；而健美则归属于竞技体育，不仅要有发达的肌肉，而且要体现整体的线条美，要求参与者具备超常的毅力和承受超大强度训练的能力，训练的目的是使身体各肌肉群的肌肉饱满、形状美观、肌肉线条清晰、全身匀称。因为健美运动员的肩、背、腹、腿等各个部位肌肉的围度、肌肉的分离度和质感等都是审美评判的参考依据。

从体育的发展史来看，现代任何一项体育运动都是经历了长时间发展的。1896年4月6日至15日，在古希腊首都雅典举办了第一届现代奥运会，设有田径、游泳、举重、射击、自行车、古典式摔跤、体操、击剑和网球9个项目，共有13个国家的311名运动员参赛。第33届夏季奥林匹克运会于2024年7月26日至8月11日在法国巴黎举行，赛事项目设有32个大项、329个小项，一共进行762场比赛，共产生329枚金牌；新增项目包括滑板、冲浪、竞技攀岩和霹雳舞四个大项，其中霹雳舞在巴黎迎来奥运会首秀；有来自不同国家和地区奥委会以及难民代表团的10 500名运动员参加本届比赛。

出生于法国巴黎的顾拜旦（1863年1月1日—1937年9月2日），是法国体育活动家、教育家、历史学家、现代奥运会创始人，被誉为"现代奥林匹克之父"。在顾拜旦的建议下，1924年1月25日至2月4日在法国夏莫尼举办了第一届冬季奥运会，设有4个大项目，当时只有16个国家和地区参加比赛，参加比赛的运动员有294名。

2022年2月4日至2022年2月20日，在我国北京市和河北省张家口市联合举办第24届冬季奥林匹克运动会（简称"北京冬奥会"），共设有7个大项目，有91个国家和地区参加，参赛运动员共计2892人，采用了线上线下同步直播的方式向全球转播比赛，关注人数达到20亿，创收视率新高，同时也诠释了胸怀大局、自信开放、迎难而上、追求卓越、共创未来的北京冬奥会精神。北京冬奥会精神强调全球参与和共享，通过体育竞技促进全世界各国人民的交流和友谊，体现了和平、团结、友谊、公平、合作、开放的价值观，并注重环境保护与可持续发展。

从历届夏季奥运会和冬季奥运会的发展来看，比赛项目和参赛人数都在不停地增加。

第一节 健身健美运动发展史

一、健美运动的起源

早在公元前六世纪，古希腊的贵族青年就被要求参加系统的身体和肌肉训练，比如跳跃、拳击、掷铁饼，而且还要赤身涂抹橄榄油，在阳光照射下展现人体美。至今的健美比赛仍然保持涂抹橄榄油或者其他健美比赛专用油在舞台上进行比赛的传统。

十九世纪之前，在英国、德国等一些国家，有人用哑铃、杠铃等器械来锻炼身体，这既是现代竞技举重的起源，也是现代健美运动的起源。大约在十九世纪初，有一定锻炼经历的人们的身体形态与常人区别较大，于是这些人便开始进行各种力量表演和身体肌肉的造型展示表演，随着健身运动的发展，人们开始对其进行总结、归纳，于是各种发达肌肉、发展力量和改善体型体态的训练方法以及与体育竞技相关的比赛规则应运而生。到了十九世纪后期，竞技举重比赛诞生了，但举重比赛只展现了人们上举的能力，不能很好地评判人们的体型和肌肉线条之美，于是以发达肌肉、塑造体型为主的健美运动也就从单一的举重运动中衍生出来了。

二、健身健美的好处

（一）发达肌肉和发展肌肉力量

通过不断地刺激骨骼肌产生收缩，可以增大肌纤维的横截面面积，使肌腹体积增大，从而增大肌肉收缩力量。

（二）提高生活品质和生存能力

由于健身运动既增大了肌肉体积和肌肉力量，也增加了肌肉耐力，提高了心肺功能，使得机体的运动能力得到提高，所以，其有助于人们的生产活动和运动，当然，也就提升了人们的生活品质和提高了人们的生存能力。

（三）改善体形和矫正不良体态

所有体育运动中，唯有健身运动能精准训练目标肌肉，也就是"想练哪块肌肉就练哪块"，因此，健身健美运动是公认的塑形的最佳方式。如果生活和工作中长期保持某一习惯姿势，会导致肌肉发展不平衡，这种行为如果是在少年儿童时期发生，还可能导致骨的变形；如果某些肌肉部位缺乏锻炼或者发育不良，也会导致肌肉发展不平衡，这类情况都会使身体出现不对称和不匀称的形态，比如"高低肩""圆肩"等。通过精准训练目标肌肉，就能改善不良体形、校正体态。

（四）减肥瘦身

人体只要运动就会使肌肉收缩，简单地说，肌肉收缩需要能量ATP（简称为三磷酸腺苷），能量来源于糖和脂肪，糖和脂肪又是可以相互转变的，因此，通过运动可以实现减脂瘦身的目的。比如匀速走步一小时，大约可以消耗350千卡能量。

（五）利于康复

经历一些伤病之后，人体的肌肉活性、运动能力以及对神经系统的支配能力都可能下降，而通过适度的抗阻和拉伸运动，则可以改善部分机能并增加关节的活动度。

（六）延缓衰老

迈入老年后，随着年龄的增长，人体的肌肉会衰减，骨内的钙质会流失，合理的健身锻炼正好能给予适当的弥补，因此，健身运动有助于延缓衰老。

三、健美健身的负面影响

（一）造成伤痛

健身运动中，热身不充分、抗阻过大、用力过猛、动作不正确、保护不到位、运动量过大、放松不足等因素都可能造成肌肉受伤、肌肉酸痛。

（二）影响灵活性

人们通过增肌训练，使自身肌肉发达到一定程度之后，肌肉的收缩速度会变慢，从而降低反应速度；同时，关节的活动度也会受限。所以，过于发达的肌肉会导致人体的动作速度、移动速度和灵活性下降。

（三）消耗大量的时间和金钱

从事职业健美运动和高级别的业余健美运动，往往会花费较多的金钱并占用非常多的时间，此外还要有特别强大的毅力才能坚持下来。

（四）影响健康

有些健美运动员特别是职业健美运动员，为了在比赛中获得好的名次，会加大运动量、使用类固醇药物、过量服用蛋白粉以及长期保持过低体脂率，这些都会对心脏和肾脏有较大的影响。

四、国际健身健美运动发展简介

健美运动发展的同时，也诞生了一大批有影响力的健美爱好者和运动员。比如，19世纪末，德国的尤金·山道，曾经游历英国、澳大利亚、新西兰和南美洲各地进行健美表演、传授训练方法，还创办了《山道杂志》《体育文化》期刊，撰写多部健身训练类专著，开设健美培训班和培训学校，举办各类健美比赛，以此推广健美运动，尤金·山道被后人尊称为体育家、表演家、艺术家以及国际健美运动的鼻祖。

另一位被誉为世界健美之父的加拿大人本·韦德（Ben Weider，1924—2008），出生于加拿大蒙特利尔，与其兄弟乔·韦德（Joe Weider）创办了多本杂志，如《您的体格》《肌肉与健身》《形体》《柔韧》《男子健美》等；其一生中游历了97个国家，孜孜不倦地开展健美运动相关的各项工作；创立了国际健美与健身联合会（The International Federation Bodybuilding，缩写为IFBB）；于1954年在蒙特利尔开办了一所健美中心，之后又建立了健身器械生产企业；曾向国际奥委会申请把健美运动设为奥运会比赛项目。

健美界的比赛种类繁多，有锦标赛、公开赛、精英赛、大奖赛、邀请赛、冠军赛以及各级健美协会比赛等；按照国别分有国内赛、亚洲赛、国际赛等赛事。

五、我国健身健美运动发展简介

虽然现代健美运动是在20世纪初从欧美传入我国的，但实际上我国古代人民的劳动、生活和部落战争中就包含了健身活动，例如几千年前就存在的举鼎、翘关、举石锁等力量练习。我国古代的练武运动中，就出现了强壮身体的相关训练，习武者要身材魁梧、武艺高强、品德高尚，民间有"习武先习德"的说法，就是说武者不仅要武艺高强，而且要品德高尚。由此可见，中华民族具有悠久的武术文明。

（一）赵竹光简介

20世纪的20年代末，现代健美运动传入我国的上海、广州等沿海城市，而让此项运动发展起来的代表人物则是1933年毕业于（上海）沪江大学的赵竹光（1909—1991）。他在就读大学期间接受了美国健美老师查理斯·爱吉斯的健美函授课，于是开始了徒手健身（即现在的自重健身）、杠铃健身、哑铃健身以及单双杠等手段发达肌肉和增强力量，同时还练习拳击、摔跤和柔道等自卫术。

他希望健身运动能早日得到普及，使国民能摆脱"东亚病夫"的称呼，在他的倡导和组织下，成立了中国第一个，也是亚洲最早的健身组织——"沪江大学健美会"；之后又于1940年和他的学生曾维祺一起创办了"上海健美学院"，成立了中国第一所健美学校；1944年6月7日，在当时的上海八仙桥青年会礼堂，与其他机构联合举办了"上海健美男子比赛"，这是中国第一次举办健美比赛，标志着中国竞技健美运动的开始。

他先后翻译了《肌肉发达法》（20世纪20年代于美国出版，翻译版则是我国发行的第一部健美专著）、《力之秘诀》《健康之路》《体格锻炼法大全》等书籍，编著了《最新哑铃锻炼法》《肌肉发达问题解答》和《徒手健身运动》等书籍，还主编了《健力美》杂志。浓浓赤子心、眷眷爱国情，中华人民共和国成立后，赵竹光把上海健身学院和他所拥有的全部运动器材都交给了国家，并继续从事健身研究和指导训练工作，他被誉为中华人民共和国健美运动之父。

（二）我国健美运动大事件

我国健美运动大事件如表1-1-1所示。

表1-1-1 我国健美运动大事年表

时间	大事件	备注
1980年	《健与美》杂志问世	
1983年	首届全国健美邀请赛	于上海举行，之后每年举行一届比赛
1984年10月	国家体委派许放和娄琢玉两人以观察员身份受邀出席在美国举行的第38届国际健美联合会年会	娄琢玉做了《健美运动在中国》的发言，奠定了我国成为国际健联会员国的基础
1985年11月	中国成为国际健美联合会第128位会员国	
1986年10月	成立了中国举重协会健美委员会	同年中国第一部《健美竞赛规则和裁判法》诞生
1988年9月	中国高等教育委员会决定将《健美运动》列入全国高等院校学生必修的体育科目	
1988年10月	由中国健美协会秘书长古桥先生领队参加了在澳大利亚举行的第42届世界业余男子健美锦标赛	中国首次派选手参加世界性健美比赛

续表

时间	大事件	备注
1989年9月20日	中国健美协会正式加入亚洲健美联合会	
1992年9月8日	中国健美协会（CBBA）成立	办公地点设于北京，在全国范围内开展健身指导员培训工作
1994年11月	于上海举办第48届世界业余健美锦标赛	我国第一次举办国际性健美赛事
2005年11月	我国健美运动员钱吉成在上海参加第59届世界健美锦标赛，斩获60公斤级比赛冠军	实现了我国健美运动历史性突破
2006年12月	我国健美运动员钱吉成在卡塔尔首都多哈举行的第15届亚运会健美比赛中，以绝对优势摘得60公斤级比赛金牌	实现我国健美运动在亚运会的金牌"零"的突破
2014年10月	国务院印发的《关于加快发展体育产业促进体育消费的若干意见》	将全民健身上升为国家战略，有力地推进了健身产业发展、给健身健美运动发展带来了新机遇

第二节 我国健身健美发展概况

一、群众体育的发展

1924年8月，"中华全国体育协进会"在南京成立。

1931年，中华全国体育协进会被国际奥委会正式承认为团体会员，标志着中国从此成为国际奥委会大家庭中的一员。

1949年9月，在中华人民共和国成立前夕所通过的中国人民政治协商会议通过的《共同纲领》规定"提倡国民体育"。

1949年10月，开国大典刚结束，就在北京召开了全国体育工作者代表大会，并及时将原"中华全国体育协进会"改组为"中华全国体育总会"。

1950年7月，中华全国体育总会主办创刊《新体育》杂志，毛泽东主席亲自为其题写了刊头。

1952年10月，中华人民共和国体育运动委员会（简称"国家体委"）成立。

1982年8月27日，经国务院批准，国家体委发布施行《国家体育锻炼标准》；同年9月23日，国家体委宣布从1988年开始试行《中学生体育合格标准试行办法》。

1990年9月22日，北京举办了第11届亚洲运动会。

1995年8月29日，在第八届全国人大常委员会第十五次全体会议上通过了我国第一部《中华人民共和国体育法》。

1998年4月6日，经国务院决定，国家体委改组为国家体育总局。

2008年8月8日，在北京举办了第29届夏季奥林匹克运动会。至此，中华人民共和国的群众体育和竞技体育都迈向了新的高度，经常参加锻炼的人数在逐年增长，体育场馆设施、器材、场地等也在逐年翻新和增加；在年轻人中兴起了"健身热"，甚至健身已经成了一种流行的生活方式。

二、健身俱乐部发展概况

我国健身市场起步较晚，滞后于欧美发达国家。物质条件匮乏的20世纪50、60和70年代，广大的人们群众没有空余时间和条件健身。从20世纪80年代开始，国内逐步有了健身房，那时的健身房以服务于国家的各类体育运动专业队、体育高等院校以及经济发达地区的较高收入者为主，而且器械少、简单，多是些杠铃、哑铃以及简易钢索器械，大型综合健身器械和跑步机都依赖于进口，价格昂贵。

20世纪80年代中期，以马华为代表的健美操教练脱颖而出，20世纪90年代初，马华在全国多地开设健身俱乐部，还在央视《健美五分钟》栏目中展示她的健身操舞能力，掀起全民健身热潮，随之而来的健身热潮席卷全国，出现了多个全国连锁健身品牌。

2002年，非典型肺炎疫情爆发，在短时间内对健身行业冲击很大，造成许多健身企业倒闭。但是，疫情也给健身行业带来了新的机遇，通过此次疫情，人们意识到了健康的重要性，因此疫情结束之后的健身效应是空前绝后的，健身机构拔地而起，健身房人流涌动，健身教练严重空缺，也让众多的健身连锁品牌逐渐的壮大、成长。

2020~2022年连续三年的全球性疫情，也给健身行业带来很大冲击，致使一些中小规模的健身企业纷纷倒闭。即使健身行业遭遇了前所未有的市场冲击，仍然没有阻止人们对健身运动追求的脚步，而健身企业为顺应市场的变化而转变营销策略，采用了缩小规模、增加线上教学以及在社区内开设健身场所等措施，以此来满足人们的健身需求和应对外界环境的冲击。

据不完全统计，一个千万级人口城市，各类大小健身机构数量超过1 000家，全国健身行业有高达几百亿的市场份额。从整体看，我国的健身市场的发展逐步趋于理性和良性，充分说明了我们如今国富民强，百姓安居乐业，中华民族完全摆脱了曾经"东亚病夫"的标签。

对未来健身市场的展望如下：产品更加智能化，大型综合类连锁健身企业将引领市场，服务更加精细和多样化，线上线下双渠道同步进行健身指导，持续健身人数比例呈上升趋势。

三、竞技健美运动发展简介

自我国健美运动员钱吉成在世界健美舞台首次摘冠后，又有许多健美选手陆续在各级赛事中获得冠军，部分冠军如表1-2-1所示（按时间先后排列）。

表 1-2-1　健美比赛冠军榜

时间	姓名	性别	级别	赛事名称	举办地
2005年	钱吉成	男	60公斤	IFBB世界健美锦标赛	中国上海
2008年	姜喜	男	重量级和全场	NPC世界自然健美大赛	美国拉斯维加斯
2013年	辛健	男	75公斤	WBPF世界健美健身锦标赛	匈牙利布达佩斯
2014年	翟彦芳	男	重量级	世界健身运动联合会（WFF）举办的第46届"世界先生"国际大赛	澳大利亚
2015年	禚中华	男	70公斤	阿诺德传统健美大赛	美国俄亥俄州
2016年	陈康	男	古典健美175组	第五十届亚洲健美锦标赛	中国北京
2017年	吴龙	男	男子健体职业组	IFBB职业赛	美国加州
2017年	牟丛	女	167厘米以下	阿诺德传统健美大赛	美国
2022年	平云龙	男	健美212磅组	IFBB职业赛	泰国

除了表1-2-1所示获奖运动员外，我国还有许多健美运动员获得了国际、亚洲等大赛的冠军、亚军和季军等成绩。正所谓长江后浪推前浪，我们可以自豪地说，我国的健身健美运动不仅有广泛的群众基础，更有闪亮的优秀运动员在不断地诞生，在世界舞台展示着中国人的崛起和强大。

四、健身场馆设施要求

国家质量监督检验检疫总局、国家体育总局于2006年7月颁布了健身房星级划分及评定国家标准（以下简称"标准"）。本标准适用于各类开业一年以上健身中心、健身会所、健身健美俱乐部、健身健美培训学校等健身房的等级划分及评定。

标准要求从业人员必须持证上岗。不同星级健身房社会体育指导员配比比例如表1-2-2所示。

表 1-2-2

星级要求	社会体育指导师人数（健身类或健美操类）	证件要求
五星级	不得少于挂牌上岗人数的50%（且不少于4人）	高级证
四星级	不得少于挂牌上岗人数的30%（且不少于2人）	高级证
三星级	不得少于挂牌上岗人数的50%（且不少于3人）	中级证
二星级	不得少于挂牌上岗人数的50%（且不少于2人）	中级证
一星级	无比例要求	初级证

健身房服务的基本原则是对宾客一视同仁，礼貌、热情、友好、诚实、公平，尊重民族习俗，遵守国家法律、法规，保护宾客的合法权益。

标准中明确了健身房须设有集体健身场地，负重和有氧健身器械设备以及健身指导人员，健身房是向消费者提供有偿健身健美服务的体育场所。"标准"把健身房分成了五个等级，分别是一星级（最低级，用★表示）、二星级（用★★表示）、三星级（用★★★表示）、四星级（用★★★★表示）和五星级（最高级，用★★★★★表示）。星级的划分是以健身房的清洁卫生、环境与安全救护、设备设施及维护保养、服务水平等为依据，按照设施设备评定标准、设施设备的维护保养评定标准、清洁卫生评定标准、服务质量评定标准和顾客意见评定标准等五项标准执行。以下是各星级健身房设施设备配套基本条件概要。

（一）五星级

1. 场馆条件

五星级健身房的建筑附属设施和运行管理应符合国家颁发的有关消防、安全、卫生、环境保护等现行法规和标准的要求。健身房地面平整，设施设备布局合理，使用方便、安全，内外装修精细。有中央空调系统和通风排气系统，各区域温度适宜，通风良好，室内空气呈负压状态。有自发电系统和两路供电系统，健身房光照明亮、柔和，其中练习区采用暖色光源。有计算机管理系统，有电视视频播放系统和背景音乐播放系统。有接待区、有客人休息区、有水吧、有数量与接待能力相匹配的会员柜并配有饮水机。有更衣室，且更衣柜数量不少于300个，其地面为防滑材料，有通风排气设备，有休息座椅或条凳，有镜子。有男女分设的淋浴室，地面铺设防滑材料，有通风排气设备，淋浴喷头数量不少于20个，有洗手池和面镜，有洗浴用品，营业时间内持续供应冷热水，有桑拿浴或蒸汽浴室。有男女分设的间隔式卫生间，有洗手池、面镜、洗手液或香皂、擦手巾、卫生纸、自动干手器。用中文和外文标示各种指示标志和服务文字。其他选项是有具备游泳池、有室内跑道、有单车房、提供运动餐饮等。

2. 接待区

在接待区提供接待、问询、电脑结账等服务。有健身房简介、服务项目宣传、服务项目价格表、服务规范条例、宾客须知和意见箱。有健身教练简介。能用流利的2种外语（英语为必备语种）进行接待服务。能为残障人士提供特殊服务，用中文和外文标示各种指示标志和服务文字。每周服务时间不少于80 h。

3. 练习区

器械练习区，净空高度不低于2.8 m，场地地面为地毯、塑胶材质或木质厚台，有壁镜。健身器材为正规厂家生产的合格产品，质量稳定、安全可靠，应符合标准GB 17498的要求。能清楚区分出心肺功能练习区、力量练习区和自由重量练习区。自由重量练习区至少有20副固定哑铃和12副可调哑铃以及数量与之匹配的哑铃架。至少有4台卧推架、3台深蹲架，五大部位（颈肩部、背部、胸部、臂部和腹部）中每个部位的练习器不少于4种（台），臀部练习器不少于2种（台），大腿练习器不少于3种（台），小腿练习器不少于2种（台）。单站练习器占力量练习器总数的比例不少于60%。力量练习器间距不少于1米，且通道宽敞。心肺练习器（跑步机、健身车、登山机、椭圆机、划船器等）不少于35台，心肺练习器皆为电脑程控式。在健身器材的醒目处张贴有中、外文标注的器材名称，具体用途、使用说明或图示。集体练习区空间净空高度不低于3.0 m，有至少两个独立的集体练习区，且使用面积总和不少于300 m²，地面材料为优质木地板或弹性较好的塑胶材质，有壁镜，照明良好，光线明亮，但不眩目，配有高质量的专业音响，声音效果好，软垫数量不少于50套。辅助健身器材（小哑铃、杠铃、踏板、弹力带、健身球等）不少于3种。

4. 体测、医务区

有完整的身体形态、机能、素质测试系统,能准确地测定人体成分、心肺功能和肌肉力量。能为顾客进行全面的身体评价,并能制定完善的健身健美计划和营养计划。有医务室和专业医务人员,并备有常规急救药品和设备。有至少 5 台身体放松、按摩设备。

(二)四星级

1. 场馆条件

四星级健身房更衣室的更衣柜数量不少于 250 个。其他条件与五星级健身房的条件基本相同。

2. 接待区

能用流利的 1 种外语(英语为必备语种)进行接待服务。其他条件与五星级健身房的条件基本相同。

3. 练习区

器械练习区有 10 副可调哑铃,至少有 4 副标准杠铃和 10 副小杠铃,至少有 3 台卧推架和 2 台深蹲架,五大部位(颈肩部、背部、胸部、臂部和腹部)中每个部位的练习器不少于 3 种(台),臀部练习器不少于 3 种(台),大腿练习器不少于 3 种(台),小腿练习器不少于 2 种(台),软垫不少于 40 套,单站练习器占力量练习器总数的比例不少于 50%,心肺练习器(跑步机、健身车、登山机、椭圆机、划船器等)不少于 24 台。其他条件与五星级健身房的条件基本相同。

4. 体测、医务区

有至少 3 台身体放松、按摩设备。其他条件与五星级健身房的条件基本相同。

(三)三星级

1. 场馆条件

三星级健身房更衣室的更衣柜数量不少于 200 个,淋浴喷头数量不少于 10 个。其他条件与五星级的条件基本相同。

2. 接待区

能用普通话进行接待服务,每周营业时间不少于 70 h。其他条件与五星级的条件基本相同。

3. 练习区

集体练习区使用面积总和不少于 200 m^2,自由重量练习器至少有 20 副固定哑铃和 10 副可调哑铃,至少有 3 副标准杠铃和 8 副小杠铃,至少有 2 台卧推架和 1 台深蹲架,五大部位(颈肩部、背部、胸部、臂部和腹部)中每个部位的练习器不少于 2 种(台),臀部练习器不少于 1 种(台),大腿练习器不少于 2 种(台),小腿练习器不少于 2 种(台),软垫不少于 30 套,单站练习器占力量练习器总数的比例不少于 40%,心肺练习器(跑步机、健身车、登山机、椭圆机、划船器等)不少于 10 台。其他条件与五星级健身房的条件基本相同。

4. 体测、医务区

有至少 3 台身体放松、按摩设备。其他条件与五星级健身房的条件基本相同。

（四）二星级

1. 场馆条件

二星级健身房无装修要求，不要求室内空气成负压，无须自备发电系统或两路供电系统，场馆空间净空高度不低于 2.6 m，更衣室的更衣柜数量不少于 100 个，淋浴喷头数量不少于 6 个，用中文标示各种指示标志和服务文字。其他条件与五星级健身房的条件基本相同。

2. 接待区

能用普通话进行接待服务。每周营业时间不少于 40 h，不要求为残障人士提供服务，不要求各种标示用中外文标示。其他条件与五星级健身房的条件基本相同。

3. 练习区

集体练习区使用面积总和不少于 100 m^2，自由重量练习器至少有 20 副固定哑铃和 10 副可调哑铃，至少有 2 副标准杠铃和 5 副小杠铃，至少有 2 台卧推架和 1 台深蹲架，四大部位（背部、胸部、臂部和臀部）中每个部位的练习器不少于 2 种（台），大腿练习器不少于 2 种（台），小腿练习器不少于 1 种（台），软垫不少于 40 套，无单站练习器占力量练习器总数的比例要求，心肺练习器（跑步机、健身车、登山机、椭圆机、划船器等）不少于 5 台。其他条件与五星级健身房的条件基本相同。

4. 体测、医务区

无要求。

（五）一星级

一星级健身房自由重量练习器至少有 20 副固定哑铃和 5 副可调哑铃，至少有 2 副标准杠铃和 5 副小杠铃，至少有 2 台卧推架和 1 台深蹲架，四大部位（胸部、臂部、腹部和大腿）中每个部位的练习器不少于 2 种（台），小腿练习器不少于 1 种（台），软垫不少于 20 套，无单站练习器占力量练习器总数的比例要求，心肺练习器（跑步机、健身车、登山机、椭圆机、划船器等）不少于 2 台。其他条件要求很低。

第三节　健身教练职业概述

一、健身教练的概念

从事健身锻炼的方法和手段很多，本书的"健身"特指利用各类有氧健身器械、固定式钢索健身器械、固定式挂片健身器械、自由重量、自身重量、弹力带等健身器械进行的健身锻炼。健身锻炼所使用的器械并不复杂，只要掌握几个简单的健身动作也可以进行健身锻炼，但是，要科学地系统地健身就需要全面掌握相关专业知识，或者在健身教练的指导下进行健身锻炼。

健身教练是指掌握了运动人体科学知识，具备健身运动指导的知识、技术和技能，通过健康体适能测试评估，制订个性化的健身运动计划，在健身房以及适合运动的场所指导和帮助健身者系统性提高或保持健康及体适能水平的专业人员。

健身教练"指导"的流程为：① 收集客户身体的基本信息；② 给客户进行健康体适能测试及评估；③ 依据基本信息和评估结果，制订个性化的健身运动计划；④ 督促、现场指导、监督客户实施和完成健身运动计划；⑤ 训练后收集客户的反馈信息，并即时调整训练计划。

健身教练的"帮助"是健身教练辅助学员学习，其原则是加速学员掌握动作、提高动作质量、预防运动损伤、以及不干扰学员的正常练习。因此，健身教练要在不影响学员正常练习的前提下，及时纠正客户在练习中出现的不标准动作，适时提供适当的助力。

二、健身教练证的种类

我国比较通用的健身教练考证有两种。一是由国家体育总局人力资源开发中心颁发的"健身教练国家职业资格认证"（简称"国职"），从 2021 年起该证件更名为"健身教练职业能力测评认证"。该健身教练证分为初级、中级、高级和指导师级四个级别。考证路径是去国家体育总局批准的社会培训机构考取，获证之后在"国家体育总局人力资源开发中心能力测评管理平台"可以查到证书，证书样式如图 1-3-1 所示：

图 1-3-1　教练证

另外一个证件是在中国健美协会审批合格的健身教练培训机构（中国健美协会官网可查）报名考取。中国健美协会是中国健美健身运动的管理机构，是亚洲健身健美联合会及国际健美联合会的团体会员（英文名称是 Chinese Bodybuilding Asscsiation，缩写为 CBBA）。该健身教练证分为初级、中级、高级、国家级和指导师级五个级别，需要逐级考取，从初级开始，每个级别要有一定的工作经历之后才可以报考下一个级别。考证后，证书可在中国健美协会官网查到，证件样式如图 1-3-2 所示。

图 1-3-2　CBBA 证书

另外，还有一些国内外其他健身教练培训机构颁发的证件，在此不再一一描述。

三、考取健身教练证的意义

（1）促使自己更加系统地学习和掌握健身专业知识。
（2）更加深入地了解健身行业。
（3）更加明确自己的职业规划。
（4）执业能力的证书。
（5）利于就业。

四、健身教练的职责

要想做一个合格、称职的健身教练，除了要掌握专业的健身健美知识和技能以外，还要练就一副强健的身形，并且把以下每一个环节的工作做细做透，才能让客户安心健身、安全健身。
（1）认真、仔细地收集客户的基本信息。
（2）热情、周到地给客户进行健康体适能测试以及评估。
（3）依据客户的基本信息和评估结果，制订个性化的健身运动计划。
（4）督促和监督客户实施和完成健身运动计划。因为人是有惰性的，加上健身给人带来的疲劳、短时间内的锻炼效果不佳等会使客户产生松懈情绪，此时，就需要健身教练给予鼓励、督促客户坚持按时参加训练，并保持良好的饮食和睡眠自律性。

（5）做好现场指导，即纠正客户的不标准动作、适时助力和及时提供可靠保护。

（6）做好健康教育讲解，传播正确的健身知识和健康的生活方式。

五、健身教练的工作类型

作为一位专业的健身教练，可能会面对不同的客户对象，总体说来有以下几种工作类型：

（1）作为健身俱乐部的专职或兼职健身教练。

（2）自由私人健身教练或者私人健身教练公司。

（3）与客户"一对一"的执教（即私人教练）或者"一对多"的执教（课堂教学式）。

（4）利用新媒体进行线上"一对一"或者"一对多"的教学。

六、健身教练必备的素质

（1）职业道德素质：热爱健身、乐于奉献、热忱服务、尽职尽责、遵从科学、讲究文明、钻研业务、勤于进取、互相尊重、团结协作、遵纪守法、诚实公平。

（2）科学人文素质：扎实的基础理论知识，高水平的技能实践知识，高尚的人文素养。

（3）工作能力素质：专业能力、沟通能力、表达能力（以及思考、创新、观察、判断、决策等能力）。

（4）法律素养：具备一些法律知识，能更好地处理好与客户的关系以及协调好与客户之间的关系，保证双方的利益权利，维护行业、俱乐部或自身的良性发展。

七、健身教练的职业规范

健身教练肩负多种角色，与客户间既有师生关系，又有朋友关系，既是劝导者，又是监督者，既是公司员工，又是客人眼里的老板，所以，要想从事健身教练这一职业，需要注意以下四个方面的规范：

（1）专业规范：有句话叫作"干一行爱一行"，工作时，要用专业的知识和技能进行专业的教学活动，绝不能做与专业无关的事。

（2）行为规范：健身教练会面对各阶层不一样的客户，也难免会有异性客户。要保持清醒的头脑，端正行为，无欲则刚，认真做好自己的本职工作，保持礼貌待人，平等对待所有客户；在私教教学过程中会有较多的帮助和保护动作，少不了身体接触，异性之间要在合理的位置、采用文雅的姿势和动作给予动作保护或帮助，如果会有身体接触，一定要征得对方的同意，或者使用辅助设备代替肢体接触，比如通过用教棍触及客户身体位置来提醒客户矫正身体姿势，做到文明执教。另外，勿酒后或疲惫不堪时执教，勿强售附加产品。

（3）服饰规范：任何一种职业都有它的着装要求，健身教练同样如此。应着整洁、利于运动的服装，穿运动鞋，不露大面积文身，女教练勿穿太暴露的服装，男教练勿赤膊执教。

（4）授课规范：作为老师，就要有老师的素养和职业规范，课前认真备案，准备好教学用具；提前到场，不得提前结课或中途溜号；不得使用言语中伤客户，特别是身体肥胖客户、学习动作能力较弱的客户、身体素质较差的客户以及不善言语的客户等，要有耐心、循序善诱、多鼓励，要用饱满的活力掌控全课堂。

八、健身教练的沟通技巧与客户服务

健身行业属于服务性行业，第一环节是服务销售，就是向目标客户介绍自己的服务内容，以满足目标客户特定需求的过程；第二环节是实施服务的过程，即健身教练指导和协助客户健身运动，以达到既定目标的授课过程；第三环节是随访。

（一）销售环节的沟通技巧

健身服务销售是整个健身事业的首要环节，没有第一环节就没有第二环节，无论健身房的器材条件配置再好、健身教练有多么优秀，第一环节没做好，最后也只能关门歇业。因此，做好第一环节是关键，销售人员要想在几分钟之内快速说服他人，有如下几个具体方法。

1. 做足售前准备

（1）熟记本健身机构的优势、特点，比如器械的优点、高水平的教练团队、优美的环境以及附加的免费服务等。

（2）理好销售说词，简洁的语言是成功的关键，事先在员工内部进行销售演练，对于面对不同的对象采用相应的说辞，应达到熟练的程度，以便在销售环节中做到胸有成竹，给客户留下可靠的印象。

（3）选择好销售的时间、地点和销售路线，以人口密集的地方、人口流动性大的地方、住宅小区门口等作为重点销售点。

（4）准备好简洁、美观的销售资料，即准备好介绍本健身机构的小册子，送给客户。

（5）认真分析哪些人群是可发展的目标客户，便于在销售中提高成功率。比如肥胖人士、中年成功人士、家庭妇女、产后妇女、中学生以及肌肉型男等，都是目标客户。

2. 做好销售实践

（1）着装整洁，最好是穿所在健身机构统一的工装。

（2）善于观察发现目标客户。

（3）勇于面对陌生人，不要怕交流受阻，要能忍受对方的强势、指责、评判、刁难等。

（4）采用文明的肢体语言和礼貌用语，比如与他（她）人保持1米左右的安全距离、立正站姿、身体微微前倾、双臂在体前扣握或视情况自然放置、面带微笑、用"您好、请问、谢谢"等礼貌语。

（5）认真倾听对方的答复，不要打断他（她）人的连续讲话，顺着对方的话题交流，还要试着引导对方的思维进入你的话题。

（6）针对对方的需求进行答复，勿擅自做决定。当你的权限满足不了客户的要求时，你说"我向领导请示您的要求，尽可能地达成您的愿望"。

（7）看准时机把你的宣传资料递给对方、留下对方的联系方式、邀请对方到店看看、邀请对方优先试试体验课等。

（8）不要当着目标客户的面贬低同行。

（9）要有不怕苦不怕累的精神，在销售的过程中，不可能见一个成功一个，有可能见许多个都不成功，要有不怕挫折的精神，使自己越挫越勇，在挫折中不断总结、提高、改进跟

他（她）人交流的技巧，距离成功将会越来越近。

（10）热情做好门店前台的接待工作。有的人会自己到健身门店实地考察、问询，这部分的人群成为客户的可能性很大。前台接待要热情地请对方在接待处就座，并送上茶水，耐心询问其需求，马上介绍优秀教练与其见面，或者带对方参观各功能区，促进签约，或者留下联系方式预约合同签订。

（11）勿强买强卖、勿采用欺诈手段销售课程或服务。

（二）授课中的沟通与服务要求

健身机构的授课方式大概分为团操课、私教课和"一对多"这三种模式，在授课程中有语言沟通和非语言沟通两种形式。授课沟通的要点如下：

1. 非语言沟通要求

（1）要保持良好的作息时间，才能保证第二天工作时不至于显得困倦。

（2）不把个人情绪带到课堂。生活中人人都有喜、怒、哀、乐等情绪，健身教练面对客户时，就像老师面对学生一样，不要让自己的负面情绪影响授课、影响客户的情绪，要始终保持高昂的授课热情，会给客户带来更佳的锻炼效果。

（3）着装规范，按照本健身机构的要求，统一着运动装。

（4）准备好相关用具。比如记录的纸和笔、擦拭汗水的纸巾、测量的卷尺、预防损伤的绷带、心率测试仪、秒表、弹力带、纸巾、硬质果糖或者葡萄糖水（预防低血糖）等。

（5）用肢体语言配合教学，比如一个手势、一个眼神、鼓掌等都能传达教练的意图。

（6）异性间进行指导或帮助时，不要有身体接触，如果必须要接触身体，需要征得对方的同意；在指导学习动作时，使用教鞭或一根不尖锐的小棍，使纠正动作的过程更加文明。

2. 语言沟通要求

（1）使用礼貌用语，勿用命令式、侮辱式语言。

（2）授课声音有力而不"呐喊"，做到抑扬顿挫。团操课的语言要洪亮一点，以房间内的客户都能听见为度。私教授课由于距离较近，保证彼此能清晰听见即可。

（3）不要大声呵斥，不要当众批评客户，如有需要批评之处，建议私下一对一讲述。

（4）多以鼓励为主，及时表扬优点，从而激发客户的练习激情。

（5）利用训练间隙，询问客户的身体感受，并结合课中对客户肢体语言的观察，以此分析运动负荷的大小是否合理，并做出即时调整。

（6）保守客户的个人信息，不要在客户之间搬弄是非。

（7）在训练间隙或者训练结束之后，在有机会的前提下（不要刻意为之）跟客户一起聊聊客户感兴趣的话题，以此增强彼此的亲和力。

（8）注意观察客户的肢体语言，发现有疲累的异样表现时，及时给予问候语。

（三）做好随访工作

开始健身运动之后的一定时间内，要开展随访工作，询问客户当前的健身运动效果、有什么建议等，然后给予改善、调整训练计划，使客户能坚持锻炼，更快地达到预想目标。

第二章

健身手段及器械

目前健身领域中用于健身的手段非常多，比较常用的有固定式单功能钢索健身器械健身、固定式多功能钢索健身器械健身、固定式单功能挂片式器械健身、有氧健身器械健身、自由重量健身、自身重量健身、种类繁多的小器械健身（如弹力带、健腹轮、重力球、TRX训练带等）、跳健身操、练瑜伽、练普拉提、游泳健身、跑步健身、走步健身、打太极拳健身、打乒乓球、滑雪、水上滑板以及户外健身器械健身等。本章将着重就健身房常见的健身器械和一些运动项目做介绍。

第一节　固定式单功能健身器械

一、器械介绍

固定式单功能健身器械属于无氧健身器械，主要功能是供锻炼者使用器械进行肌肉的抗阻锻炼。该类器械采用一定的机械结构，以力矩的方式，通过滑轮传递机构或者杠杆机构，把阻力传递至操作机构，使锻炼者的某一块（或多块）肌肉部位能够有效地进行抗阻运动，如图 2-1-1 和图 2-1-2 所示。

图 2-1-1　推肩和推胸训练器　　　　图 2-1-2　分动式平卧推胸器

图 2-1-1 中机械的配重块装在配重柜里，通过调节插销的上下位置来增减阻力，插销在上阻力小，插销在下阻力大。图 2-1-2 器械中的配重添加法是通过人工手动的方式把一块一块的配重片挂在挂片机构的横杆上，挂片的多少决定抗阻锻炼时阻力的大小。从设计的角度出发，多数固定式单功能健身器械只有一个功能，如图 2-1-2 中的器械只做仰卧推胸；而少数器械采取多功能设计，如图 2-1-1 中的器械通过调节座椅的位置，可以做坐姿推肩、斜卧推胸和仰卧推胸这三个动作。在具体使用中，如果器械不足，可以根据具体情况进行功能扩展，如图 2-1-2 中的器械，可以通过变化使用，做耸肩、拉背、起踵等动作。

目前，最原始、最常用的阻力源便是采用配重块做阻力源的固定式单功能钢索健身器械（见图 2-1-1）和固定式单功能挂片健身器械（见图 2-1-2）。配重块分为铸铁、纯钢和水泥（钢质盒子里填充混凝土），水泥的配重块成本低，价格便宜，但不受用户欢迎，用得最多的配重块是钢质的。配重块的重量大小从 1～10 kg 不等，挂片式健身器械的阻力源则都是孔径为 50 cm 的杠铃片，杠铃片的重量大小从 0.75～50 kg 不等。

前些年还出现了弹性阻力源（包括弹簧和弹力带）和液压阻力源，但因为这两种阻力源的性能和耐用性不足，目前市面上已经很少见了。使用液压阻力源的健身器械，由于液压特性，只有对抗时才产生阻力，回位速度很慢，且形成的拉力很小，因此，此类健身器械更多地运用于老年人健身。

随着技术水平的提高，产品也在迭代更新。近些年诞生了磁控阻力源和电机阻力源，这二种阻力源的结构要复杂一点，因此价格也偏高。磁控阻力源的原理是将二种磁性源产生的磁力作为阻力，由于没有接触面，因而产品耐用性强；电机阻力源是由电机的转动产生扭矩，通过钢索传递到操作机构上，再通过电子系统控制电机的扭矩，从而设置阻力的大小，这种方式产生的阻力值是恒定的。还有一种空气阻力源，也称气动阻力源，是通过气泵产生气压、并传递到活塞，由操作机构推动活塞做运动，这类阻力源的健身器械非常昂贵。

二、使用方法

固定式单功能钢索健身器械在使用时一定要做到轻拿轻放。在每组的动作练习过程中，配重块不能落地，在还原动作时，要使配重块的底部接近落地时就停止下降，然后接着做下一次的抗阻练习，每练习完毕一组动作就把器械轻轻地放下让配重块落地，这样才能使运动场所保持安静。固定式单功能挂片健身器械的使用方法与固定式单功能钢索健身器械的使用方法基本一样。

三、安全性

由于配重块是安装在柜子里的，有固定的下落轨迹和密闭的空间，不会砸伤他人；在器械的结构设计理念上，操作机构的活动空间也考虑了安全因素，总的说来，这类健身器械的安全系数都较高。

四、维护和保养

固定式单功能健身器械的维护和保养方法如下：使用过程中发现螺帽、螺钉松动，应及时拧紧复位；钢索如果卡在滑轮和器械的间隙，需要手动将其退出、并复位；如果卡死了，需要把滑轮卸下来，复位钢束，并重新固定滑轮；器械使用一段时间后，引导配重块上下运动的导杆会干燥，涂上专用润滑油就能恢复顺滑。

第二节 固定式多功能健身器械

固定式多功能健身器械也属于无氧健身器械,主要用来提供肌肉的抗阻锻炼。器械的结构、样式和功能也非常的多,总体说来是一个由多个固定式单功能钢索健身器械组合而成的,可以满足多人同步使用不同功能区进行不同健身动作锻炼的器械。目前市面上,这类健身器械的阻力源均是配重块。如图 2-2-1 和 2-2-2 所示。

图 2-2-1 五人站综合训练器 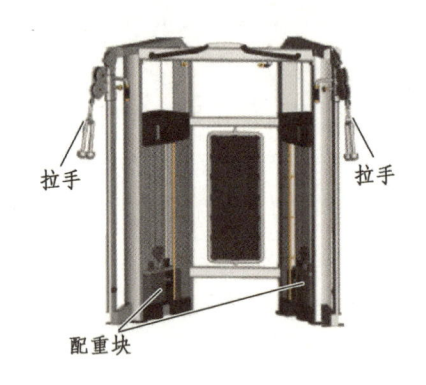　　　　图 2-2-2 小飞鸟

图 2-2-1 所示的组合健身器械,可以满足至少 5 人同时使用不同的功能区进行健身锻炼;图 2-2-2 所示的器械名称为"小飞鸟",既可以使用单侧拉手,也可以同时使用双侧拉手,通过设置左右两侧拉手的不同高度,可以做非常多的抗阻健身动作。如使用单侧拉手进行"曲臂下压""耸肩"和"转体"等动作,使用双侧拉手进行"低拉""拉背""下拉"和"夹胸"等动作,动作变化非常多,可实现很多健身功能。

固定式多功能健身器械的使用方法、安全性、维护和保养方法,与固定式单功能健身器械的基本一样。

第三节 有氧健身器械

目前,有氧健身器械包括跑步机、健身车、椭圆机(漫步机)、台阶训练器(踏步机)、划船器和滑雪器等。除了极少数简易的有氧健身器械外,基本上都配有电子装置,可以监测练习者的运动速度、时间、距离、卡路里能量消耗、心率等指标,便于教练和练习者掌控运动量的完成情况,监控特殊人群的运动强度使其保持在安全区间。

一、跑步机

我国在 20 世纪 90 年代之前，跑步机还很少见，从 20 世纪 90 年代开始，健身房逐渐增多，这时候跑步机主要在健身房中投入使用，后来，很多家庭开始有了跑步机，至此，跑步机的使用就变得比较普及了。

（一）跑步机的种类

目前，市面上有被动式跑步机和主动式跑步机两种产品，如图 2-3-1～2-3-3 属于被动式跑步机，图 2-3-4 和 2-3-5 属于主动式跑步机。

被动式跑步机是由通电电机的转动，带动跑带转动（下有可承重的跑板），站在跑带上的跑步者不得不使自己的双脚根据跑带移动的速度，进行有频率的前后交换，从而达成与地面跑步相似的身体运动。有的被动式跑步机的跑板还具有升降功能，即通过电机驱动，使跑板前端抬高一定高度，使跑板形成向上的斜面，在上面跑步近似于在地面跑坡道，从而加大了运动强度。

主动式跑步机是练习者在跑步机上前后移动脚步，通过人体重力的分力来产生动力，使跑板移动（滚筒转动）的一种健身器械。图 2-3-4 是近些年研发出来的新产品，叫无动力跑步机或自发电跑步机，跑动过程中，还可以反向给机器充电，由于跑板重量大，惯性也大，制动时间也会延长，因此有一定的安全风险。图 2-3-5 是户外主动式跑步机，在城市和乡村的户外随处可见，但由于是踩在滚筒上跑步以及没有刹车装置，因此，此类产品的锻炼体验并不算上佳。

图 2-3-1　单功能跑步机　　图 2-3-2　多功能跑步机　　图 2-3-3　平板跑步机

图 2-3-4　自发电（无动力）跑步机　　图 2-3-5　户外主动式跑步机

（二）跑步机的选择

由于健身房的跑步机使用时间比较长，以及使用人群的体重大小有不确定性（可能有的

使用者体重过大），因此需要选择电机持续工作能力强的商用跑步机，其动力应该达 3HP（马力），其有效跑带尺寸应分别大于或等于 1 500 mm 长 × 500 mm 宽，跑板承重达 140 kg，跑速范围不低于 0 ~ 16 km/h。

从外观上看，平板跑步机只是一块平板，没有固定的支架，结构简单、轻便，价格较低，只适合走步，因此，适合家用和办公室使用。家庭用跑步机一般宜选择单功能跑步机、平板跑步机或多功能跑步机。单功能跑步机只可以走步或跑步，多功能跑步机是在单功能跑步机的基础上，增加了多功能架，架子上安装有按摩头，如图 2-3-2 所示，按摩头内有电机，电机转动带动按摩带产生高频率的振动，把按摩带放置于人体的不同肌肉部位（按摩带要处于绷紧状态），从而达到按摩肌肉、放松肌肉的作用。家庭里使用跑步机的人群相对固定，可根据家庭成员的体重、家庭经济能力和可使用的空间大小，选择经济实惠的跑步机，外观尺寸比健身房的跑步机小一点，只要能满足自己的需求即可。

（三）使用跑步机跑步的优点

无论在健身房跑步还是在家里跑步，都具有以下优点：

（1）不受季节影响：不管是寒冷的冬天、酷热的夏天，还是狂风暴雨天气，都不会影响室内跑步。

（2）如果室外较冷：在室内跑步机上跑步热身比在室外跑步热身快。

（3）不会轻易掉速：为迫使自己跟上设定的速度，跑者会始终保持跑速和跑带速度一致。在道路上跑步时，因减速很容易，所以稍有累的感觉就可能掉速。

（4）具有良好减震性能的跑板可以缓解跑步对膝关节产生的冲击力，较好地保护膝关节。

（5）更加卫生：室内空气中 $PM_{2.5}$ 等微尘的含量要远低于室外，汽车尾气等的危害也可以忽略不计。

（6）没有"第三因素"的安全隐患："第三因素"指被车辆撞击、行人之间碰撞、道路不平顺造成扭伤或跌倒以及被犬只攻击等。媒体曾经多次报道在室外跑步时被烈犬咬伤等事件。

（四）使用跑步机跑步的缺点

（1）活动空间有限。

（2）没有道路跑步的随心所欲和快慢自如的体验感。

（3）不能高速奔跑。

（4）相对于道路跑步，注意力需要更加集中。如果注意力不集中或跟不上速度，便有摔倒的可能。

（5）跑带松弛会打滑，从而造成跑者摔倒或闪腰。

（五）使用跑步机的注意事项

（1）选择合适的跑步机：如果只是走步，跑板尺寸可以小点；如果是跑步，跑板尺寸则要大点，安全系数更高。

（2）防止小孩和老人受伤：家有小孩，如果使用的是多功能跑步机，在不使用时，要断掉电源，防止小孩把按摩带套身上跑步时跌倒，从而造成危险；老年人和行动有障碍者，只

适合走步，最好增加悬吊保护装置，给予躯干保护，防止跌倒，以确保安全。

（3）保持良好通风。因为有氧运动需要大量的氧气，在闭塞空间运动会因缺氧而导致头晕、疲乏等。

（4）针对重点部位进行充分热身，如髋、膝、踝、腰、臀和腿等部位。

（5）着装合身：跑步时要穿运动鞋，勿穿宽大的衣服。

（6）使用安全钥匙：跑步前，把安全钥匙连接腰间，当跟不上速度时通过其及时停机，起到保护作用。

（7）启动前，双脚站在踏板边条上再开机，待跑带以初始速度启动后，才移步到跑带上开始走步，并逐渐增加速度。

（8）用脚后跟着板。在跑步机上走步或跑步，都要用脚后跟着地并迅速过渡到前脚掌，这样既柔和、没有咚咚的冲击声，还会减少对膝关节的冲击且噪声小，不会对邻居造成影响。

（9）不高速跑步：因为空间受限，跑速过快时稍有不慎会跑出"界"。

（10）集中注意力：跑步时，不能接听电话，不东张西望，尤其是不能回头张望。如果要接听电话，务必减速到慢步走并一只手扶稳把手，或停止跑步（或走步）。

（11）应根据自己的体重和跑速，调节跑带的张紧度（跑带的张紧度与体重和跑速成正比），因为在松弛的跑带上跑步会打滑，致人摔倒或闪腰。

（六）跑步机的维护和保养

（1）保持跑带清洁，防止灰尘或小的硬物件进入跑带下方，导致阻力增大以及损伤跑板。

（2）跑步时如跑带的摩擦声音过大，说明跑板比较干燥，需要在跑板上适度地涂上专用跑板油。

（3）发现跑带跑偏（跑带没有在跑板中间）或跑带松弛，先开机使跑步机启动，再按照说明书调节平行轴的前后距离，至跑带居中为止。

（4）勿把跑步机置于潮湿的环境中，因为跑步机在潮湿的空气中长时间停机不用时，会让空气中的灰尘堆积在电路板上，潮湿的空气又会使其变得潮湿，于是灰尘就变成导体，最终使电路板短路而无法正常使用。因此，如果要在潮湿的环境中使用跑步机，要经常启动跑步机，使机器工作生热，这样电路板上的灰尘就不会被湿气浸湿而引发短路；或者是清扫干净电路板上的灰尘。

（5）防止老鼠钻入其中撒尿，从而导致电路板短路。

二、健身车

（一）健身车的种类

健身车属于主动式有氧健身器械，比较耐用，健身车的种类如图 2-3-6 ~ 2-3-9 所示。图 2-3-6 是立式健身车，图 2-3-7 是卧式健身车，图 2-3-8 是风阻健身车（也叫风扇车），图 2-3-9 是竞赛型健身车。

对于目前市面上的产品，按阻力方式对其进行划分，有风阻、摩擦阻力和磁控阻力三种（摩擦阻力也叫机械阻力），风阻和摩擦阻力的健身车成本低、价格便宜，磁控阻力的健身车

成本高、价格较贵；按照骑行姿势对其进行划分，有立式健身车和卧式健身车，立式健身车的骑行姿势就像骑自行车一样，卧式健身车的骑行姿势处于半卧状。按使用功能（使用场所）对其进行划分，有家用型健身车和竞赛型健身车，这两种健身车的个头差不多，家用型健身车多采用立式骑姿，竞赛型健身车不仅可以立式骑行，还可以像自行车运动员那样用小臂支撑、前俯躯干骑行，且价格偏贵一点。

图 2-3-6　立式健身车　　　　　　　　图 2-3-7　卧式健身车

图 2-3-8　风阻健身车　　　　　　　　图 2-3-9　竞赛型健身车

（二）健身车的选择

健身车适合身体肥胖、年龄较大、不便于跑步的人群运动使用以及自行车运动员进行骑行耐力练习使用。卧式健身车适合老年人、特别肥胖者以及一些坐立不便的人群使用。家庭购买健身车时应根据自己的经济条件选择合适的家用型健身车或者竞赛型健身车。

竞赛型健身车也叫动感单车，多采用磁控阻力方式，外观时尚、商用较多，商业健身房的单车房就是把多台健身车集中在一个房间，在激情音乐的伴奏下，跟随领骑教练一起骑行，并做一些简单的肢体动作。

（三）使用方法

蹬健身车锻炼身体时，要把健身车的座椅高度调节到合适的位置，使骑行者坐在座椅上前脚掌踩踏板到最低时，腿部处于接近伸直而没有完全伸直的状态，并调节扶手的高度和座椅的前后位置，使手臂刚好伸直。使用竞赛型健身车时，还可以将小臂平放在扶手上，这样的骑行姿势更接近于户外自行车竞技运动。

（四）注意事项

（1）骑行前，要充分对髋关节、膝关节、踝关节、臀部和下肢各部位进行热身。

（2）由于脚踏和飞轮是联动的，高速转动的飞轮惯性大，会带动脚踏一起转动，因此，采用逐渐停车方式为佳；如果要急停车，务必使用刹车装置，以免脚踏撞伤自己小腿以下的部位。

（3）在骑行健身车的同时，要想做一些肢体动作（即单车房普遍采取的运动模式），骑行者需要经过专门训练，并达到熟练的程度，才能开展此项运动。即便符合要求，也必须时刻注意安全，因为健身车就那么大的活动范围，脚在蹬、手在舞动，属于高度协调的动作，一般人很难做到，而且飞快转动的飞轮不停带动脚踏，也有可能把人"顶"摔或者把腿碰伤，有一定的安全风险。

（五）骑行建议

设计针对普通人群的运动量时，要根据自己的时间和体力条件，安排每周练 2~5 次，每次练习 30~60 min，运动中，把心率控制在靶心率范围内，用生理感受就是"比较累、出大气，而不至于上气不接下气，没有头晕现象，又可以克服困难坚持蹬下去"的状态。

针对老年人和术后康复人群，每天都可以通过骑行的方式进行锻炼，但是，骑行时间要短，以活动身体为目的，运动时心率舒缓、没有很累感觉、体感微微发热的程度即可。

针对体质正常的减脂人群，可以这样设计一组变速蹬车运动量：在充分热身的基础上，先全速蹬车 10 s，再慢速蹬车 10 s，如此循环下去，20 min 为一组，每次练习做 2~3 组，每组之间休息 2~3 min，大运动量练习者组间休息 1~2 min。采用此方法，即使不做其他运动，每周练习 3~5 次，控制好饮食和睡眠，少则几个月，多则 1~2 年，一定会达到较好的减肥效果。

三、椭圆机

（一）器械介绍

如图 2-3-10 中的椭圆机和图 2-3-11 中的漫步机，其功能都是一样的，只是叫法不一样而已，都是用于走步的有氧健身器械。椭圆机主要是商用较多，漫步机则是家用较多，因为椭圆机尺寸较大，占地面积大，且价格较贵；漫步机因为结构紧凑，占地面积小，价格也实惠，一般适合家用。图 2-3-11 中的漫步机属于多功能机型，不仅可以站着走步，还可以坐着走步，适合老年人和走步不稳的特殊人群使用。

（二）使用方法

使用时，站在器械旁边（以站右侧边为例），右手先扶着右边扶手，右脚踏上右侧踏板、并把踏板踩到底部，然后整个重心移到右腿，提起左腿、并踩在左侧踏板上，左手也扶着左边扶手，就可以开始进行走步练习了。走步时，双手可以前后推拉扶手，跟在地面走步时一样，手脚需协调一致。

图 2-3-10　椭圆机　　　　　　　　　图 2-3-11　漫步机

（三）安全性

椭圆机属于无动力、主动式有氧健身器械，只要停止给力，脚下立刻停止运动，因此比较安全，椭圆机和漫步机都特别适合老年人和身体平衡能力有限的特殊人群使用。同时该器械还可以同步锻炼上肢和腰腹部的肌力。

四、台阶训练器

（一）器械介绍

图 2-3-12 中的台阶训练器、图 2-3-13 中的登山机（也称楼梯机）、图 2-3-14 中的踏步机的功能都是一样的，只是结构有差异。图 2-3-13 中的登山机是由电机带动梯步转动，从而实现蹬台阶的目的，更接近实际的登山运动，但是体积大、价格贵，图 2-3-12 中的台阶训练器和图 2-3-13 中的登山机都适合商用；图 2-3-14 中的踏步机结构最简单，价格也最便宜，适合家用。这类健身器械的阻力源有液压阻力、摩擦阻力和磁控阻力，摩擦阻力和磁控阻力都可以调节阻力的大小，即通过改变脚向下踩的力度，以此达到训练目标所需的运动量。

图 2-3-12　台阶训练器　　　　　图 2-3-13　登山机　　　　　图 2-3-14　踏步机

（二）安全性及适用性

台阶训练器属于主动式有氧健身器械，在运动时用双手扶着扶手，运动时长、阻力大小，即运动量的大小是可以随意掌控和设计的，且没有跑步时对踝关节和膝关节的冲击，因此，这是一项非常安全的有氧运动。

采用登台阶练习对腰部以下的肌肉部位，如臀部肌肉、大腿前后群肌肉和小腿后群肌肉都有很好的锻炼效果，并能矫正体姿，适合各个年龄段的人群选择使用，尤其是爱好户外登山运动的群体。

每天坚持几分钟登台阶练习，有助于普通人群腰部以下的肌力锻炼，提高精气神；每周坚持 3~5 次 20~60 min 有较高阻力的登台阶练习，可以强壮腰部以下的肌肉力量，大幅度提升徒步和登山能力。

五、划船器

（一）器械介绍

图 2-3-15 中的器械是水阻划船器，阻力源来自液体，液体和转动的叶片都装在前方圆形箱子里。当练习者拉动拉绳时，与之连接的叶片便会在液体中转动，此时，液体就会给叶片产生阻力。根据流体力学的特点，阻力的大小与叶片转动的速度成正比，所以，练习者慢慢拉动拉绳，双手获得的阻力就小；越快拉动拉绳，双手获得的阻力就越大。图 2-3-16 中的器械是风阻划船器，阻力源来自空气，在风箱里装有叶片，其工作原理和水阻划船器是一样的，在叶片相同的条件下，风阻划船器所产生的阻力小于水阻划船器。为了使阻力变大，生产商还增加了磁控阻力，因此，就有了"水阻+磁阻"和"风阻+磁阻"这类划船器，大大提升了锻炼效果。每款划船器上都安装有电子设备，记录和计算练习者运动的时间、距离、划桨次数、心率和能量消耗等数据。

图 2-3-15　水阻划船器　　　　　　　图 2-3-16　风阻划船器

（二）使用方法

划船器最初用在水上运动项目赛艇的体能训练中，赛艇运动是由坐在艇上的一个或几个桨手运用其全身肌肉力量，以桨作为杠杆进行划水，使小艇背向桨手前进的一项划船运动。使用划船器在陆地上进行训练，与在水中使用桨划水的动作很相似。具体使用方法如下：

（1）使用前，必须进行充分的热身活动。

（2）准备姿势，练习者坐在可前后滑动的座板上，面对水箱或风箱，双脚踩在前方踏板上，并固定脚背，直臂、双手抓握着（正握）拉手，腰背挺直、躯干略微前倾，从屈腿至大腿贴近小腿开始，采用渐进式用力的方式，使不同的肌肉部位按一定的先后顺序发力。

（3）运动开始后：首先，双腿用力蹬腿至接近伸直的状态；其次，在蹬腿的后程，腰部向后发力用力伸背；再次，伸背的后程，双手用力向后拉使拉手靠近胸部下方；最后，回位（回桨）。顺序是手臂先向前伸直，接着躯干前俯，最后屈腿。如此循环往复。

（4）划船运动的节奏很重要，在正确的动作基础上，保持良好的节奏，这样才能持久。不管划桨的速度是快还是慢，想要保持良好的节奏，需要做到"一拍拉、二拍还原"以及有节奏地呼吸。具体的呼吸方式是用力的时候呼气，还原的时候吸气。

（三）使用划船器的优点

（1）无论是运动员还是教练员，都可以避免日晒雨淋。
（2）便于教练的监督与指挥。
（3）安全性高。
（4）锻炼效果很好。

赛艇专业运动队早已把使用划船器作为辅助和体能训练的重要手段。该项运动是有氧运动与肌肉抗阻相结合的运动，因此，使用划船器不仅可以锻炼心肺的有氧耐力，还可以锻炼全身许多肌肉部位的肌耐力，包括上肢、肩背部、腰背部、腹部、臀部和下肢等肌肉部位；而且划船器的占地面积不大，产品价格也不高，因为实用，近些年已被健身行业纳为健身训练器械，减脂效果非常好，在锻炼肌力和肌耐力方面也是相当出色。使用时，应根据训练水平和训练目标，设定每组的练习时间、组间休息时间、划桨频率、练习的总组数和总时间。

第四节 自由重量

自由重量是把某个没有固定轨迹的物体用于健身锻炼的阻力源，例如图2-4-1中的哑铃、杠铃、壶铃、甩筒、石锁、重力球、能量包等。

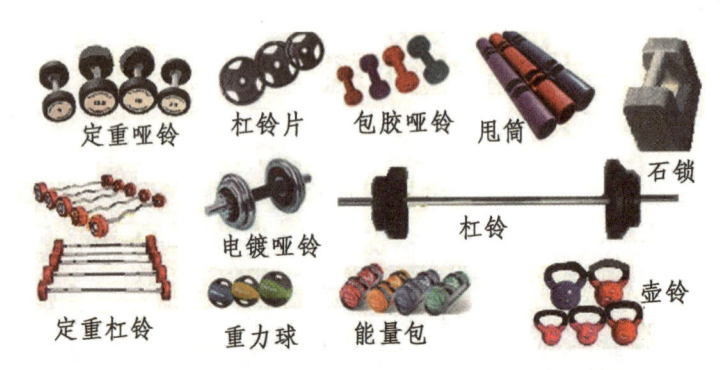

图 2-4-1

一、器械介绍

石锁是在近代钢质健身器械诞生之前，我国武术界用于锻炼肌肉力量的器械，可算是健身器械的鼻祖。石锁分成不同的重量等级，外观形象也略有差异。

包胶哑铃的重量级别较低，适合初学者、女士和上团操课的学员使用。哑铃基本都是钢质的，有可调重量的，也有固定重量的，哑铃片有水泥的、钢质的、包胶的、包塑的和包 PU 材质的，重量等级从 0.75 kg 至 5 kg 不等，由于哑铃的体积小、价格低，锻炼动作丰富多样，且效果显著，因此，深受健身人群的喜欢。

杠铃片的生产工艺跟哑铃片的生产工艺差不多，重量等级则要大得多，从 1.5 kg 至 50 kg 不等。杠铃片分小孔杠铃片和大孔杠铃片。小孔杠铃片主要用于小重量的杠铃负重练习，杠铃杆的直径为 25 mm，长度有 1.2 m、1.5 m 和 1.8 m 三个规格，杠铃杆的负载能力也要低得多。大孔杠铃片要配套大孔杠铃杆，大孔杠铃杆的长度尺寸一般为 1.8 m 或 2.2 m，杆头直径为 32 mm，主要在负重蹲和做卧推类动作时使用，还可以单手或双手抓握其进行单关节、多关节或组合动作的抗阻练习。

此外还有定重杠铃，即每副杠铃在出厂时重量就固定下来了，不能增减，此类杠铃杆的长度较短，通常为 1.2 m 或 1.5 m 长。

重力球是类似于实心球的器械，其大小与篮球或排球相当，外部由软而坚韧的材质包裹，内部装有沙类填充物，因此安全系数高，多用于进行抛接和举的动作练习。能量包的制作工艺跟重力球差不多，只不过体积大、重量大，多用于负重练习。

壶铃大多是由铸铁锻造而成的，特点是体积小、重量大、便于单手抓握、满足使用者对较大负重的需求，其使用功能和石锁相似，是消防战士必备的训练器械之一。

二、自由重量的特性及注意事项

（1）运动方向始终是垂直向下的。因此由它所产生的阻力方向也是竖直向下的，基于这一特点，并结合人体的结构特征，不同的肌肉部位以及不同的肢体摆放方式，决定了抗阻动作的轨迹。

（2）安全风险大。自由重量的运动轨迹具有不稳定性，为了掌控好正确的运动轨迹，需要练习者和教练的共同努力；由于自由重量的重量较大，多数是很硬的金属材质，容易砸伤练习者或者他人，因此，安全风险较大，使用时要注意保护，尤其是用大重量进行练习时的保护，不仅是保护练习者的安全，还有防止器械对周边人群造成伤害。

（3）必须软化运动场所的地面。健身房的自由重量区，为防止器械下落砸坏地面，地面缓冲材料的厚度要在 20 mm 以上，并且质量标准要达到国家体育产品检测最新质量标准要求。

（4）使用器械轻拿轻放。很重的杠铃砸向地面时，即使有缓冲垫，也会产生较大的振动，如果是在楼上产生振动，对楼下的影响是比较大的。提倡和谐社会的今天，每位健身者都有义务和责任维护和谐的氛围。

（5）杠铃杆的材质必须为高碳钢，根据使用者的能力级别，选用不同档次的杠铃杆，以防负荷（杠铃片）超过了杠铃杆的承载能力，导致练习中杠铃杆断裂而发生伤害事故。

第五节 自重健身

自重健身是利用自身重量作为阻力源，使自身的某个肌肉部位克服自身阻力进行抗阻练习的健身方式。介于人体自身也是一个"自由重量"的特性，设计自重健身动作时要考虑动作的安全性、稳定性和完整性。

利用自重健身的手段比较多，如徒手健身、TRX悬吊训练、吊绳悬吊训练、布条悬吊训练等都属于自重健身。

徒手健身的动作也有很多，不仅可以做单关节运动，还可以做双关节运动、多关节运动、复合运动以及做静力性练习，比如俯卧撑是双关节运动、下蹲运动是多关节运动、仰卧起坐是单关节运动、引体向上是多关节运动，俯卧平板支撑是锻炼腹直肌的静力性动作，等等。

一、自重健身的优点

（1）方便：不用借助专门的健身器械设备，最基本的锻炼要求是只要有一块平地就可以不受锻炼时间、地点、环境和气候条件的限制。因此，无论何时何地都可以锻炼，比如家里、教室里、办公室里，甚至是在机场的候机大厅里、火车上。

（2）经济：因为没有使用器械，也没在健身场馆（会所）锻炼，所以不产生相关费用，从而节约许多开支。

（3）独立性强：因为方便，自己想练就练，无须邀请同伴一起锻炼。

（4）适合大众健身：自重健身可以锻炼肌力、肌耐力、肌肉的爆发力，进行增肌和减脂，所以，完全可以满足大众对健身的需求。

（5）可以极限训练：自重健身锻炼，通过每组动作做到力竭，使肌肉用力达到极致，可以使肌肉的素质呈台阶式地往上增长。

二、自重健身的缺点

（1）氛围不够：由于多数情况是自己一个人开展锻炼，没有同伴在一起相互帮助和激励的氛围，因此，难以长期坚持。

（2）有高坠受伤风险：下落着地时，如果脚着地的高度在10 cm以上，会冲击脚踝，造成下肢受伤；如果是悬垂脱手，有高坠受伤的可能。

三、自重健身注意事项

（1）营造练习氛围：比如，多邀约几人一起锻炼，或者锻炼时辅以动感音乐。

（2）提高安全系数：将着地高度控制在安全范围内，或在地面铺设缓冲垫。

第六节 小器械健身

随着社会的进步，科技的发展，健身给人们带来了不少福音，在不断地推陈出新中，各个公司研发、出品了许多用于健身的各类小型健身用品、器械，这类产品不仅体积小、价格实惠，而且对某些身体素质的锻炼效果还非常不错，比如拉力器、臂力棒、腕力器、呼啦圈、健身球、重力球、能量包、平衡半球、TRX 悬吊训练设备、布条悬吊训练设备、翻胎器、（阻力）雪橇、弹力带、阻力带、阻力伞、飞力士棒、战绳、健腹轮、拉力杆、跳绳、门球等。

一、拉力器

拉力器是一种使用弹簧（见图 2-6-1）或胶管（见图 2-6-2）作为阻力源的小型健身器械，结构简单、使用方便，通常是由五条长约 30 cm 的弹簧或胶管并排排列，两端连接手柄，握着手柄两端或一端（另一端需要固定）就可以进行抗阻练习。有的手柄上还增加了锻炼握力的部件，使其具备一机两用的功能。如果力量不够，还可以卸下部分弹簧或胶管，以此降低阻力值，以便能够顺利完成动作。

图 2-6-1　弹簧拉力器　　图 2-6-2　胶管拉力器

弹簧拉力器问世较早，随着科技的发展，近些年有了新的材料代替弹簧，比如用橡胶、乳胶、TPE、TPU 等材质做成的胶管，深受欢迎。

用弹簧或胶管做成的拉力器都具有轻便、廉价、体积小、携带方便等优点；共同的缺点是经过长期反复拉伸后弹力会减弱，使用中如果断裂或脱落则会弹伤人，阻力大小的变化是随着被拉长长度的增加而递增的，用弹簧做成的拉力器在回弹时弹簧还可能夹伤使用者的皮肤。

依据此类产品的特性，有以下使用注意事项：
（1）固定牢固，防止脱落弹伤人。
（2）定期检查，发现胶管有裂痕、老化和弹簧变形的，要弃用。
（3）勿用尖锐锋利器具刺伤、割伤胶管。
（4）防止弹簧夹伤皮肤。

二、臂力棒、腕力器

图 2-6-3 中的臂力棒的中间为一根较粗的弹簧呈螺旋盘绕状，两端是便于抓握的手柄，使用者通过手握把手，改变臂力棒的形状，至弹簧产生弹力，传递到手柄而形成阻力，从而达到锻炼目标肌肉的目的。阻力的大小由弹簧的粗细决定，目前市面上能看到的阻力值有

15 kg、20 kg、25 kg、30 kg、35 kg、40 kg、45 kg、50 kg、55 kg、60 kg 几种。50 kg（弹力）的臂力棒属于大重量型器械，需要用很大的力量才能使其弯曲，因此，50 kg 以上的臂力棒适合手臂和手指力量较大的人群使用；20 kg 以下的臂力棒适合于力量较小的人群使用。

使用臂力棒，可以锻炼手臂的前臂肌群、肱二头肌、肱三头肌、胸大肌、背阔肌，通过巧妙固定臂力棒的另一端，甚至可以锻炼到腹直肌、腹内外斜肌、竖脊肌等肌肉部位。

使用臂力棒时需要特别注意的是防止脱手弹伤自己或他人。

图 2-6-4 中的腕力器是专门针对腕力训练而设计的小型健身器械，有结构简单、使用方便、安全、成本低等特点，其阻力源跟臂力棒的阻力源相似，不仅可以锻炼屈腕肌的力量，还可以锻炼伸腕肌的力量。

图 2-6-3　臂力棒　　　　　　图 2-6-4　腕力器

三、呼啦圈

呼啦圈（见图 2-6-5）运动是一项把圆环置于腰间，用腰部带动圆环转动的有氧运动，其不仅可用于减脂，还利于肠胃的蠕动，有助于消化。

呼啦圈是由一根直径 1～3 cm 的圆形管子弯曲成圆环状，外面用塑料、橡胶等软材料包裹而成的一款既简单又有效的有氧健身器械，主要是用于腰腹部的肌肉锻炼，还可以锻炼颈部、手臂、臀部和腿部等部位。该产品于 20 世纪 20 年代起源于欧美国家，20 世纪 80 年代传入中国，20 世纪 90 年代在全国范围内火热起来，掀起了一股呼啦圈热潮。

图 2-6-5　呼啦圈

呼啦圈都是圆环状的。按材质不同，分为塑料的、泡沫的、橡胶的等；按尺寸不同，分为小号、中号和大号。小号管径较小（2 cm 左右），环径也小（50 cm 左右），重量较小，适合少年儿童使用；中号的管径居中（3 cm 左右），环径也居中（60 cm 左右），重量适中；大号的管径最大（4 cm 左右），环径也最大（70 cm 左右），重量较大。有的呼啦圈具有较高凸起，转动中对接触人体的肌肉部位有一定的按摩作用。多数人使用呼啦圈是使其在腰部回环，可以锻炼腰腹部肌肉和进行减脂。如果技术熟练，还可以用腿部和手臂绕呼啦圈，比如，仰卧、一只腿垂直上举、脚朝天，使呼啦圈绕小腿回环，可以锻炼大腿、髋部和臀部的肌肉，以及对相应部位的塑形，此动作适合体型肥胖者使用。

首先选择大小适合自己的呼啦圈（少年儿童应选择小一点的、轻一点的）；然后从外观上确认是否成标准的圆形，最表层有无伤痕，圆环的接头是否牢固（如果连接不牢固，会断裂而无法使用），身体健康想要加大转腰力度的，选择重一点的，在转腰的同时，需要加大刺激的，选择呼啦圈内侧有凸起的。

使用呼啦圈时，采用站姿，双脚开立与肩同宽，并略微前后错位，腰背立直，沉肩、端正头部；身体处于呼啦圈圆环中，左右手在体侧分别抓住呼啦圈两端，使呼啦圈成水平放置，并使腰部接触呼啦圈内侧。双手给呼啦圈一个转动的启动力，腰部随着呼啦圈的转动节奏同步绕环,并施加一点点力度,呼啦圈就会连续不断地跟随转腰的节奏转动起来。转动时,根据个人的能力和目标要求,控制转速和腰部绕环的幅度(也可以用手臂和腿部来转动呼啦圈)。转动过程中,要调匀呼吸,方能做到持久练习。

注意事项:穿贴身衣服;重量大、凸起高的呼啦圈,会损伤皮肤或皮下组织,要慎用;饭后 1 h 后,腹内无明显的饱腹感时才能练习;女性怀孕和月经期间不能练习;腰椎间盘突出患者和腰痛患者不能练习;腰腹部脂肪较多、凸起明显者不能练习;老年人和骨质疏松患者不能练习。

使用呼啦圈减脂运动量建议,每周练习 3～5 次,每次做 2～6 组,组间休息时间 1.5～3 min,每次运动总时长为 30～60 min。任何运动都贵在坚持,只要方法正确、持之以恒地练习,就一定有效果。

四、健身球

图 2-6-6 是钢质健身球,图 2-6-7 是软健身球。钢质健身球起源很早,早年在我国民间就有用质地坚硬的石头做成鹅蛋大小的圆球,一只手里拿两个或三个进行捏转,以此锻炼手指握力的运动方式。后来出现了钢质的健身球,不仅经久耐用,而且因为钢质健身球的重量更大,锻炼效果更好,此类健身球不仅可以用于锻炼手指的抓握力,锻炼屈腕肌和伸腕肌的力量,还有健脑益智的功效。

图 2-6-6 钢质健身球   图 2-6-7 软健身球

根据中医学理论,人类的掌心侧和手指(手心一侧)都有丰富的穴位,这些穴位与五脏六腑密切相连,五指在挫动球体的同时,球体也会按摩手掌的穴位,通过经络的作用,不仅能调理气血,健康五脏六腑,还有助于消除大脑的疲劳、增强记忆力,提高思维的能力,防止老年痴呆。并且无论是观赏电视、茶余饭后,还是朋友聚会、休闲散步,都可以练习,因此,深受老年人喜欢。

图 2-6-7 中的软健身球是我国老年体育协会在全国各地推广的健身球操用球,属于比较安全的轻运动量的有氧运动,它由一根长约 60 cm 的软绳,一头连接一个小拳头大小的软球,一头连接一个把手,练习者手握把手,把软球甩动起来,击打全身各个部位,起到放松肌肉、按摩穴位、活动关节、增强肌力的作用。此外,还围绕其创编了成套比赛动作,制订了比赛规则。因为个人练习时不受时间地点的限制,无论是散步还是在家看电视都可以进行,因此同样深受中老年人群的喜欢。

五、重力球、能量包、牛角包、甩筒

图 2-6-8 是重力球,图 2-6-9 是能量包,图 2-6-10 是牛角包,这三种器材都可以归为负重训练器材,只是形状、重量、使用方法和锻炼效果略有差异、各有侧重。

图 2-6-8　重力球 　　　图 2-6-9　能量包 　　　图 2-6-10　牛角包

重力球是一种外形像球一样的器材，包裹的材料为软的、皮实耐摔的橡胶类材质，球内密封填充重物，使整体达到一定重量（通常是 2 kg 起），每多一个重量等级便增加 1 kg，最大重量不超 10 kg，有的带有方便抓握的手柄。

重力球是一种非常实用的体能训练器材，安全系数高。可以左右手各拿一个，进行类似于哑铃的各种举、拉、推、提、夹、抛、接、蹲、屈、伸和移动变向等动作训练；也可以只拿一个，左右手换手练习或者双手同时抓握练习；还可以与同伴进行抛接练习，以此训练灵敏和爆发力素质，结合平衡半球或者单腿练习，还可以很好地练习平衡能力。

图 2-6-9 是能量包，能量包通常做成像背包一样的产品，外形上以圆筒形居多，有的增加了便于抓握的把手，多数具有背带，便于背、扛、抱、提、夹等动作。该类器材的重量等级从 5 kg 到 30 kg 不等（每多一个重量等级增加 5 kg）。能量包是一种很实用的体能训练器材，可以使用其进行负重耐力走、耐力跑、蹲、各类移动变向等训练。

图 2-6-10 是牛角包，牛角包是能量包的一种变形，因外形像牛长出的两个角，因此得名，使用时便于抓握。

甩筒（见图 2-4-1）的功能与能量包相同，此类产品由软的橡胶类（TPR 等）材质制成，具有耐摔、耐用、安全等特点，深受健身行业喜欢，用它进行体能训练、轻抗阻训练和团操课减脂训练等效果很好。

六、平衡半球

平衡半球为如图 2-6-11 所示的半球状，也被叫作波速球，直径为 60～80 cm，配有两根拉绳，一边是半球，另一边平整，球体中的充气压强至单人站在球上时脚底略有下沉为宜。

平衡半球以训练平衡能力为主，训练时，既可以是球在上面，也可以是平板在上面。对该器材进行变化利用，可以设计出更多的训练动作，比如把腿放在球体上部（手臂放在地面）或者把手臂放在球体上（腿放在地面上）做俯卧平板支撑的静态练习，做搬运、上举等动作。

图 2-6-11　平衡球

平衡练习动作举例如下。

1. 踏步上下

准备姿势，双脚开立与肩宽、双膝微屈、收腹、重心压前脚掌、站在平衡半球旁边；左腿向前一步踏在球的上部（平板贴地），接着重心前移到左腿、收右腿成双腿屈膝站立；右腿支撑身体重心，左腿后退回落原地，右腿跟着后退回落原地，成准备姿势。以上动作完成为完成一次练习。

可以多次重复上述动作，上和下的动作需要缓慢，尤其是单腿支撑身体重心时，要用脚底、脚踝、小腿、大腿、髋部、腰部、腰部以上的躯干和手臂来共同协调控制身体平衡。上述为从正前方上球体的动作，也可以站在球体侧面，侧向上下球体。双脚在球体上时，可以交换重心做单腿支撑，也可以前后左右变换方向来反复上下球体。

2. 动态支撑

把脚放在地面，手或者肘关节在球体上做支撑，练习各种变换支撑方式的平板支撑。练习过程中，躯干保持平板姿势，交换脚做单脚支撑，交换手做单手支撑或单肘支撑。还可以交换练习异侧手和脚的同步支撑，同时，非支撑的手臂和脚同步做水平静态控制。还可以双脚支撑不变，做单手或单肘支撑，并结合 90° 转体摆臂运动。

3. 单腿平衡

双脚在球体上站立开始，重心转移至单腿支撑、支撑腿的膝关节保持微曲，另外一只腿（基本伸直）做侧平举、侧下举或后平举，躯干和手臂配合做侧平衡或俯身平衡（燕式平衡）。

4. 负重平衡

在"踏步上下"和"单腿平衡"类动作的基础上，又增加负重后进行练习，提升动作难度，增强练习效果。例如，不仅可以单手或双手提壶铃或拿哑铃做练习，甚至还可以用单手端一杯盛满水的（塑料）杯子，在（教练）规定的时间内完成一系列（教练）规定动作之后，看看水杯里的水还剩余多少，通过这种竞赛法练习，除了能训练平衡能力，还能训练心理素质。

5. 抛接球

练习者单脚或双脚站在球体上，由同伴（或教练）把安全的重物（篮球、足球、重力球等）抛给练习者，要求练习者接住重物、并回抛给同伴（或教练）。同伴抛球时，可以通过调节速度和距离来改变接球的难度，如抛球的力度大、球速快，接球难度就大；接球点距离躯干远，接球难度也大。如此变换练习，不仅能提升平衡能力，还能训练灵敏度。

6. 复合动作

把前面的"踏步上下""动态支撑""单腿平衡"等动作进行组合练习（还可以把平衡半球当作一个负重物体来做举重动作），设计好一套动作，进行多组练习，并比较各组的完成时间。

七、悬吊训练

悬吊训练包括 TRX 悬吊训练、绳索悬吊训练和布条悬吊训练，是在绳索、TRX 训练带或布条的辅助下，利用自重进行抗阻锻炼的一种运动。使用 TRX、绳索或布条练习时，采用三种不同的训练手段，手段的差异会导致训练动作出现一些变化，其功能差不多，不同手段的优越性也会有所不同。绳索悬吊是最原始的训练手段，TRX 则是在此基础上改进了绳索的结构，增加了易于抓握的部件，布条悬吊训练是在"空中瑜伽"的基础上进阶而来的悬吊训练方式，其变化更多，功能更强。如图 2-6-12 和 2-6-13 所示。

图 2-6-12　TRX悬吊训练 　　　图 2-6-13　绳索悬吊训练

如图2-6-13所示是绳索悬吊训练（做俯卧撑），是最早的悬吊训练方式，绳索的固定点、长度、角度都可以根据动作需求调节，从而可以满足俯卧撑、俯卧夹胸、俯卧平板支撑、仰卧平板支撑、仰卧引体、斜卧引体等动作需求。

后来，人们发现在绳索的末端增加手柄更便于抓握，并设计了可以调节绳索长度的装置，依据人体自重和运动特性，选用了轻质、抗拉力强的编织带做成了专门用于自重抗阻锻炼的绳索，即TRX训练带（Total Resistance Exercise，意思是全身抗阻训练，也叫悬吊训练系统），图2-6-12中的斜卧俯卧撑，就使用了TRX训练带做练习，使用TRX训练带进行训练，其动作比使用绳索悬吊练习所做的动作多了很多，且更方便操作，所以广受年轻一族的喜爱。

在布条悬吊训练中选用布条时，应选择牢固、结实、耐磨的布料，长度为6 m（无接头），布料的宽度为50～60 cm，厚度方面，选择在宽度方向合拢时便于一只手容易握住的布料，如果布料较厚就难以抓握，太薄的布料又会不结实。使用时，合拢当绳索或TRX训练带使用，展开后当作支撑平板。

图2-6-14～2-6-16是布条悬吊训练练习举例。由于布条的特点，通过上面的横杆，可以像钢索在滑轮里一样拉动布条，例如，图2-6-14中的自重跪姿屈臂伸（锻炼肱三头肌），图2-6-15中的减重引体向上，图2-6-16中的帮助引体向上。利用布条还可以做很多很多的自重抗阻动作，比如（多种）平板支撑、仰卧卷腹、斜卧引体、俯卧夹胸、俯卧推胸、仰卧反向飞鸟、俯卧抬体、助力仰卧起坐等。

图 2-6-14 　　　　　图 2-6-15 　　　　　图 2-6-16

八、翻胎器

翻胎器如图2-6-17所示，该器械把一只轮胎对半切开成两个半月形，用其一半，并增加固定部件使其与钢结构的底座相连接固定，在轮胎内侧顶部还可以添加配重片，来增减阻力。练习者练习时把轮胎从一侧翻到另外一侧，再移动到另一侧把轮胎翻回原位，如此重复。

图 2-6-17　翻胎器

动作要领：面对轮胎顶部，两脚开立比肩略宽，脚弓连线刚好通过轮胎的顶部；屈膝深蹲，腰部挺直，躯干前俯，双手手心向前，在胯下扣住轮胎顶部下沿；深吸一口气、并适度憋气，先蹬腿、升髋、展髋，接着上臂用力提拉使轮胎顶部向胸前运动，胸部前压；此时一只手稳住轮胎，另一只手快速内旋成掌根向前推轮胎侧面；稳住轮胎的那只手也快速内旋，并用手掌向前推轮胎侧面，使轮胎翻身倒向另外一侧；最后从轮胎侧面跑到对边。如此重复练习。

此动作为多关节、多肌肉群协同用力，参与的肌肉链较多，因此能较为全面地锻炼人体多个肌肉部位，适合于青少年、青年人以及部分中青年人用来训练肌肉的爆发力，提升肌肉力量和肌耐力。

使用全胎（圆形）进行翻胎练习，不仅要把轮胎翻过去，还要防止轮胎滚动；使用翻胎器练习翻胎则不需要防止轮胎滚动，练习过程更加稳定、安全。

翻胎练习的唯一缺点就是不适合腰椎间盘有问题者进行练习。

九、（阻力）雪橇车

推雪橇车练习如图 2-6-18 所示，体能训练用的雪橇车就像小推车一样，由钢材按一定的结构制作而成，由高低推手、杠铃片固定柱、拉绳连接孔以及底板这几部分构成；底板（不安装轮子）与地面接触，根据个人能力装载适合的配重（杠铃片），以此增大底板与地面的摩擦力，配重越大阻力也越大；使用时可以推着走，也可以拉着走。

利用推（或拉）雪橇车训练，能很好地锻炼下肢的爆发力、速度耐力、肌力和肌耐力，使用时应注意选用合适配重和选择适当的距离。采用大重量、短距离（10 m 左右）和快速完成，利于训练爆发力；采用中等偏重的重量、中距离（30～50 m），利于训练肌力；采用轻重量、中距离（30 m），利于训练 100 m 和 200 m 冲刺跑；采用中等重量、长距离（50 m 以上），利于训练肌耐力；采用轻重量、长距离（50～80 m）、竭力完成，利于训练所有跑项的终点冲刺能力（需要接在一定的耐力跑运动量之后进行）。

图 2-6-18　推雪橇车练习

推雪橇车训练的场地，要选择耐磨地面，比如沙地跑道、人造草坪。

十、弹力带

弹力带是近二十年开始在国内广泛兴起的一种用于健身训练的小器械，如图 2-6-19 所示的长条形弹力带和图 2-6-20 所示的环形弹力带，材质有橡胶、乳胶、TPU、TPE 等。TPE 做成的弹力带（带状和管状），价格便宜，产品颜色丰富，耐低温，具有良好回弹性和拉伸强度，手感舒适、细腻、顺滑；TPU 材质做成的弹力带与 TPE 材质相比，较为透明，通常比较轻薄，回弹性较好，两者仅靠肉眼较难区分；乳胶材质的弹力带具有很好的耐磨性、耐热性，较高的弹性以及抗拉强度。

图 2-6-19　长条形弹力带　　　　图 2-6-20　环形弹力带

弹力的大小由带子的厚度、宽度以及材质来确定。有的弹力带像布一样薄、不耐糙，易破裂，但是携带更方便，常常用于健美运动员赛前热身；有的弹力带厚度为 2～5 mm，优点是弹力强，耐糙。目前行业内一条长条形弹力带的静态长度大约是 2.5 m；圆环形弹力带的周长大约是 2 m，又名拉力圈。

目前，一条弹力带的市场价仅几十元，是名副其实的物美价廉，加上携带方便，想练就练，借助自身或周边固定物体固定弹力带，可以设计出无数多的抗阻动作，仿佛就是随身"拎了个健身房"。

此类产品的缺点是具有老化周期，其有效使用年限通常为 3～5 年；长期反复拉伸，弹力会减弱；遇锋利刀刃容易断裂；断裂或脱落会弹伤人；阻力的大小是随着长度的增加而增加的，反之亦然。此类产品的优点是轻便、廉价、体积小携带方便，是训练爆发力的理想器械。

弹力带的使用注意事项如下：
（1）固定牢固，防止脱落弹伤人。
（2）定期检查、更换，发现产品有裂痕和老化，要弃用。
（3）勿用尖锐锋利器具接触弹力带或胶管。

十一、阻力带、阻力伞

我国 20 世纪 90 年代之前没有阻力带这一称呼，都是用橡皮筋作为体能训练的阻力器材。受当时条件的限制，人们还将汽车废旧轮胎的内胎（橡胶制品）切割成条，用来作为阻力训练器材。

如图 2-6-21 是环形阻力带，与环形弹力带外形相似，只是其更厚、更宽，弹力更强；图 2-6-23 是条形阻力带，是由多条（静态）长度为 2 m 左右的弹性软管组成，软管外包一层布（防磨伤），使用时（见图 2-6-22）一端连接腰间，另一端由同伴在后面拉着，以此给前面跑步者产生向后的阻力；图 2-6-24 是阻力伞训练时的图片，其原理就像撑开的雨伞，伞柄迎着风时，伞内兜着风，要用大力气才能拉住雨伞一样，给前面的跑步者形成较大的阻力，阻力的大小与伞面的大小成正比。阻力带和阻力伞都是训练短跑速度的小器材，原理不同，功能相同。

图 2-6-21　环形阻力带　图 2-6-22　阻力带训练　图 2-6-23　条形阻力带　图 2-6-24　阻力伞训练

使用时的注意事项：

（1）有伤或老化的阻力带不能用。随时检查阻力带是否有伤痕，防止受伤（或老化）的器材在训练中突然断裂而造成跑步者跌倒受伤。

（2）不能在阳光下长时间暴晒阻力带（暴晒会加速产品老化）。

（3）训练时同伴必须抓牢阻力带，防止脱手。

（4）阻力伞可以固定在腰间或肩胸，肩胸位置最佳。

（5）防止阻力伞碰到旁边的固定物。例如跑道距离跑道围栏很近时，跑步途中伞布容易挂到栏杆上，会使快速奔跑者突然停止，从而造成严重事故。

十二、飞力士棒

图 2-6-25 是两根健身用飞力士棒，也叫健身棒，棒的主体采用高弹性的碳纤维（或玻璃纤维）材料，杆长基本都是 1.6 m，杆的直径为 8~10 mm，中间安装有可供双手握持的把手，端头安装有软体配重。

图 2-6-25　飞力士棒

飞力士棒的设计灵感源自德国的康复治疗成果。人的肌肉受伤后需要经过治疗和康复这两个过程，康复期的受伤肌肉还没有恢复正常的肌力，其肌力还很弱，因此不能承受较大的牵拉和产生较强的收缩力，只能采用小幅度的活动、轻力度的拉伸以及轻阻力的抗阻动作来逐步恢复肌肉的功能，用飞力士棒运动恰恰就适合。通过飞力士棒产生的振动，能对人体相关肌肉进行轻度、快速、有节奏的紧张和放松刺激，提升肌肉的活性，从而促进肌肉康复。

飞力士棒的设计初衷是用于康复训练，后来有研究结论表明，一次持续 30 min 的飞力士棒运动，能燃烧 350 以上的卡路里（热量单位）。因此，飞力士棒又被健身行业用来进行减脂训练。

正确的使用方法才能起到锻炼效果，具体如下：

握法有单手握、双手同向握、双手对向握、正握和反握，手握中间把手，适度握紧把手（勿像拔河握绳那样使劲握），肘关节微曲；手臂可以任意摆放，如前平举、斜上举、斜下举、侧平举、（侧）下举、上举等；身体姿势多种多样，可以双脚站、单脚站、跪姿、坐姿、直角坐、卷腹坐、直立、俯身、侧身、仰卧、俯卧等；发力方向（仅限直线往复）方面，可以进行立体多维度发力；不同的身体姿势结合手臂不同的摆放位置和不同的发力方向，可以设计出很多动作，从而产生不同的锻炼效果。

发力方法：由小臂发力、给把手很小幅度的往复推拉力，棒的两个端头会同步同方向往复摆动，使整个棒体振动起来；跟随振动节奏，手上不断地给把手施加力，棒体会持续不断地产生振动；振动过程中，所有参与的肌肉链和关节都要保持适度紧张，才能实现力传递，使振动由手开始，传递到手臂、肩部、躯干甚至下肢，对参与的肌肉部位、韧带、骨和骨膜产生持续的振动。

注意事项：
（1）短时间（几分钟）的飞力士棒运动适合于提升肌肉的活性。
（2）连续、较长时间的飞力士棒运动适合减脂，一般每组动作的时间为 10~15 min；设定一定的组数和组间休息时间，总时间在 1 min 内，一定能有较好的减脂效果。

十三、战绳

战绳如图 2-6-26 所示，战绳一端固定，练习者双手握住战绳另一端上下舞动。战绳又名力量绳、格斗绳、训练绳等，实质就是一条类似于拔河绳的粗而长的绳索。常用材质有化纤、棉和麻，其中麻绳最为常见，且重量较大；绳的直径以 40 mm 和 50 mm 为主，长度以 9 m、12 m 和 15 m 为主，绳子越粗、越长，重量越大，使用难度也就越大。

图 2-6-26　战绳

近些年，进行体能训练和健身训练时都会使用战绳，对于训练爆发力、速度耐力和肌耐力都很有效练习，尤其适合使用手臂进行力量对抗的运动，比如摔跤、搏击、格斗等，进行此类项目练习时的用力特点是一旦进入角力状态，攻防双方的力量在任何运动方向都不允许有丝毫的退让，否则将会给予对手进攻的机会。使用战绳训练时的发力方式就正好契合以上特点，"战绳"也就因此得名，因为在舞动战绳端头时，无论是顺向还是变向，都会获得相应的阻力。比如上下方向舞动绳索时，手臂向上摆能获得绳索向下的阻力，手臂在上顶点转向后向下摆也会获得同样的阻力。

战绳运动的特点之一是阻力零空挡，无论怎么变向做动作，肌肉的抗阻力度都不会减小（钢索、弹力带、自由重量和自重训练类在进行动作还原时，阻力源带动肢体或身体还原，肌肉的抗阻力度会减小）；特点之二是阻力源源不断，一旦开始舞动，只有不断给力（且不能减力）才能维持战绳的摆动；特点之三是阻力与舞动速度成正比，挥臂摆动的速度越快，获得的阻力也越大。

战绳的使用方法：
（1）单、双手握绳端均可。
（2）没有固定的身体姿势。单腿站、并腿站、开腿站、直腿站、屈腿（半蹲、稍蹲或深蹲）站、正面站、侧向站、背向站、坐姿或卧姿等均可采用，不管是什么姿势，只要保持重心稳定即可。
（3）多方向挥臂。许多人采用的是上下方向交替挥臂的方式舞绳，其实还有上下同向、左右方向、（单手或双手）顺时针绕、（单手或双手）逆时针绕、双手反时针、逆时针同步绕环（一只手顺时针，另一只手逆时针）等动作。
（4）与战绳的固定点保持合适的距离。当战绳舞动起波浪后，握点和固定点的距离会大大小于战绳拉长时的距离，因此，要注意调整好站位点。如果舞动前绳索是拉直的，那么，

舞动之后要向固定点靠近至合适的距离。舞动幅度越大，绳索会变得越短，站位也要越靠前。也可预先测定好最终站位点，在此点开始舞动，并迅速达到需要的波浪幅度。

（5）每组舞动时间 20～30 s 为宜。

（6）加深加大呼吸，保证充足供氧。

十四、健腹轮

图 2-6-27 是一款健腹轮，其结构为两个直径为十多厘米的轮子中间穿一根便于一只手能握住的短棒，短棒要具有防滑功能，轮子转动要顺滑，最好选带轴承的轮子。

仅凭健腹轮这个名字就知道这是锻炼腹部肌肉的器材。运动人员在使用时采用站姿或跪姿，双手正握握住健腹轮两边的把手，把轮子放在身体正中线前下方的地面上，圆臂（肘关节略微弯曲），跪姿时双膝可以靠拢，站姿时两脚开立与肩宽或略比肩宽；练习开始，双手同时把健腹轮向正前方推出去到达自己能控制的极限位置，然后再拉回。并回到起始位置。如此重复练习。

图 2-6-27　健腹轮

使用健腹轮锻炼时，要想顺利完成一个动作，腹直肌、背阔肌和手臂肌肉必须要有一定的基础力量，否则难以完成。因此，简单地说健腹轮锻炼腹部肌肉是不准确的，腹直肌的力量本来就很差的人，把健腹轮推出去后，要想拉回来是几乎不可能的，腰腹部减脂增肌从何谈起？所以，要想使用健腹轮减脂增肌，务必先有一定的腰腹力量，更加贴切的说法是健腹轮可以有效地提高有一定腰腹力量基础的人的腹部肌力。

使用步骤：

第一步：锻炼基础力量。按顺序加强腹直肌、背阔肌、胸大肌、三角肌后束、大圆肌、肩胛下肌、冈下肌、小圆肌、肱三头肌长头、屈腕肌和屈指肌的肌力。

第二步：降阶练习。从降低拉回健腹轮的难度开始，逐步增加练习难度，比如站姿对墙练习、跪姿斜板（前高后低）练习、跪姿练习、站姿斜板（前高后低）练习；使用助力健腹轮能使拉回更轻松（轮中设置有涡卷弹簧，当推出去时弹簧卷起蓄能，拉回时弹簧回弹、帮助轮子回转，相当于助力回位）。

第三步：站姿练习。等到基本能顺利完成一个或几个动作后，根据能力情况，设计一定的目标值，就能有效地提高腹部肌力。

锻炼方法：

（1）（正面）跪姿前推。

（2）（正面）站姿前推。

（3）坐姿背后推：坐姿，双手在背后握住把手，拳心朝下，把健腹轮向背后方向推出去，然后拉回使其靠拢臀部。

（4）俯撑屈腿屈髋。准备姿势，俯卧，躯干放平，肘支撑（小臂朝前）或者掌支撑（虎口朝前），把脚背分别放在健腹轮的两侧把手上。屈膝屈髋收腹或者（直腿）屈髋收腹，使健腹轮朝着头的方向滚动，当健腹轮到达臀部正下方时，再后蹬腿还原至准备姿势。

正面跪姿前推动作要领：不塌腰、不翘臀，当推至前方顶点时，躯干和大腿保持一条直

线；拉回时，下肢不发力，膝关节只起支撑作用；拉回行程的后阶段，臀部不后坐。

还需注意以下两点：

（1）"站姿前推"不塌腰。

（2）腰椎间盘有问题者建议勿练。

十五、拉力杆

图 2-6-28 中练习者肩上扛的就是一根拉力杆，其相当于一根 1～1.5 m 长的杠铃杆，其阻力源来自连接于两端的弹力绳（或带）。目前出现了一种电机阻力源，拉力杆两端连接着无延展性的绳索或钢丝，绳索或钢丝由缠绕在电机的转轴上，通过电子系统控制电机的扭矩，从而给绳索或钢丝产生拉力，这种方式所获得的阻力值既可以是恒定的也可以是变化的。

利用杠铃、弹力带能做的动作，使用拉力杆都能做，还可以在任意高度固定弹力绳。因此，使用拉力杆进行抗阻锻炼的优点是，动作丰富，携带方便，适合家庭、健身房的团操课和私教课上使用，也具有与利用弹力带进行抗阻锻炼一样的缺点和注意事项。

图 2-6-28 拉力杆

十六、跳绳

图 2-6-29 是传统的跳绳，该器材结构为两个手柄中间连接着一根绳子，图 2-6-30 是新式跳绳，又叫"无绳跳绳"，其外形结构为手柄和一段约 20 cm 长的连接着一个小球的短绳。使用时，运动人员像使用跳绳一样跳动的同时，使小球呈现圆周运动（脚下没有实际的绳子通过），通过内置计数装置，计算小球转动的圈数，即可得到跳绳的次数。

跳绳是众所周知的一项运动，发源很早，器材简单，一根绳子就可以跳起来，跳绳运动也已经非常普及。目前有单摇、双摇、交叉跳、花样跳等跳法，还制订了速度跳绳、花样跳绳等相关比赛规则。

图 2-6-29 传统跳绳　　图 2-6-30 模拟跳绳

跳绳的材质已经从传统的绳索，转变为尼龙绳、胶质绳、钢丝绳等。尼龙绳较轻，不容易舞动起来；胶质绳和钢丝绳的重量足，容易舞动；钢丝绳外都会包裹一层塑胶，避免钢丝伤人或打在身上产生疼痛。有的还增加了计数功能，便于准确记录跳绳次数，手柄的设计也更加舒适和注重防滑。

表 2-6-1 是 30 min 运动项目的能量消耗对比表。

表 2-6-1

运动项目	跳绳	骑自行车	慢跑	打篮球	打乒乓球	散步
能量消耗（卡路里）	400	330	300	250	180	75

由表 2-6-1 可见，跳绳运动对于减脂是很有帮助的。

跳绳的注意事项：

（1）选择至少 2 m×2 m 的平整、防滑地面，空间高度不低于 3 m。

（2）选择重量足的跳绳，勿选太细的钢丝绳。

（3）穿运动鞋。

（4）重点热身活动小腿、踝关节和脚底部位。

（5）用前脚掌着地。

（6）出现以下情况和以下人群勿跳绳：饭后或腹内还有食物的饱胀感、生理期的女性、孕妇、肥胖症患者、老年人、骨折未愈、内置人造器官、疝气患者、严重心脑血管疾病患者、骨质疏松患者、腰椎间盘突出患者。

健身小器材花样繁多，比如，练习握力的握力器、训练灵敏和步频的敏捷梯、拉伸和平衡用的瑜伽球等，本书不再一一介绍。

第七节　户外健身器械健身

在我国，无论是城市还是乡村，都能看见各类户外健身器械，方便了广大群众随时随地锻炼身体的需要。户外健身器械大多数是利用杠杆原理，转换自身重量作为阻力源，进行抗阻锻炼的器械。有些器械是供肢体和关节活动的器械，有些器械是方便人们进行柔韧练习的器械，此外，还有有氧类训练器械、弹跳类训练器械和按摩类器械。归纳起来，户外健身器材如图 2-7-1 所示。

双杠　简易双杠　高低单杠　跑步机　云梯

扭腰盘　健骑机　肋木　浪板　坐推坐拉训练器

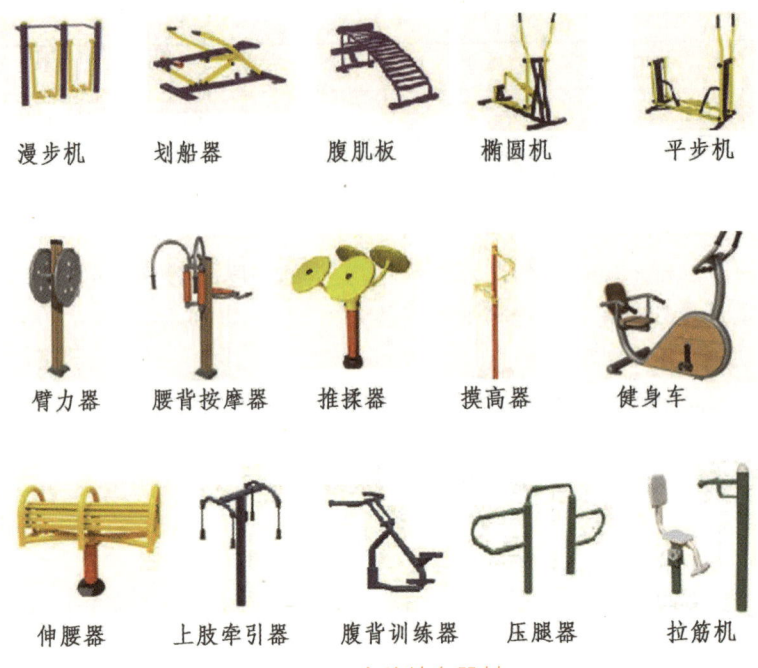

漫步机　　划船器　　腹肌板　　椭圆机　　平步机

臂力器　　腰背按摩器　　推揉器　　摸高器　　健身车

伸腰器　　上肢牵引器　　腹背训练器　　压腿器　　拉筋机

图 2-7-1　户外健身器材

肋木和压腿器都是用于肌肉拉伸练习的器械，拉筋机用于拉伸臀部、腰部和背部的肌肉。双杠和简易双杠可以做双杠屈臂伸、双杠支撑收腹举腿、直角支撑、支撑摆动（体操动作，需要经过专门的训练才能练习）、斜卧引体向上等动作。单杠有独立的单杠和图 2-7-1 所示的高低组合单杠，可以做引体向上、悬垂举腿等动作。室外跑步机基本是滚筒式跑步机，通过脚踏滚筒使其转动，因脚底有不平感，且没有刹车装置，故使用人群不多。云梯具有单杠的部分功能，还具有悬吊移位等功能。扭腰盘是练习者站在可转动的圆盘上，双手扶着把手，左右转动髋部，使腰部得到锻炼或拉伸的一种器械，图 2-7-1 中的扭腰盘是可以满足三个人同时扭腰锻炼的器械，此外也有只供一个人扭腰锻炼的器械，对于腰椎间盘有问题的人群，尽量避免使用扭腰盘；正常人群在使用扭腰盘时也要注意力度和幅度不要过大，否则也会导致腰椎间盘出问题。健骑机和划船器的功能相似，蹬双腿的同时双臂回拉把手，实现同时拉背和腿屈伸。浪板是锻炼腰部侧面肌肉的器械，使用者站在踏板上，双手扶稳扶手，把下肢向人体左右两侧摆动，对腰部及腹内外斜肌有锻炼作用，还利于肠胃的蠕动，有助于消化。漫步机用于腿部的前后交替摆动，利于锻炼下肢肌力和髋关节在前后方向的柔韧，由于练习时有拧腰转体的配合，所以，也利于肠胃的蠕动和有助于消化。坐推和坐拉训练器既可以是各自独立的结构，也可以是联合使用的结构，联合使用时要不影响各自独立的功能，既可以做推胸和（水平）拉背动作，也可以做下拉动作。腹肌板用于做仰卧起坐和俯卧伸腰伸髋等动作练习，可以锻炼到腹直肌、竖脊肌和臀大肌等肌肉部位。椭圆机和平步机都是用于走步的器械，熟练后可以使步频接近于小跑，特别适合年龄较大的老年人、走步不稳的人用于走步活动，因为双手是扶着扶手的，比较稳当。臂力器的使用方法是面对器械，双手或单手抓握转盘的边缘，用力往返或向同一方向转动，起到锻炼臂力的作用。腰背按摩器是便于人们自己对全身各部的肌肉进行按摩的器械，使用时，把需要按摩的肌肉部位贴紧有凸起的按摩

轮，借助固定不动且可以转动的按摩轮的支撑，自己不停地挤压被按摩的部位，使该处肌肉得到有效的按摩，此类器械非常受欢迎。推揉器和上肢牵引器是用于肩关节活动和康复的器械，肩周炎患者用它拉伸、活动肩关节，利于肩周炎康复，特别适合老年人使用。摸高器主要适合年轻人练习弹跳使用，跳起用单手或双手触摸高处的高度尺，可以知道跳起的高度，针对不同的个体，设计一定的高度和次数要求，可以有效地发展弹跳力。健身车用于腿部练习，是一款有氧练习器械，适合老年人使用。伸腰器的使用是练习者背对器械，双手拉着扶手，先把腰部靠紧器械，腹部向外，胸部和头伸向器械的另外一侧，然后再把双手举过头顶（手指朝地面），利用自重，实现拉伸腰部的作用。腹背训练器可以用来做伸腰、伸髋和侧屈的练习，以此锻炼竖脊肌的腰段、臀大肌和腹内外斜肌。

第八节 滑 雪

滑雪运动起源并发展于斯堪的纳维亚国家，在北欧国家是常见的运动项目，1924年被列为第一届冬季奥运会比赛项目。2022年2月，我国历史上首次在北京举办了冬奥会，运动项目有短道速滑、速度滑冰、花样滑冰、冰球、冰壶，包括自由式滑雪、冬季两项和越野滑雪等。北京冬奥会之后，带动了我国冬季滑雪运动的热度，越来越多的人参与其中。室外滑雪时要注意防冻伤，因为处在较冷的环境中，一旦停止运动，四肢（尤其是手和脚）很容易冻住，因此，要注意保护好手和脚；室外滑雪有个优势是摔伤的概率较小，因为自然积雪本就松软，是天然的缓冲垫。

滑雪运动受季节性影响较大，我国北方的室外更便于开展滑雪运动项目，因此，室内滑雪便应运而生，全国各地都有室内真冰场，可以满足一年四季进行滑雪锻炼的要求。此外，还有各类滑雪机，其功能是模仿滑雪动作，利用一些简易器械和设备，进行类似于户外滑雪的体验性运动。这类运动既有优点也有缺点：优点是不受季节和区域的影响，在城市里也可以体验滑雪运动；缺点是只适合初学者，不适合高速运动，空间小，场景缺乏真实感，不能做一些难度动作等。图2-8-1就是一款简单的模拟滑雪机。

图 2-8-1 模拟滑雪机

第九节 游 泳

我国的北方易于开展冰上和雪上运动，而游泳，便是南方地区常见的体育运动项目之一。

由于游泳对身体有诸多好处，还是减脂、塑形和体能训练效果非常好的一项有氧运动，有助于青少年生长发育，且学会游泳是人们落水后求生的一项技能，因此，游泳已经成为全国各地广受欢迎的一项体育运动，分为温水游泳和自然水（冷水）游泳两种。在冷水池（自然水）中游泳的减脂效果胜过在温水池中游泳。所以，不管是温暖的热带地区，还是寒冷的冰雪地带，都可以进行游泳锻炼。游泳的运动量可大可小，适合各种年龄层次的人群参与。

常常采用的泳姿有蛙泳、自由泳、仰泳、蝶泳这几种。可以只用一种泳姿来运动，也可以采用组合泳姿交替进行的方式运动。

游泳注意事项有：穿紧身的游泳衣、游泳裤，佩戴合身的游泳帽和游泳镜，对于不会游泳者，需要在教练的指导下进行学习。不要到陌生的自然水域游泳，比如水库和河道，因为水下情况复杂，有安全隐患。严禁酒后或身体健康状况欠佳时下水游泳。充分热身之后方能下水开始游泳。严格遵守泳池管理规则，勿在泳池周围或水中嬉戏打闹。泳池穿着较少，杜绝不文明行为，如果发生非故意的异性肢体接触，要请求对方谅解。如遇下肢或上肢抽筋，不要慌张，尽快大大地深吸一口气，转身仰卧于水面，想办法通过自己的努力，把收缩的那块肌肉给予反向拉长并持续控制 1~2 min，直至该肌肉放松为止。刚开始反向牵拉肌肉时比较痛，一定要忍住，一旦该肌肉被拉回原状，疼痛就会大大减小甚至消失，这是水下抽筋自救的最佳办法。

下面以一个游泳健身计划的设计简案为例。某正常体质的中青年人士，会游泳，且坚持了半年时间，每天下班后有一小时的时间参与运动，给他安排如下游泳健身计划：充分热身之后，先用最大体力的 90% 完成 50 m 的距离，耗时大约 30 s；不停顿，转身接着慢速游 50 m 的距离，用时大约 60 s。如此循环下去，每组总共完成 1000 m 的距离，每次游 2~3 组，大运动量练习游 4~6 组。刚开始的前 3 周体力不够，每次游 1 组即可，每组之间休息 3~5 min，每周游 3~5 次。运动过程中，心率控制在靶心率范围内，此时的生理感受是比较累、吸气量大，没有头晕现象。

第十节　其他运动项目健身

用于健身的手段很多，竞技体育项目也成为群众体育的选择，大家只要坚持参与其中某一项运动，就能起到锻炼身体和健康体质的作用，比如打篮球、踢足球、打排球、打乒乓球、打羽毛球、打太极拳等；还有许多民间体育运动项目也是锻炼身体的好手段，比如垂钓、打陀螺、滚铁环、放风筝等，不胜枚举。本书着重讲述健身房中常用的一些健身手段以及器材，故不再一一描述。

第三章

健身与训练常识

在神经系的指挥下，肌肉会产生收缩，使肢体或人体产生运动。不同的运动结果，需要肌肉有不同的素质表现。肌肉素质或运动能力的高低，由神经系统、运动系统、呼吸系统和循环系统的能力共同起作用，其中起决定作用的是运动系统中的骨骼肌。爆发力、速度素质、耐力素质、力量素质、灵敏协调素质、柔韧素质和肌肉的体积，都是由骨骼肌决定的，骨骼肌就是我们通常说的肌肉。

为更好地理解健身专业知识，首先需要我们懂得一些与此运动有关的解剖基础知识、运动生理知识、运动生物力学知识和运动常识。而通过本章节的学习，不仅可以学到以上知识，还能培养学生遵从自然科学和认真做事的态度。

第一节　健身健美运动通识知识

一、运动轴和运动面

身体运动，首先要了解运动轴和运动面，才能清楚地知道肢体在空间内的运动方向。如图 3-1-1 所示。

准确描述肢体动作，表述为"某部位在哪个面内绕哪个轴做运动。"比如可将从"立正"姿势起，两手臂到侧平举的运动描述为：手臂在额状面内绕矢状轴，在肩关节处外展。

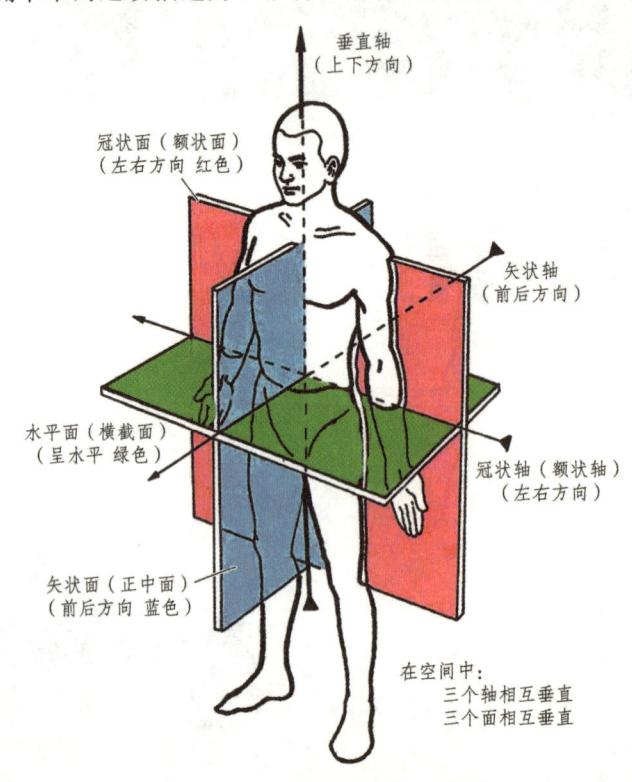

图 3-1-1　人体运动轴和运动面

二、抗阻训练身体基本姿势

（一）站姿

两脚开立与肩同宽（有些动作要求并脚），脚趾朝前或略显倒"八"字、紧腿收臀、收腹立腰、挺胸沉肩、端正头部、重心压在脚弓处。如图 3-1-2 所示。

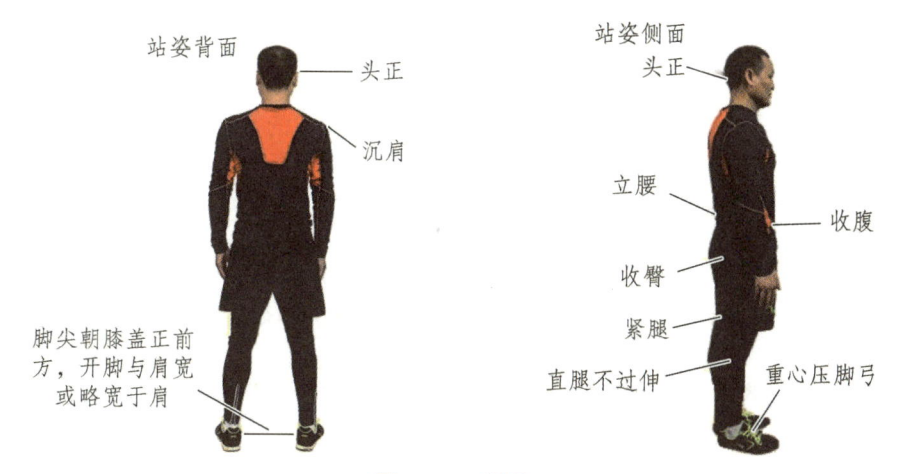

图 3-1-2　站姿

（二）坐姿

两脚开立成倒"八"字、脚趾朝膝盖正前方、双脚踏实着地、收腹立腰、挺胸沉肩、端正头部，如果背部有靠板，腰、背和臀部紧贴靠板。如图 3-1-3 所示。

图 3-1-3　坐姿

后面内容涉及站姿或坐姿基本姿势时，不再具体讲述动作要领。

三、最大重量或 1RM

RM 是英文单词 Repetition（重复、反复）和 Maximum（最大量）的缩写。最大重量，又称极限重量、最大负荷，人体或某个肌肉部位克服阻力只能完成一次动作的重量，称为该

人体或该肌肉部位克服阻力的最大重量，即 1 RM。比如：某人负重 100 公斤（1 公斤 = 1 kg）半蹲，有且只能完成一次，他的半蹲 1 RM = 100 公斤。1 RM 是抗阻训练爆发力、增肌、减脂，以及肌耐力的参考基数。

随着训练水平的提高，1 RM 值也会提高，当连续几天都比较容易完成每组个数时，或者定期 1～2 月，就要测试一次 1 RM 值。1RM 的测试具有一定的安全风险，特别是做卧推和深蹲的 1 RM 测试时，安全风险达到最大，所以，必须要具有可靠的保护条件才能进行 1RM 测试。为安全起见，建议采用爱普利（Epley）公式粗略估算 1RM 值，其公式如下：

$$1 \text{ RM} = [1 + (0.0333 \times 完成的次数)] \times 使用的重量$$

（公式源自美国作者吉姆·斯托帕尼所著的《肌肉与理论》）

例如，某人用质量为 20 磅（9.1 千克）的杠铃，完成 10 次站姿杠铃弯举，练习方法是站姿，反握杠铃，握距与肩同宽，肘关节紧贴腰间侧面，调匀呼吸，肌肉工作范围从"原始位置"到"顶点位置"，爆发式地快速完成。此人肱二头肌的 1 RM 值计算如下：

$$\begin{aligned} 1 \text{ RM} &= [1 + (0.0333 \times 完成的次数)] \times 使用的重量 \\ &= [1 + (0.0333 \times 10)] \times 20 \\ &= 26.66 \text{ 磅（12.13 千克）} \end{aligned}$$

四、肌肉工作的范围

肌肉工作的范围，是肢体动作从开始到结束，分别从原始位置或初始位置，到极限位置或顶点位置的距离。原始位置是肢体做动作前的准备姿势，此时，主要肌还没有克服阻力，处于放松状态；初始位置是主要肌开始克服阻力收缩之初时肢体的位置；极限位置是主要肌克服阻力收缩末尾时肢体的位置；顶点位置是主要肌完成克服阻力，且肌肉刚好处于放松时肢体的位置。以仰卧起坐为例来说明，仰卧于平垫上，并腿屈膝，双脚全脚着地，双手摸头侧（或两耳，或合抱于胸前），腹直肌还没有发力，背部没有离开垫子，此时躯干的位置叫"原始位置"；腹直肌开始收缩、紧张，背部离开垫子处于悬空状态，此时躯干的位置叫"初始位置"；腹直肌继续收缩，躯干接近垂面，并与垂直面保持较小的角度，腹直肌仍然处于紧张状态，此时躯干的位置叫"极限位置"；腹直肌再收缩一小点后，伸直的躯干到达垂面，即躯干与地面垂直，此时躯干的位置叫"顶点位置"。如图 3-1-4 所示。

原始位置　　　　　　　　　　初始位置
腹直肌放松　　　　　　　　　腹直肌收缩
背未离板　　　　　　　　　　背悬空

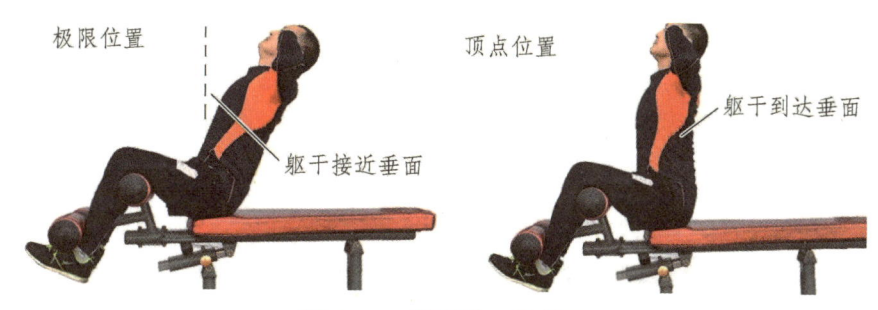

图 3-1-4　肌肉的工作范围

腹直肌在原始位置和顶点位置时处于放松状态，在初始位置和极限位置时处于紧张状态。以此类推，肢体克服阻力运动，都要清楚肢体的原始位置、初始位置、极限位置和顶点位置。

五、运动中发挥不同作用的肌肉

肢体产生的每个动作，都是通过主要发力的肌肉、次要发力的肌肉和辅助发力的肌肉共同协作来完成的，分别被简称为主要肌、次要肌和辅助肌（这样的简称便于广大读者理解和记忆）。

（一）主要肌

完成动作时，主要发力的肌肉称作主要肌。在医学领域，其属于原动肌中的主动肌，肌肉做向心收缩或离心收缩，其长度沿自身长轴缩短或拉长，在对抗阻力且产生位移中起到了决定性的作用。主要肌中，排列也有先后，发挥更多作用的那块肌肉排在前面。

（二）次要肌

次要肌是指完成动作时，与主要肌相比，发挥的作用要小一些的肌肉。在医学领域，其属于原动肌中的副动肌，协助完成动作或仅在动作的某一阶段起作用，其发力、长度变化较小。

（三）辅助肌

辅助肌指辅助主要肌和次要肌完成动作的肌肉。该肌肉做的是静力性等长收缩，医学领域称之为固定肌。

以反握杠铃弯举举例，肱二头肌和肱肌是主要肌，肱桡肌和旋前圆肌是次要肌。又比如杠铃直腿硬拉，主要肌是半腱半膜肌、股二头肌长头和臀大肌，次要肌是竖脊肌，辅助肌是小腿后肌群等。

六、最大心率和靶心率

分析人体运动强度，常采用的心率（每分心率）指标有安静心率、最大心率、心率储备、靶心率和靶心率范围。安静心率是指在安静状态下一分钟的心跳次数，正常成年人的安静心

率为 60~100 次/min，女性的安静心率略快，运动水平较高的运动员的安静心率较慢。心率储备是指最大心率与安静心率之差。最大心率是指运动时，心率增加到极限的水平，最大心率随年龄增长而逐渐减小，如图 3-1-5 所示。

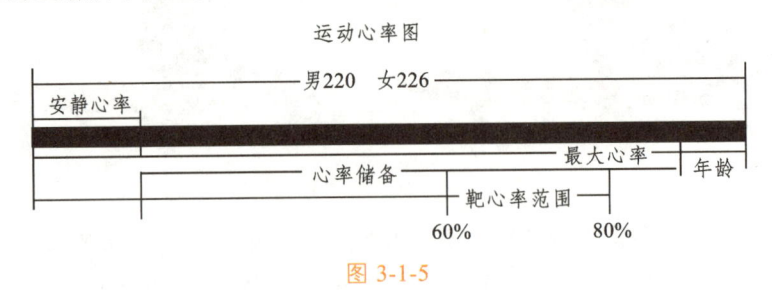

运动心率图

图 3-1-5

成年男性的最大心率 = 220 – 年龄
成年女性的最大心率 = 226 – 年龄

靶心率是指运动训练中欲达到的心率。靶心率的合理范围计算公式：

靶心率范围 = (安静心率 + 心率储备 × 60%) ~ (安静心率 + 心率储备 × 80%)

如某男生 20 岁，安静心率 70 次/min，他的最大心率为 220 – 20 = 200（次/min），心率储备为 200 – 70 = 130（次/min），靶心率范围是 [70 + (200 – 70) × 60%] ~ [70 + (200 – 70) × 80%]，即 148 ~ 174 次/min。

相关研究显示，运动时心率在靶心率范围内的运动强度是最佳的。

七、运动时间、运动量、运动强度和运动负荷

（一）运动时间

完成某个动作的时间，称为动作时间；某一次运动或某一段运动的开始至结束之间的时间，称为运动时间。

（二）运动量

运动量也叫运动负荷，是指人体在运动或活动中所承受的生理、心理负荷量以及消耗的热量，它由练习时的运动强度和运动时间组成，也可以理解为本次训练需要完成的数量、距离等具体的任务量。

通常采用仪器设备测量运动人体的心率、血压、血氧量、血液成分、尿蛋白、心电图和脑电图等指标来衡量人体运动量的大小，其中最简单的测定方法便是测量心率。

1. 心率的测定办法

将测试开始的前 10 s 之内的脉搏跳动次数乘以 6，即可得到测定当时的每分心率。

安静心率通常在清晨醒来时进行测试，测试办法是当清晨醒来时不要翻动身体，保持情绪安静，找到脉搏测试点并开始测试 10 s 之内脉搏跳动的次数，然后用该数值乘以 6，即为此人的安静心率。

停止运动后马上测定的心率为运动心率。在运动中或运动刚停止时，测试 10 s 之内脉搏

跳动的次数，所得数值乘以 6 后的值即为运动心率。此外，也可以佩戴心率监测仪器，随时监测运动中任意时间点的运动心率。

2. 运动量大小的自我监测法

（1）测定运动结束 5~10 min 时的心率，如果比训练开始前的正常安静心率高出 6~9 次，说明运动量过大；如果比正常安静心率高出 2~5 次，说明运动量适中；如果恢复至正常安静心率状态，说明运动量偏小。

（2）测定早晨醒来时的安静心率，跟正常安静心率进行对比，如果比正常安静心率高出 6~9 次，说明运动量过大；如果比正常安静心率高出 2~5 次，说明运动量适中；如果恢复至正常安静心率状态，说明运动量偏小。

（3）自我感觉监测，如果训练后连续 3~5 天都很疲惫，食欲、精神不振，睡眠不踏实（难以入睡或入睡时间较短），或者出现运动性血尿（尿中带有血红色），就说明运动量偏大。

（三）运动强度

运动强度是指运动中肌肉用力的大小和身体持续紧张的程度。决定运动强度的因素有负重（抗阻）的大小、每次的时间和距离的长短、完成动作的速度、练习密度（包括动作间隙和组间休息间隙）等。

（四）运动量和运动强度的关系

运动量不变，通过改变练习的密度便可以改变运动强度，如缩短组间休息时间可以增大运动强度，延长组间休息时间可以减小运动强度；增加负重，也就增加运动强度，反之亦然；缩短每组练习时间（即提高速度）或者加快完成动作的速度，也会增加运动强度，反之亦然。负重不变，改变运动量也可以改变运动强度，如增加组数、增加每组练习的次数、增加练习的距离等可以增加运动强度，反之亦然。

掌握了运动量和运动强度的关系，有益于指导我们科学制订训练计划。比如针对恢复的训练或者针对年长者的训练，为保证运动量不变且强度不高的练习，采用延长组间休息时间的办法就可以达到目的。

八、与人体运动有直接关系的人体系统

（一）神经系统

神经系统由中枢神经系统和周围神经系统组成，中枢神经系统包括脑和脊髓，周围神经系统包括脑神经和脊神经。中枢神经系统通过对信息的接收、分析和发出，发出的指令通过神经元迅速传递到身体的具体部位，使支配肌肉运动的神经元产生兴奋，肌肉就会收缩或放松，于是肢体就产生了运动。发出指令的强弱与支配肌肉的运动神经元的兴奋数量成正比，支配肌肉运动的神经元兴奋的数量越多，参与的运动单位也越多，肌肉收缩的力量也就越大。

（二）运动系统

运动系统由骨、骨连接和骨骼肌组成，约占成人体重的 60%，是人体运动的主要部分。

成年人有 206 块不同形状的骨头，有 600 多块形态和大小各异的肌肉，成年人的骨骼肌约占自身体重的 35%~40%（女性偏低）。

（三）呼吸系统

呼吸系统的主要器官是肺，在体内气体交换中起主要作用。肺活量的大小跟呼吸系统的能力有关。

（四）循环系统

循环系统的工作过程就是心脏把新鲜的血液泵出，并通过血管输送到人体的各个组织、器官，然后又流回心脏的过程。

九、肢体运动术语

描述肢体运动的术语为内收、外展、屈、伸、内旋、外旋、上回旋、下回旋、上提和下降。如图 3-1-6 所示。

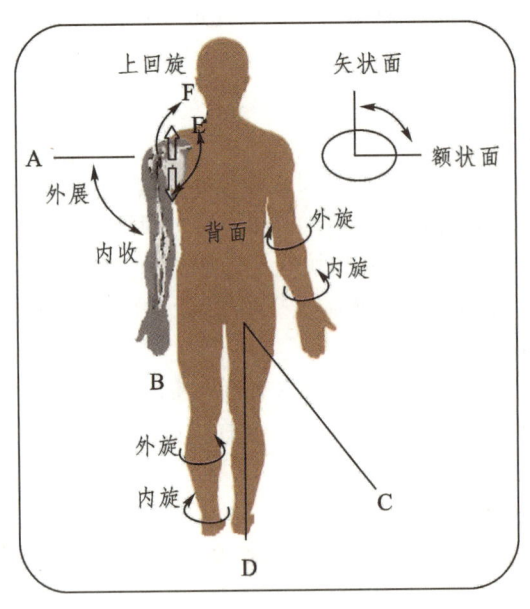

图 3-1-6

（一）外展和内收

肢体的内收和外展通常绕矢状轴进行，如图 3-1-6 所示，手臂从远离躯干的 A 点到 B 点为臂内收，相反为臂外展；腿从远离躯干垂直轴的 C 点到 D 点为腿内收，相反为腿外展。

（二）屈和伸

关节的屈和伸通常绕额状轴进行。以肘关节为轴，小臂向大臂靠拢为屈，相反为伸；以肩关节为轴，手臂直臂从体侧向前上方摆动为屈，相反为伸；以肩关节为轴，大臂在水平面内从额状轴到矢状轴为屈，相反为伸；躯干向腹部方向折叠为屈，相反为伸；以髋关节为轴，

大腿向腹前抬起为屈，相反为伸；以膝关节为轴，小腿向背部方向运动为屈，相反为伸；以踝关节为轴，脚背向小腿靠紧为伸，相反为屈。

（三）内旋和外旋

内旋和外旋通常绕垂直轴进行。立正站立、手臂自然下垂、手心朝前拇指朝外（标准位），大臂在水平面内绕垂直轴，拇指从外、经前、到内转动，为臂内旋；然后，大臂在水平面内绕垂直轴，拇指从后、经大腿外侧到前、再到外转动为臂外旋。左大腿按顺时针方向转动为内旋，按逆时针方向转动为外旋；右大腿按逆时针方向转动为内旋，按顺时针方向转动为外旋。

（四）上回旋和下回旋

上回旋和下回旋通常绕矢状轴进行。如图 3-1-6 所示，肩胛骨的外侧向 F 方向运动就是肩胛骨上回旋，例如把手臂在头上方高举时肩胛骨就产生了上回旋；肩胛骨下角按图中箭头向 E 点运动就是肩胛骨下回旋。

（五）上提和下降

图 3-1-6 中，肩胛骨整体向上运动为上提，整体向下运动为下降。

十、热身与放松

人体肌肉纤维组织结构主要指骨骼肌的结构。骨骼肌是附着在骨骼上的肌肉，肌纤维成束状排列，每条肌肉纤维外包有一层很薄的肌肉膜，许多肌肉纤维组成肌束，外部又被肌束膜包裹，在整个肌肉外面还有一层肌外膜，它们之间都有粘连，热身活动就是使它们之间的粘连减小，增大活动幅度，从而避免出现因运动时肌肉收缩而产生的拉伤。同时，热身活动也会让呼吸系统和循环系统预先进入工作状态，防止突然发力做动作而导致呼吸或循环障碍。

热身的方法通常有慢跑、徒手操、伸展练习以及对要活动的部位加热等。具体的热身方法，本书不做具体介绍。

运动后的放松容易被忽略，如果运动后不立即放松，会影响运动中疲劳肌肉的机能恢复以及运动中所产生的乳酸的排泄。详见第九章的相关内容。

十一、着装

运动着装很容易被忽视。不同运动项目要有相适应的运动装和运动鞋，不合体的着装可能会导致运动损伤，所以，着装问题务必要引起重视。

十二、运动与饮水

运动中口渴时，小口饮水 1~2 口，运动后先少量饮水，待呼吸、心率接近正常后才能足量饮水。

十三、运动后进食和洗澡

运动会出汗，在运动停止30 min以上且没有汗液排出时，再进食或洗澡。

十四、补充盐分

如果连续多日都是大运动量，出汗较多，感觉身体乏力，应适当补充盐开水，方法是：将一勺盐放入碗里或杯中，加开水溶化，待温热后饮用（竞技健美运动员勿用）。

十五、运动过度

有些人给自己定的运动目标太高，或者是不懂得运动量的合理安排，盲目增加运动量，都可能导致运动过度。运动过度的具体症状是：反应缓慢，食欲不振，恶心呕吐，头痛，头晕，心烦意躁，睡眠障碍，肌肉持续酸痛、压痛、僵硬，尿液呈茶色或红葡萄色，少尿甚至无尿，无缘无故腹泻，容易感冒等。

导致运动过度（过度训练）的因素有盲目加大运动量、锻炼热情过高、饮食营养安排不当以及休息不足等。严重的过度运动可能造成横纹肌溶解。简单说，就是各种原因导致横纹肌细胞坏死，分解的细胞内容物，如肌红蛋白、肌酸激酶等小分子物质随着血液循环进入肾脏，堵塞极细的肾小管，无法排除，导致肾脏功能受损，多数伴有急性肾衰竭和代谢紊乱。

出现上述症状时要立即停止运动，并及时就医。

十六、运动损伤的处置

（一）运动损伤的分类

运动损伤的分类很多，按损伤的缓急分为急性损伤和慢性损伤；按创口与外界的关系分为开放性损伤和闭合性损伤；按组织结构分为肌肉损伤、肌腱损伤、韧带损伤、骨折、关节软骨损伤、关节脱位，也有神经损伤、内脏器官损伤和脑震荡等。

（二）造成运动损伤的原因

造成运动损伤的原因有很多，比如热身不充分、思想不集中、技术动作错位、运动负荷过大、保护不到位、场地器械有问题以及极端天气等。

（三）运动损伤的处置

当伤情发生时，无论是哪类损伤，现场具备医疗救护条件的，医护人员立即到场处置；不具备医疗救护条件的，要正确判断伤情，并做出相应的决定。大致有以下四种处置方案：

（1）轻伤、慢性损伤、擦伤：患者意识清醒，完全能自主活动。伤者擦伤，有轻微出血时，涂抹碘伏消毒即可，其他情况则到医院由医生给予治疗。

（2）急性闭合性损伤，患者意识清醒，疼痛厉害：如果患者能自己行走，且能自主活

动伤肢，先就地用凉水持续冲淋 8~10 min，然后固定伤肢，到医院看医生；如果患者不能动弹或者肢体有异形，立即拨打 120 急救电话，让患者保持受伤时的身体姿势，就地等待救援，此时，同伴可以帮助实施 8~10 min 的冷水冰敷，或者用冰袋、冰块、冰糕实施冰敷，并注意保暖；经过医生诊断，无骨折、有肿胀的闭合性损伤，需要敷药（消肿、止痛）或拔罐。

（3）出血严重、头部受伤或昏迷：首先是拨打 120 急救电话，告知伤者所在的准确位置，并采取保暖措施和等待救援。如果出血，先是按压伤口或短时间按压供血动脉止血；心跳停止，立即实施胸外心脏挤压法；呼吸停止，立即实施人工呼吸；心跳和呼吸全无，立即实施心肺复苏。

（4）旧伤的处置方法，针对超过 48 h 的闭合性损伤并且受伤部位无肿胀的情况，以及开放性损伤的后期恢复，可以采用热敷和按摩的方法予以治疗。

（四）运动损伤的预防

弄清楚造成运动损伤的原因，便能对症预防。做到思想上重视，充分热身（尤其是加强重点部位热身），运动前认真检查场地器械，做好安全保护，学好标准动作，遵循运动规律不超负荷运动，重视运动之后的放松，等等。

这里特别强调两点：一是做抗阻动作时，集中意念于参与完成动作的肌肉发力，可以激活肌肉，使其提前 15~25 ms 进入发力准备，有利于肌肉产生最大张力，预防运动损伤；二是环境温度低于 10 ℃ 时，肌肉中的 pH 会下降，从而使肌肉的最大收缩速度、等长收缩的张力都会下降。所以，在低于 10 ℃ 的环境中进行抗阻运动之前要充分热身，提升肌肉的温度，利于肌肉产生更大的收缩力和收缩速度，预防拉伤肌肉。

（五）健身运动的损伤种类

健身运动的损伤种类以拉伤居多，当然也有脑部和心脏出现因为负荷过大而造成的比较严重的伤情，所以，无论是健身教练还是健身运动参与者，懂得和掌握一些运动损伤的知识以及心肺复苏技术都是必要的，当遇上需要时可以发挥作用。

十七、防止运动性中暑

运动性中暑的症状有：昏迷、精神错乱、激动、抽筋、呕吐、腹泻、低血压、皮肤干燥。

预防措施：应避免在高温下运动和长时间运动，每次训练 50 min 后至少休息 10 min；不要在闷热的环境中运动，比如高温气候时在不通风、闷热的健身房锻炼；运动前，保证充分的睡眠和休息；运动中少量补充水分；运动后，少量多次补水和补充适量盐水。

一旦出现中暑症状，要及时就医。

十八、防止运动性冻疮

冬季户外运动，容易出现的冻伤部位有手足末端、鼻尖、耳等。所以，运动前要加强对这些部位的保暖。

十九、关于进阶和退阶练习

（一）什么是渐进式抗阻

渐进式抗阻是指进行每组练习时，在阻力值不变的情况下，增加了 1、2 次练习次数；或者在练习次数不变的情况下，增加最小的抗阻重量单位（比如哑铃片的最小单位是 2.5 kg，因此使用哑铃练习，每次进阶增加 2.5 kg 的配重）。

下面以"8—10—12"进阶式抗阻训练模式为例：第一阶段使用 M1 重量，开始每组只能完成 8 次，练习一段时间后每组能够完成 10 次，再练习一段时间之后每组能够完成 12 次，此时就可以增加抗阻重量为 M2（M2＞M1），进入第二阶段练习。以此类推，不断增加阻力值（当然是有限度的）。

（二）如何进阶和退阶

按上述例子，从第一阶段进入第二阶段，便实现了一次进阶。在任意一个训练阶段，熟练掌握本阶段的练习内容并能在连续的几个训练单元中稳定地完成增加次数或重量的负荷后，方可上升一个台阶，即完成进阶。进阶只能一档一档地提升。

如果有伤病或技术、停训等原因，就要立即进行退阶练习。退阶可以后退一档，也可以连退两档或几档，要根据实际情况确定退几档，如停训一两周，可以退一档；停训时间达几个月以上，就要多退几档。

（三）盲目进阶的弊端

盲目进阶即通常所说的过早地使用大重量，会使掌握不稳定的动作变形，久而久之就会形成错误动作，还会造成伤亡事故。因为力量基础不达标而盲目使用大重量，很可能因动作完成失败而致伤亡事故发生。最终使整个训练方案化为泡影。

二十、大重量负重后晕厥

使用大重量负重稍蹲、半蹲或深蹲，或者大重量提拉，大重量卧推，都有可能出现晕厥现象。是因为在进行大重量负重练习时，都会关闭声门、最大程度地用力憋气，这样就会造成胸腔和腹腔的内压显著增大。由于人类平时的胸腔内压为负压（比外界大气压略低 10 mm 汞柱），使劲憋气后，胸膜腔内的负压变为正压；胸膜腔内有大的血管通过，升高的压力会压扁弹性较弱的腔静脉，从而使回心血量严重受阻，导致头部脑组织缺血而产生晕厥。

所以，不要盲目进行大重量负重练习。假如真要进行大重量负重练习，必须做好热身活动和保护，清理练习者身边的危险因素（以防跌倒后碰着脑部）。

二十一、一人健身安全注意事项

（1）在身体健康时健身：带病健身有加重病情的可能。

（2）通信工具时刻在手：独自健身，如果把手机放在别处，一旦运动中身体突发疾病，

就无法报警，因此，要随身携带电话，一旦有情况，立即拨打120呼救。呼救时第一时间是报告自己的准确位置，便于救护人员能够快速、直达、实施救援。因为，一旦第一时间报告不准自己的位置，放下电话后自己有可能再也无法呼救或接听电话，救护人员就很难找到你，导致耽误最佳救援时间。

（3）出现身体不适、立即停止练习：独自健身时，如有不适，要立即停止练习、避免加剧伤情或病情的蔓延，并及时就医。

（4）掌控强度，勿蛮干：如进行负重蹲、卧推等练习，勿追求大强度极限练习；勿做高难度动作，因为高难度动作有可能失误，失误后若缺少帮助就可能产生更多的麻烦。

第二节　骨的生物力学特征

骨是人体受力的主要载体，正常成年人体由206块形状各异的骨头组成，按形状分为长骨、短骨、扁骨和不规则骨，按部位分为29块颅骨、51块躯干骨和126块四肢骨，具有支持体重、保护内脏、参与运动和造血等功能。

一、骨的成分

骨构造由骨质、骨膜和骨髓等组成，骨的特征是有韧性、硬度不高、易变形。骨质由骨组织构成，分骨密质和骨松质，从化学角度看，骨组织由有机质、无机质和水组成。有机质的含量与柔韧性成正比，无机质的含量与骨的脆性成正比。少年儿童骨中有机质含量高，所以韧性好；老年人骨中有机质含量减少，所以易骨折。

以长骨为例，骨质由骨组织构成，骨组织包含骨祖细胞、成骨细胞、骨细胞和碎骨细胞。青少年时期的成骨细胞居多，因此，骨组织的生长旺盛，表现为骨的长粗和长长；在中年时期的成骨细胞与破骨细胞处于平衡状态，骨的生长停止；在老年时期的碎骨细胞开始活跃起来，因此，会出现骨流失、骨质疏松，根据现代人们的生活品质，通常情况下，往往女性在绝经后的5~10年、男性在70岁以后开始发生骨质疏松。

骨膜包裹在骨外面（关节除外）的纤维结缔组织，分为内层和外层，含有丰富的血管、神经和淋巴管，为骨提供生长所需的营养。

骨髓是一种软组织，填充在骨髓腔和骨松质中。

二、运动对骨质的影响

研究表明，在青少年时期参与运动，可以提高骨质含量，利于长高。而拉伸应力能使骨骼向纵向发展，压缩应力会使骨骼向横向（粗短）发展，因此少年时期不宜进行负重练习。

中老年时期参与适度的抗阻练习，可以减缓骨质流失，预防骨质疏松。

三、骨的生物力学特征

人体内的骨骼受到力和力矩作用时，会发生形变效应，以长骨为例，图 3-2-1 是长骨在外力作用下产生拉伸、压缩、弯曲、剪切和扭转的变形示意图。

拉伸　　压缩　　弯曲　　剪切　　扭转

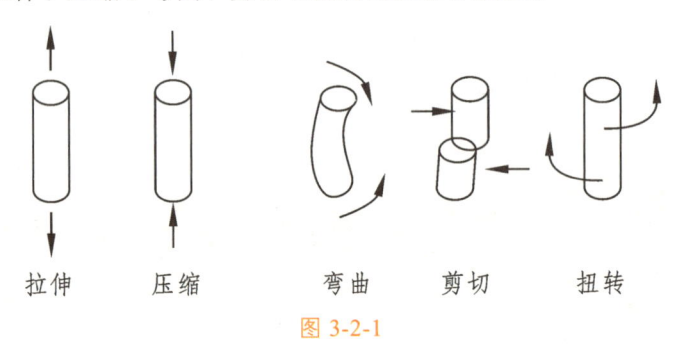

图 3-2-1

图 3-2-1 中的五种受力分析都会造成骨损伤，比如，"引体向上"时尺骨受到拉伸力；"平板卧推"时尺骨受到压缩力，高处下坠可能使腰椎和腰椎间盘受到较大的压缩力；"站姿哑铃飞鸟"时肱骨受到弯曲力，"箭步蹲"前腿爆发式发力还原动作（站立）时股骨受到剪切力，"钢索外旋大臂"时肱骨受到扭转力。在成年人成骨中，耐压缩力最大，其次是耐拉伸力，耐剪切力最弱。实际中，骨所受力是上述五种受力的组合，即复合载荷。所以，在做抗阻动作时，要遵循生物力学特征，设计和使用安全的动作以及合理的运动量。

任何材料受力超过一定时限都会产生疲劳，骨组织也不例外。虽然活体的骨组织具有自我修复功能，但是其修复能力是有限的，当骨骼长时间反复受力到达一定限度时会造成骨的疲劳损伤，被称为骨疲劳。骨组织产生疲劳之后，就容易弯曲、断裂、脆裂。

第三节　骨骼肌的功能

正常成年人的肌肉系统主要由心肌、平滑肌和骨骼肌这三类肌肉组成，骨骼肌又称横纹肌或随意肌，是人体运动系统的重要组成部分，接受神经刺激后会产生收缩，从而使骨产生活动，因此，骨骼肌是人体产生活动的动力来源。

一、肌肉外观形状分类

肌肉的形状概括起来有长肌、短肌、阔肌和轮匝肌几种。长肌多分布于四肢，收缩幅度大，能产生较快的收缩速度，又可分为二头肌、三头肌和四头肌；短肌多分布于躯干的

深层，收缩幅度小，但是可以产生较大的力量；阔肌（也叫扁肌）扁而薄，多分布于躯干的胸、腹壁，具有保护和支撑内脏的作用；轮匝肌呈环形，起开、合孔裂（孔洞或裂口）的作用。

根据肌纤维的排列方向分类，有羽状肌（单羽状肌）、半羽状肌、多羽状肌和梭形肌。

二、骨骼肌肌纤维的种类

每块肌肉由数条肌纤维组成，肌纤维有红肌纤维（或Ⅰ型肌纤维）和白肌纤维（或Ⅱ型肌纤维）两种，并按一定比例共同存在于每块肌肉中。不同人的同一部位、不同肌肉部位中红肌纤维和白肌纤维的比例是不一样的。红肌纤维对刺激产生较慢的收缩反应，也称为慢收肌，耐力素质训练就是训练红肌纤维的能力。白肌纤维对刺激产生较快的收缩反应，也称为快收肌，爆发力、动作的快速能力素质训练就是训练白肌纤维的能力。

三、肌肉的结构和物理特性

一条肌肉按组织结构可分为肌腹和肌腱两部分，靠近附着点的部分是肌腱，由致密的结缔组织构成，肌腱之间的部分是肌腹，由具有收缩能力的肌细胞组成。

肌肉的物理特性包括黏滞性、伸展性和弹性。

四、肌肉运动术语

（1）起点、止点：起点、止点为每块肌肉的两端在骨骼上的附着点。对于躯干部分来说，靠近人体正中线的附着点称为起点，远离人体中线的附着点称为止点；对于四肢来说，远离四肢与躯干连接点的附着点称为止点，反之为起点。

（2）近固定与远固定：针对四肢而言，肌肉收缩时，相对固定的附着点是远离四肢与躯干连接点的附着点，这种固定方式称为远固定；反之，称为近固定。

（3）上固定与下固定：针对躯干而言，肌肉收缩时，相对固定的附着点是远离头顶的附着点，这种固定方式称为下固定；反之，称为上固定。

（4）肌张力：肌肉在收缩过程中，起点和止点之间肌肉产生的一种力量叫肌张力，属于内力；抵抗肌张力的力量叫阻力或负荷，属于外力。

五、肌肉收缩的原理

骨骼肌的条纹是由肌纤维不断重复而成的，每一条重复条纹就代表一个肌节，每条肌肉由众多肌节串联而成，肌节是肌肉收缩系统的功能单位。根据肌肉滑行学说，肌肉收缩的力来源于肌球蛋白分子的头部（横桥），横桥像船桨一样，它以肌球蛋白表面固定点为中心做弧形转动，同时横桥与肌动蛋白的位点结合从而带动它向肌节中心运动，当一条肌纤维的全部肌节以全或无的方式同时缩短时，肌肉就完成了一次收缩。横桥摆动的能量由肌肉中的ATP（三磷酸腺苷）分解提供，ATP分解的同时会产生乳酸。

六、肌肉收缩的分类

肌肉收缩的方式有向心收缩、离心收缩和等长收缩。

（1）等长收缩：肌肉在收缩时，长度不变的收缩叫等长收缩，又称为静力性收缩，这种收缩方式的肌肉会产生大量的热。

（2）向心收缩：肌肉收缩时，长度缩短的收缩叫向心收缩，又称为等张收缩。

（3）离心收缩：肌肉收缩时的同时，（因被动牵拉）其长度增加的收缩叫离心收缩。

（4）等动收缩：在整个关节运动范围内，肌肉收缩的速度恒定、肌肉产生的力量始终与阻力相匹配的收缩方式叫等动收缩。在等动收缩的全过程中，肌肉都能产生最大的张力，因此，等动收缩是提高肌肉力量的有效手段。游泳划水时肌肉的收缩方式就是等动收缩。

例如，以反握引体向上为例，引体向上的过程中，肱二头肌做向心收缩；身体下落的过程中，肱二头肌做离心收缩；引体向上或下落到某个位置静止不动时，肱二头肌做等长收缩。

七、肌肉发力的顺序

一条肌肉接收到收缩指令后，整条肌肉都开始收缩，产生最大发力的顺序是从远固定端向近固定端移动。依据此原理，我们可以有选择性地重点训练一条肌肉的某一段，比如训练一条肌肉的上半段或者下半段，或者把一条肌肉分成上、中、下三段，并有针对性地训练它。

八、什么是预张力

肌肉接收到收缩的指令（信息）至肌肉产生应答动作之间有一段时间，称为潜伏期。参与完成动作的肌肉链在潜伏期内处于紧张状态（相当于激发了肌肉链），可以缩短潜伏期，加快动作的反应速度。如进行短跑的蹲踞式起跑时，在"预备"时将胸部以下的发力肌肉链都保持适度收紧，可以缩短起跑反应时。在潜伏期肌肉保持的张力就是预张力，运用预张力，可以有效提高运动水平。

九、肌肉预先拉长或缩短与肌张力的关系

1. 肌肉预先拉长

无论是跨单关节肌还是跨双关节肌，只要肌肉发力前处于主动拉伸状态，都可以发出超过肌肉在静息长度下收缩产生的张力；主动拉伸越充分，产生的张力也越大。以右手掷铁饼为例说明，旋转后、投掷出手前，下肢成右弓步，右手持铁饼、右臂直臂向躯干右后下方摆动的极限角度（比如是180°）越充分，右臂产生向前上方的挥臂力量也越大；如果右臂向后下方摆动的角度只有150°，那么右臂产生向前上方的挥臂的力量就有减小。

2. 肌肉预先缩短

无论是跨单关节还是双关节肌，肌肉发力前如果是预先缩短（短于静息长度），肌肉发出的张力就会低于静息长度下收缩产生的张力。下面以俯卧勾腿为例，小腿活动的角度（屈

膝）假如是 120°，如果预先屈膝了 90° 再开始做肌肉收缩（屈膝），此时小腿向后勾腿发出的力量就小于直腿开始向后勾腿的力量。

十、肌肉的协作关系

根据肌肉在运动中所起的作用，将其分为原动肌、主动肌、次动肌（或副动肌）、对抗肌、固定肌及中和肌等。

（一）原动肌、主动肌和次动肌

直接完成某个（单关节运动）动作的肌肉叫作原动肌。如"反握哑铃弯举"，肱二头肌、肱肌和小臂屈肘肌群（桡侧腕屈肌、尺侧腕屈肌、掌长肌和指浅屈肌）是完成此动作的原动肌；其中肱二头肌和肱肌起主要作用，叫主动肌（本书中称为"主要肌"）；小臂屈肘肌群起次要作用，叫次动肌或副动肌（本书中称为"次要肌"）。

（二）对抗肌

与原动肌功能相反的肌肉叫对抗肌。

（三）固定肌

肌肉做等长收缩、协助原动肌完成动作的肌肉叫固定肌（本书叫"辅助肌"）。

十一、骨骼肌的主要功能

（1）提供动力：骨骼肌收缩，牵拉周围的骨，使周围的关节产生活动，人体才能够做出各种各样的动作。

（2）起保护作用：骨骼肌对其下方的重要结构提供保护。

（3）促进血液循环：骨骼肌在收缩和舒张的过程中，其内部的血液会加速流动。

（4）维持人体姿势：人体任何一个姿势都是在一系列的肌群协调下完成的。因此骨骼肌对于人的体位和姿势的维持十分重要。

（5）产生热能：骨骼肌在收缩过程中，会产生热量，是人体热量的来源。

十二、抗阻训练的重要性

（一）什么是运动单位

运动单位是指一个神经元以及它所支配的所有肌纤维。当肌肉接收到神经信号时，同一运动单位的所有肌纤维要么同时反应，要么全部都不参与反应，这种反应方式称为"全或无"的反应。

（二）抗阻运动的作用

（1）只有肌肉对抗了阻力，神经系统才能募集较多的运动单位参与对抗阻力。

（2）肌肉对抗了阻力就能消耗更多的ATP，ATP来源于体内的糖、脂肪和蛋白质的氧化分解，因此，抗阻运动可以消耗体内的脂肪，达成减脂的目的。

（3）每块肌肉由数条肌束组成，每条肌束由多根肌纤维组成，每根肌纤维由多个肌节组成。每块肌肉的体积由肌纤维的数量和肌纤维生理横断面面积的大小共同决定，肌纤维通过有效收缩运动，可以增加每条肌纤维的生理横断面面积，实现增肌的目的。也有研究认为，增强肌力训练还可以增加肌纤维的数量。

（4）肌肉对抗阻力越大、消耗的ATP也越多，募集的运动单位也越多，尤其是在每组抗阻动作的最后两次，募集的运动单位达到最大值，募集的运动单位越多，增肌效果就越明显。这也是增肌练习时要求每组动作做到力竭的生理学原理。

第四节 脂肪的功能

脂肪存在于人体的皮下组织和腹腔内，由碳、氢和氧元素组成，是由甘油和脂肪酸组成的三酰甘油酯，其中甘油的分子比较简单，而脂肪酸的种类和长短却各不相同。脂肪酸分三大类：饱和脂肪酸、单不饱和脂肪酸、多不饱和脂肪酸。脂肪可溶于多数有机溶剂，但不溶解于水。食物中未被吸收的能量物质（脂肪、蛋白质、糖等）大部分都能转变为脂肪，主要分布在人体皮下组织、大网膜、肠系膜和肾脏周围等处。脂肪比例大了，表现出来的外观形象就是所谓的"胖"或"肥胖"。有人认为脂肪是多余的，这是一种错误的认识。当然，脂肪过多会致人行动不便，体内脂肪堆积时间久了还会诱发心脏病、高血压等疾病。实际上，脂肪本身对人的生命极其重要。

（一）脂肪的主要功能

（1）提供能量。

脂肪是人体的储能仓库，当身体需要更多能量时，例如在没有食物摄入或者剧烈运动的情况下，机体会分解体内储备的脂肪来提供能量。

（2）保护内脏器官。

内脏器官周围的脂肪垫，不仅可以缓冲外力的冲击，还可以减小内部器官之间的相互摩擦，起到保护内脏的作用。

（3）维持体温。

皮下脂肪层在皮肤和身体内部器官之间形成了一层保护层，不仅可以防止体温过多向外散失，还可以防止外界热能传导到体内，起到维持正常体温的作用。所以，脂肪多的人抗寒能力往往更强。

（4）参与机体的正常运转。

从营养学的角度看，某些脂肪酸对我们的大脑、免疫系统乃至生殖系统的正常运转来说十分重要，比如多不饱和脂肪酸的分子就有助于我们的健康。

（5）辅助维生素的转运与吸收。

脂肪是维生素 A、D、E 和 K 等脂溶性维生素的携带者和储存者。没有脂肪，这些维生素就不能被正常地吸收和运输，可能会导致各种健康问题。

（二）正常人体的体脂率

人体脂肪率（简称"体脂率"）是人体内脂肪占体重的百分比。体脂率的高低可以看出人体的肥胖程度。通常情况下，30 岁以下男性的体脂率为 14%～20%，成年男性的体脂率一般为 17%～23%；30 岁以下女性的体脂率为 17%～24%，成年女性的体脂率一般为 20%～27%。如果，男性体脂率在 5%左右，女性的体脂率在 12%左右，就属于体脂率极低水平，不宜再低了，这样低的体脂率通常是健美运动员在比赛时才会短暂保持的水平。如果长期保持极低的体脂率，对人体健康是不利的。

（三）人体肥胖指数

人体的肥胖程度，目前最多的是用身体肥胖指数（BMI）来衡量。BMI 指数计算公式是：$BMI = \dfrac{体重\ (kg)}{身高\ (m)^2}$（本书总结的简易记忆语句是"公斤米平方"）。例如，某男生身高 1.72 米，体重为 66 公斤，他的 $BMI = \dfrac{66\ kg}{1.72 \times 1.72} = 22.3$。

成人 BMI 的不同数值代表相应的体质：18.5 以下，体型瘦弱；20～25，体型适中；25～30，体形偏胖；30～35，体型肥胖；35 以上，非常肥胖。理想的 MBI 指数是 22.5。BMI 不适合用来判断肌肉发达人群的肥胖程度，比如健美运动员和肌肉型体质的人。BMI 指数的确立已经多年，随着生活水平的提高，民众的 BMI 值总体偏大，经过调查，BMI 值在 25～27，其体质也属于健康范围。

（四）影响 BMI 指数（造成肥胖）的因素

（1）过多摄入高脂、高糖食物。
（2）饮食过量。
（3）不运动或运动不足。
（4）睡眠过量。
（5）胰岛素水平升高。
（6）遗传因素。
（7）病理因素，比如中枢神经控制异常、激素分泌异常、较长时间的情绪失调导致内分泌失调等。

总的来说，脂肪是人体组织的重要构成部分，在人体的机体运行中起着重要的作用。因此，保持适当的运动、养成健康的饮食习惯，控制脂肪储备对保持机体的健康起着非常重要的作用。

第五节 呼吸和循环系统的功能

人体的呼吸和循环系统（心脏、血管和血液）在人的生命活动中扮演着重要的角色。呼吸系统的主要器官是肺，它是进行气体交换的主要器官，负责吸入氧气和排出二氧化碳；心脏主要起到泵血的作用，血管就像自来水管道一样，是血液流动的通道；血液是体内各种营养物质和代谢废物的载体，它负责把肺吸入的氧气和摄入的营养物质等输送到全身各部组织，并将代谢废物（二氧化碳）输送到肺等器官，然后排到体外，因此，心脏和肺都是人体的重要器官，它们二者的协作密不可分。

（一）循环系统的功能

1．心脏的功能

（1）泵血的作用。

心脏通过心肌的收缩和舒张，将血液输按单一方向送到全身。心脏分为四个腔室：左、右心房和左、右心室。当左心室收缩时，动脉血从左心室输出。

（2）调节心率和血压。

心脏的功能不仅局限于泵血，还能通过调节心率和血压来适应身体各种不同的需求。例如，在剧烈运动时，心脏会加快跳动以提供更多的氧气和营养物质；在休息时，心脏会放慢节奏以节省能量。

2．血液的功能

（1）维持人体内环境的相对稳定。

血液能维持水、酸碱度、渗透压和体温等（内环境）的相对稳定，保证人体组织细胞的正常兴奋和进行生理活动。

（2）运输物质。

血液负责先把人体通过消化吸收的各种营养物质、新鲜的氧气送到全身各部的组织细胞进行代谢；再把代谢废物输送到肺、皮肤和肾脏等器官，然后排出体外。

（3）调节体液。

血液将内分泌器官所分泌的激素输送到全身各部相应的器官，调节体液，这一过程叫作神经-体液调节。

（4）防御和保护。

血液中的白细胞能吞噬并分解外来的微生物和体内衰老、死亡的组织细胞；血浆中的抗体（如抗毒素等）能防御或消灭侵入机体的细菌和毒素；血液中的血小板具有凝血的作用，起到防御血管免受损伤的作用。

3. 血管的功能

血管是人体血液流动的封闭管道，管道出现问题，如破裂、阻塞，都将危及生命，所以，血管在人体内虽然不是主要器官，但是它的功能不能缺失。

血液在血管内流动对血管壁产生的压力称为血压。当心室收缩时产生的最高压力称为收缩压；当心室舒张时产生的最低压力为舒张压。正常成年人的收缩压为 90~140 mmHg（毫米汞柱），舒张压为 60~90 mmHg。

（二）呼吸系统的功能

呼吸系统的主要器官是肺，它是血液循环中肺循环的主要场所，它负责吸入氧气，深红色的静脉血在此通过肺泡进行气体交换，变成含氧量高的鲜红色动脉血并排出二氧化碳。

（三）呼吸和循环系统的协同工作

呼吸和循环系统是一个密切协调的系统，心脏和肺的功能是相互依赖的。心脏将血液泵入肺部以获取氧气，同时将二氧化碳送到肺部并呼出；然后心脏又将氧气丰富的血液输送到全身。这是连续不断的、循环往复的过程，使身体的每个细胞都能得到足够的氧气和营养物质，同时将废物有效地排到体外。循环流程如图 3-5-1 所示。

图 3-5-1 中血液循环包括体循环（红色路线）和肺循环（紫色路线）。体循环的路径是从左心室开始，经主动脉到全身毛细血管网，再经上下腔静脉到右心房结束；肺循环是从右心室开始，经肺动脉到肺部毛细血管网，再经肺静脉到左心房结束；动脉血和静脉血都是从心房流向心室，血液就这样形成一个闭环流动。

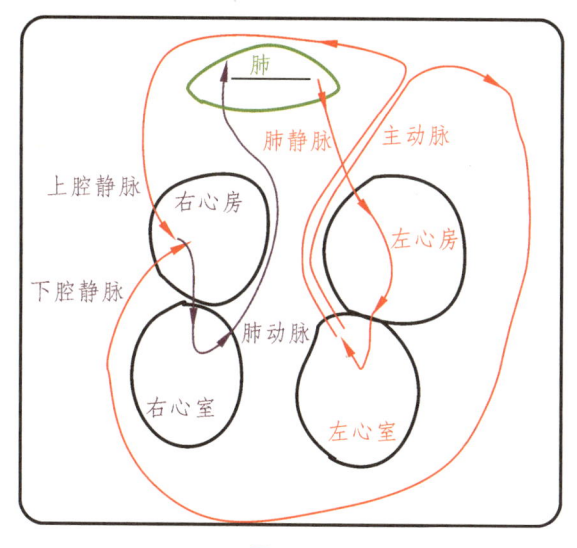

图 3-5-1

（四）健身运动对呼吸和循环系统的影响

（1）增强心肌的收缩力，提升每搏输出量，为机体活动提供更充足的能量。

（2）缓步行走时收缩压增高、舒张压降低；一般运动（头部朝上），收缩压增高、舒张压保持稳定或略有增高；静力性运动和倒立运动，收缩压和舒张压都增高，静力性运动舒张压增高较明显。

（3）增强肺部的呼吸能力，增大肺活量，提高肺部的换气功能，为机体提供含氧量高的血液，延缓疲劳以及缩短疲劳恢复期。

（4）使用类固醇药物或过量服用蛋白粉会使心肌肥大，对健康有影响。

第六节 健身运动中的力学原理

健身健美运动都是进行各类抗阻练习，是在骨骼肌的收缩发力和骨骼系统支撑的共同作用下来克服阻力。因此，掌握了与此相关的力学原理，便能深入透彻地理解众多健身动作的设计原理和进行安全练习。

一、力和力矩的概念

（一）力

力是物体间的相互作用，力的三要素包括力的大小、方向和作用点。作用于物体上的多个力组合便形成了力系。

（二）力矩

力对轴的矩是力对物体产生绕某一轴转动作用的物理量，其大小等于力在垂直于该轴的平面上的分量和此分力作用线到该轴垂直距离的乘积。简单地说，力矩是力与力臂的乘积。

图 3-6-1 所示是一只扳手拧螺帽的场景，图 3-6-2 所示是扳手力的作用线图示，F_1 与转动半径 r 的夹角大于 90°，F_2 与转动半径 r 的夹角等于 90°，F_3 与转动半径 r 的夹角小于 90°，F_1、F_2 和 F_3 的力都是一样大的，只是力的方向不一样，其中 F_2 产生的力矩最大。

图 3-6-1

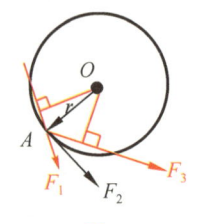

图 3-6-2

（三）力矩在健身健美运动中的实际运用

（1）为使同样的阻力源下产生最大的阻力力矩，就要使该阻力线与转动半径成 90°。

（2）如果动力矩大于阻力矩，肌肉做向心运动；如果动力矩小于阻力矩，肌肉做离心收缩；如果动力矩等于阻力矩，则处于静态平衡状态。

二、万有引力定律

（一）定义

自然界中任何两个物体都是相互吸引的，引力的大小跟这两个物体的质量乘积成正比，跟它们的距离的二次方成反比。公式如下：

$$F = G\frac{m_1 m_2}{r^2}$$

公式中，G 是常量（6.67×10^{-11} N·m²/kg²），m_1 和 m_2 代表两个物体的质量，r 是两个物体之间的距离。从上面的公式看出，引力与两个物体的质量成正比。

（二）万有引力定律在健身健美运动中的实际运用

（1）两个小物体之间的万有引力极其微小，我们察觉不到它，可以不予考虑。比如，两个质量都是 60 kg 的人，相距 0.5 m，他们之间的万有引力还不足百万分之一牛顿（1 牛顿力 = 1/9.8 公斤力）；同样的道理，健身房中的哑铃与哑铃之间、哑铃与人体之间、配重块与器械的固定装置之间的万有引力忽略不计。但是，存在于地球上的人和各类物体与地球之间的引力就非常明显了，这个引力的大小就是物体所受的重力，这个重力的方向始终是竖直向下的（指向地心），物体的质量越大、重力就越大。

（2）使用（自由或固定）钢索健身器材、自由重量和自身重量类进行健身，其动作克服阻力的方向一定是重力的反方向。无论哪类钢索健身器械，都是通过传动机构改变了阻力源的阻力方向。

三、牛顿第一定律（又称惯性定律或惰性定律）

（一）定义

任何物体都要保持匀速直线运动或静止状态，直到外力迫使它改变运动状态为止，这是牛顿第一定律。

（二）特征

（1）惯性是运动物体保持其原有运动状态不变的固有属性，惯性与物体的质量成正比，还与其运动状态有关。

（2）改变惯性大的物体的运动状态比惯性小的物体的运动状态更难。比如在同一高度开始下落的乒乓球和铅球（3 kg），要想在下面的某个高度让它们停下来，显然停铅球要难得多。

（三）牛顿第一定律在健身健美运动中的实际运用

在健身健美运动的动作始发位置，要避免产生助力惯性，这样才能使肌肉产生最大能力。"躬身哑铃臂屈伸"的动作示范如图 3-6-3 所示，对应的力学分析如图 3-6-4 所示。在图 3-6-4 中，M 点为肘关节，A 点为肩关节，B 点为肘关节下方垂直投影点上哑铃的位置（即原

始位置），C 点为做正确动作时哑铃的起始点（即初始位置），D 点为做正确动作时哑铃所达到的顶点位置（此动作到达顶点位置的锻炼效果比极限位置佳），E 点为做错误动作时哑铃的位置，E 点和 B 点之间有一个高差 h。从图 3-6-4 中可以看出，做正确动作时哑铃的轨迹是从 C 点到 D 点。如果小臂在下落回位时，哑铃越过了 B 点而到了 E 点，下一个动作哑铃的起始点就从 E 开始，到了 B 点再到 C 点；依据自由落体的规律和牛顿第一定律的理论，当哑铃到达 C 点时已经具备了一个（从 C 点到 D 点）初速度，这就使得肱三头肌在减力发力（比如本来需要 10 kg 发力，在助力惯性的帮助下只需要 5 kg 发力）的条件下也能完成动作，这样违背了健身健美抗阻动作用力最大化的原则。

图 3-6-3　　　　　　　　　　图 3-6-4

当然，在某些体育项目中就需要利用惯性助力才能获得最大的效率。比如推铅球出手前的预摆，就是使铅球在被推出之前就已经获得了一定的惯性，当运动员推手时就会形成力的叠加，铅球就会飞得更远。

四、自由落体运动

（一）定义

在不考虑空气阻力的情况下，常规物体只在重力的作用下，做初速度为零的运动，叫作自由落体运动。做自由落体运动的物体任何时刻的速度计算公式为 $v = gt$（$g = 9.8$ m/s^2，重力加速度）。

（二）特征

（1）速度从零开始，做向下（指向地心）的匀加速直线运动。
（2）速度越来越快。
（3）无论任何大小、质量的物体，在不考虑空气阻力的情况下，下落的速度都是一样的。

（三）自由落体运动在健身健美运动中的实际运用

（1）自重抗阻动作练习完毕的着地高度不要过大，否则会给下肢肌肉和关节产生较大的负载，甚至发生伤害事故。比如，练习引体向上，不同身高要选择对等高度的单杠，保证双手握杠悬吊时，脚尖距离地面的高度在 10 cm 内。
（2）自由重量抗阻练习，动作从高点向下还原时，要缓慢释放（符合运动生理学的原理），假如完全解除手对器械的控制力，器械下落到底时产生的惯性会很大，可能对身体造成伤害。

五、牛顿第三定律

（一）定义

相互作用的两个物体之间的作用力和反作用力总是大小相等，方向相反，作用在同一条直线上，表达式为 $F = -F'$。

（二）牛顿第三定律在健身健美运动中的实际运用

抗阻动作的运动方向一定是阻力源的反方向。

六、杠杆原理

（一）定义

健身运动的动作多是以杠杆原理为主的运动形式，杠杆原理又称"杠杆平衡条件"，其内容是：要使杠杆保持平衡，作用在杠杆上的两个力矩（力与力臂的乘积）大小必须相等。杠杆原理的组成要素是两个力矩（阻力矩、动力矩）和三个点（力点、支点、阻力点）。如图 3-6-5 和 3-6-6 所示。

图 3-6-5

图 3-6-6

假设图 3-6-5 和 3-6-6 中 F_1 是阻力源，F_2 是动力源，那么，此杠杆平衡的公式如下：

$$F_1 \times D_1 = D_2 \times F_2$$

$F_1 \times D_1$ 是阻力矩，$F_2 \times D_2$ 是动力矩，如果阻力矩不变，D_2 变短，F_2 就必须增大；F_2 要小（省力）、D_2 就必须大于 D_1。如果 D_1 和 D_2 都不变，F_2 和 F_1 成正比，F_1 变大，F_2 也变大；反之亦然。

（二）杠杆的种类

杠杆分为省力杠杆和费力杠杆。D_2 大于 D_1 就是省力杠杆，D_2 小于 D_1 就是费力杠杆，也叫速度杠杆。

将图 3-6-6 中 F_1 和 F_2 的方向进行转换，就变成了速度杠杆，如图 3-6-7 所示，一根水平放置的横杆，F_1 动力源在 A_1 点切线方向给横杆一个推力（$F_1 > F_2$），使横杆转动 θ 角度，A_1 到达红色 A_2 点，B_1 到达红色 B_2 点，此时，B_2 点的速度大于 A_2 点的速度，速度杠杆因此得名。

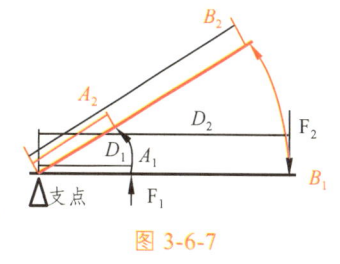

图 3-6-7

（三）力矩和杠杆运动的关系

如果动力矩大于阻力矩，杠杆绕支点沿动力的方向运动；如果动力矩小于阻力矩，杠杆

绕支点沿阻力的方向运动；如果动力矩等于阻力矩，杠杆处于平衡状态。

（四）人体运动中杠杆原理的产生

在人体运动系统中，肌肉是主动动力装置，在神经支配下，肌肉收缩，牵拉其所附着的骨，以可动的骨连接为枢纽，骨杠杆运动就会产生。人体运动系统中杠杆原理举例如表3-6-1所示。

表 3-6-1

动作名称	锻炼肌肉部位	肌肉固定方式	活动关节	杠杆原理
哑铃弯举	肱二头肌	上固定	屈肘	费力杠杆（或速度杠杆）
哑铃肩上推举	三角肌	近固定	肩外展	费力杠杆（或速度杠杆）
颈后哑铃单臂屈伸	肱三头肌	近固定	伸肘	费力杠杆（或速度杠杆）
宽距俯卧撑	胸大肌	近固定	肩关节水平屈	费力杠杆（或速度杠杆）
站姿提踵	小腿三头肌	上固定	屈踝	省力杠杆（见图3-6-8）
弹力带屈踝（坐姿 直膝）	小腿三头肌	上固定	屈踝	费力杠杆（见图3-6-9）

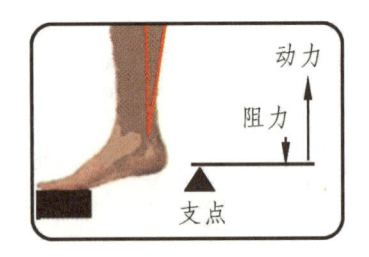

图 3-6-8

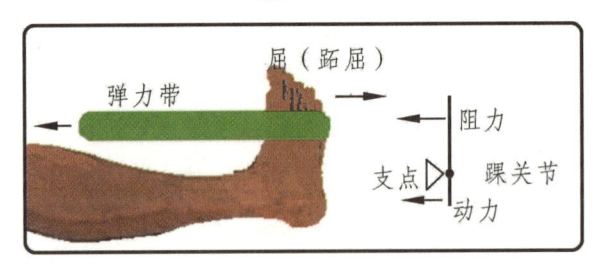

图 3-6-9

七、钓鱼原理

如图3-6-10所示，垂钓过程中控鱼时，无论鱼儿在水下怎么拉扯，都始终在弯曲鱼竿所形成的扇面内，这种现象实际就是牛顿第三定律在杠杆原理中的一种体现形式。我们可以把弯曲的鱼竿看作是抗阻发力的肌肉（主要肌），试图逃跑的鱼儿可以看作是阻力源，

图 3-6-10

不管阻力源从哪个方向来，被锻炼的目标肌肉（主要肌）都在阻力源的反方向上，这样的抗阻动作就是正确的。

下面通过哑铃弯举锻炼肱桡肌来具体进行说明：肱桡肌位于前臂的侧面，起点在肱骨外上髁，止点在桡骨茎突，如图 3-6-11（a）所示；如图 3-6-11（b）所示的哑铃弯举（拳心朝前），肱桡肌的肌力线不在阻力源的正上方，而是位于前臂的侧面且与前臂平行，肱桡肌发力就不起作用；如图 3-6-11（c）所示，内旋小臂使拳心朝内，当小臂向上做弯举时，肱桡肌的肌力线在前臂的上方，就相当于钓鱼竿钓着了鱼，肱桡肌近固定、肌纤维收缩牵拉桡骨茎突向上运动，达成了抗阻锻炼肱桡肌的目的。

（a） （b） （c）

图 3-6-11

八、运动生物力学在健身健美运动中运用

通过对健身运动中力学原理的分析，我们可知：只有遵循自然规律，把控细节，才能实现安全、高效的健身锻炼。

（一）加强安全防范

对于重量大的人和物，必须要具备安全防范意识和可靠的措施，比如，不能让肥胖患者练习跳上跳下类动作，主要原因是重力大，着地时会对踝关节、膝关节、腰椎和相关肌肉产生很大的负载；应给与大重量练习者必要的安全保护和运动防护；划定安全半径，防止做动作时器械或动作伤及旁人等。

（二）标准动作

抗阻锻炼中，保证动作的标准不仅能更有效锻炼肌肉部位，还能预防伤害事故发生。为使动作标准，应注意以下几点。

（1）稳定自身重心：比如单脚站立时，如果重心靠后落在脚后跟上，则只有一个支撑点，是难以稳定重心的；如果前移重心落在脚弓处，就形成脚跟、前脚掌内侧和外侧共三点支撑，重心就能稳定了。再比如图 3-6-12 中的锻炼背阔肌的动作——"钢索拉背"，当还原动作，配重回落时，就会形成向下运动的惯性，配重通过钢索传力到拉手，如果配重较大，握着拉手的手会受到一个很大的拉力，为确保身体的稳定，练习者的必须是前后

图 3-6-12

脚分开站立，前腿弓步、后腿蹬直，确保自己站立稳定。

以此类推，无论是进行自由重量、自身重量还是钢索等器械的抗阻练习，因地心引力的作用和惯性的因素，都必须做到自身稳定，以防自我失衡或被阻力拉倒，从而酿成事故。

（2）把控好阻力源的重心轨迹：根据万有引力，所有自由重量都是竖直向下落的，再结合牛顿第三定律（$F=F'$）的原理，在进行自由重量抗阻时，应尽可能地使阻力源在初始位置的正上方运动。以抓举杠铃为例，在向上拉、提和举的过程中，可以使用稳定膝盖不前顶、臀部后坐（后移重心）以及起踵、挺髋、肩背后靠、立腰、开肩、顶肩等一系列技术，使杠铃杆尽可能地在杠铃杆静止时的正上方运动，如果偏离轨道太多，就难以抵抗杠铃在身体前后方向产生的惯性，从而使人失去平衡。

（3）骨传递受力更大：以硬拉为例，如果拱背提拉，会较多地通过竖脊肌来控制杠铃的重量，竖脊肌就会产生过渡拉力，从而导致竖脊肌受伤，因此，正确的做法是立腰（找到塌腰的感觉）、保持正常的腰椎生理曲度，让杠铃的重量通过脊椎传递到骶椎，再通过髋关节传递到股骨、小腿和脚。

（三）勿超能力练习

量力而行是健身健美运动的重要尺度。开展健身运动的过程中，很容易产生"逞能"的想法，如果付诸实践，那是很危险的。

（四）轻放器械

器械使用完毕，不能随手扔之，要轻轻地放下。重物下落与地面接触的瞬间，因惯性会给地面产生很大的冲击，不仅可能损坏地板，冲击声也会对楼下住户形成影响。

第七节　正常人体八大部位参与活动肌肉列表

表一：腕关节活动肌肉群（见附表一）。
表二：肘关节活动肌肉群（见附表二）。
表三：肩关节活动肌肉群（见附表三）。
表四：肩胛骨活动肌肉群（见附表四）。
表五：腰腹部活动肌肉群（见附表五）。
表六：髋关节活动肌肉群（见附表六）。
表七：膝关节活动肌肉群（见附表七）。
表八：踝关节活动肌肉群（见附表八）。

第四章

运动训练

运动训练（或体能训练）与健身健美训练虽然有不同的训练理论，但又密不可分，其核心都是通过肌肉收缩使肢体产生运动，肌肉的不同收缩方式给它本身所带来的结果是有差异的，所以，我们必须弄清楚肌肉的不同收缩方式给本身产生什么样的结果，才能在健身健美训练中找到准确的训练方法。

本章节讲解发展肌肉的速度、力量、爆发力、耐力、灵敏和柔韧素质的训练原则与方法，训练时根据训练目的，找到相应的训练原则和方法，就能准确、快速地达到训练目的。

第一节 身体素质分类

一、爆发力素质

爆发力素质是人体神经系统指挥肌肉系统在瞬间完成一个动作的能力。爆发力的强弱与人体神经系统的传导速度和肌肉工作的能力有关。比如，跳高时的起跳，投掷铅球出手前的推手拨指，都需要强大的爆发力支撑。

二、速度素质

速度素质是人体运动系统为完成某一动作或一段位移所用的时间。一段位移是由许多个动作连接而成的，动作速度决定位移速度，动作速度是位移速度的基础。

三、肌耐力素质

肌耐力素质即肌肉持续工作的能力，包括有氧耐力和无氧耐力。如比赛掰腕力时，当双方力量相当，处于持续对抗状态时，往往谁的肌肉耐力更强就会取胜。

四、无氧耐力和有氧耐力素质

无氧运动是相对于有氧运动而言的，运动时，氧的消耗大于供给，能量是靠无氧代谢提供的，叫无氧运动，完成无氧运动的能力叫无氧耐力。运动时，供氧充足，体内能源物质被氧化分解提供能量来完成的运动叫有氧运动，完成有氧运动的能力叫有氧耐力。有氧运动和无氧运动成绩的好坏，取决于有氧耐力和无氧耐力的水平。倾尽全力的 100 m 跑是无氧运动。短跑完毕易出现"重力性休克"，因此，短跑完毕后不要站立不动，要继续慢跑一段，长跑运动则属于有氧运动。

五、力量素质

力量素质指人体或身体某个部位的肌肉克服某个阻力所表现出来的能力。

六、灵敏素质

灵敏素质简单地说就是人体或人体局部完成某一系列动作的反应快慢和控制能力。

七、柔韧素质

柔韧素质指人体肌肉、关节的延展性和活动程度。

第二节 身体素质训练原则和方法

一、爆发力素质的训练原则

（一）阻力大小和完成次数

1 RM 的 90% 左右，完成 4~6 RM（做 4~6 次）。

（二）周频率（每周练习的次数）

2~3 次。

（三）训练时段

每次素质练习的开始时段。

（四）组数

非专业 3~5 组，专业 5~9 组。

（五）组间休息时间

4~5 min。

（六）练习部位

2~3 个部位，上、下肢和躯干交替搭配。

（七）用力时间

快速发力，次快速（比快速略慢）落下。

（八）呼吸方式

闭气完成。注意，不要吸气太多，具体方法是在练习前，缓慢地做 1~2 次腹式深呼吸（吸气时把空气送达腹腔），调匀呼吸，调正身体姿势，然后少量或半量吸气、闭气，开始练习，在发力末端稍作停顿时换气。

（九）用力范围

从原始位置到顶点位置。

（十）注意事项

（1）预先在教练或同伴的帮助下，准确测试所要锻炼部位的 1 RM 值。

（2）由于情绪、生理等原因，练习时根据身体状况，适当增、减阻力值，或调整每组的次数上限。

（3）加强保护。

（4）1~3 RM 重量的练习，要在教练或同伴的监督、保护下进行。

（5）放下器械，立刻做放松练习。

（6）举重运动员通常不做到力竭，但是，最后一组做到力竭，效果会增强。

（7）饮食方面，非职业运动员的膳食，注意适当补充牛肉、豆类、鱼类等高蛋白肉类；职业运动员的膳食，由专门营养师指导。

二、间歇式有氧爆发训练的原则和方法

高强度间歇式有氧爆发训练法是指增强有氧运动的强度、缩短组间休息时间的一种有氧训练法，具体方法有弹射式训练法、三十秒组合冲刺训练法、三十秒高强度训练法、塔巴塔训练法、四十秒高强度组合训练法等，这类训练法都能较好地帮助我们减脂。

（一）弹射式训练法：发展爆发力

（1）阻力（负荷）大小：1RM 的 30%~50%，或者略高于运动项目器材重量的 20%~30%。比如，举重运动员挺举的 1RM = 100 kg，有氧爆发力练习的负荷为 30~50 kg；男子标枪运动员比赛用标枪的重量是 800 g，有氧爆发力练习使用的小球重量为 960~1040 g；五号足球的重量是 410~450 g（取中间值 430 g），有氧爆发力练习使用的足球重量约是 550 g。

（2）器械材质：阻力物件可以是任何材质、形状，只要安全、便于抓握、便于发力以及结实耐用便可。有些需要特制，比如腿部爆发力练习用的足球，是把五号足球打开，在内部填充泡沫增重后再缝合，不再加气即可使用。

（3）练习方法：把练习物体用极快的速度射出，如抛射、弹射、推射、踢射等，或者按照比赛的动作练习，在完成整个动作的过程中，动作从开始到结束，处于一直加速运动的状态。

（4）训练时段：技术训练后或体能训练开始时段。

（5）周频率：2~3 次。

（6）每组次数：5次左右。
（7）每种动作练习组数：非专业 5~8 组，专业 8~12 组。
（8）组间休息时间：常规 3~4 min，专业级、大运动量 1~2 min。
（9）练习部位：2~3 个部位，上、下肢和躯干交替搭配。
（10）用力时间：快速发力，次快速落下。
（11）用力程度：不能做到力竭。
（12）呼吸方式：调匀呼吸即可，或吸入少量空气的半闭气。
（13）用力范围：从原始位置到顶点位置。
（14）补充：

① 举例：铅球运动员要发展肱三头肌和屈腕肌的爆发力，双手持 1~2 kg 的实心球，从头后向前上方掷出；足球运动员踢腿爆发力练习，用五个 5 号足球填充泡沫加重，一字摆放好，练习者逐个、连续地完成五次踢球。

② 一定要结合运动项目特点，设计弹射方式和物件。

③ 设计动作时以安全为先，比如做仰卧杠铃弹射时，最好是用史密斯机。

（二）三十秒组合冲刺训练法

三十秒组合冲刺训练法的锻炼目的是保持已有的肌肉、小量增肌和很好减脂。运动过程中的减脂效果不如抗阻运动，但是，运动后的减脂效果却比抗阻运动好得多，因为运动后身体仍然处于大量消耗热量的状态。

（1）练习方法：发令开始，个人根据自己的能力，全速跑 30 s。
（2）周频率：3~6 次。
（3）训练时段：上午 9~11 点，下午 3~6 点为佳。
（4）练习组数：4~8 组。
（5）组间休息时间：4 min。
（6）练习场地：田径运动场。
（7）补充：

① 本方法既可以单独练习，也可以在 20 RM 抗阻练习的休息间隙穿插练习。

② "全速跑 30 s" 可以换成原地高抬腿、原地全速跳绳、全力挥舞战绳（体能训练绳）、全速骑健身车（动感单车）、全速游泳等类似的"倾尽全力"的有氧运动。

③ 200 m 变速跑就是此方法的演绎：地点在田径场，先全速跑 200 m，然后缓慢走 200 m，走步的时间控制在 3~4 min。如此循环 4~8 组。

④ 用此方法来减脂，时间短，效率高，适合闲暇时间较少的人群，每天用时（以 4 组计算）15 min 就可以有计划地减脂。

⑤ 不适合在跑步机上完成全速跑 30 s，因为在跑步机上难以短时间地进行全速跑步，而且在跑步机上全速跑步也有较大的安全隐患。

（三）三十秒高强度组合训练法

三十秒高速度组合训练法可锻炼爆发力和肌耐力（力量耐力），适合有综合力量要求的

项目，比如全能运动、铁人三项、中距离（地面和水上）运动项目、长距离运动项目的冲刺、举重，以及作为武警、消防、特警等的训练方法。

（1）练习方法：抗阻各种中低负荷（1RM 的 20%～50%），做单关节、多关节、或者复合运动，比如，扛着 20 kg 杠铃做原地高抬腿跑，连续快速挺举 20 kg 杠铃等。

（2）每组练习和间隙时间：运动 20 s、休息 10 s。

（3）练习组数：6～12 组，根据训练水平掌控组数。

（4）用力方式：爆发式用力。

（5）呼吸方式：调匀呼吸。

（6）周频率：3～6 次。

（7）训练时段：上午 9～11 点，下午 3～6 点为佳。

（8）补充：

① 前面每组不达力竭，最后一组达到力竭，会增强训练效果。

② 还可以把 20 s 的运动穿插在 20RM 的抗阻减肥训练休息间隙，会成倍地增加减脂效果。

（四）塔巴塔训练法

塔巴塔训练法是日本科学家田畑泉（Izumi Tabata）博士的研究成果，并以他的名字命名，它能锻炼有氧耐力和爆发力，同时也能很好地减脂。

塔巴塔训练法是间歇式有氧训练法的一种运用，由运动和休息交替进行，运动和休息时间比为 2∶1。每个训练单元由一个模块或多个模块组成，每个模块可以是一个肌肉部位的抗阻运动、多个肌肉部位的抗阻运动、多关节的抗阻运动，也可以是各类有氧运动的单独练习、依次练习、组合练习、混合练习，每个训练单元可以做 4～8 个模块的组合练习，是"三十秒高强度组合训练法"的组合版。

（1）每个模块为一种动作，时间为 4 min，每组运动 20 s、休息 10 s，共做 8 组。

（2）每个训练单元的模块总数：非专业 2～4 个模块，专业 4～8 个模块（总时间 16～32 min）。

（3）模块间休息时间：无（一个模块接一个模块连续进行）。

（4）用力方式：爆发式用力。

（5）呼吸方式：在 20 s 的运动中，混合有氧和无氧。

（6）周频率：2～4 次。

（7）训练时段：上午 9～11 点，下午 3～6 点为佳。

（8）用力程度：倾尽全力（压榨体能极限）。

（9）用力范围：从原始位置到顶点位置。

（10）补充：

① 是适合耐力型和力量型运动项目的体能训练。

② 6 个模块以上的训练强度非常大。

③ 模块举例：

第一模块：4 min（8 组）站姿哑铃弯举（锻炼肱二头肌）。

第二模块：4 min（8 组）俯卧二头起（锻炼竖脊肌）。

第三模块：4 min（8组）仰卧卷腹（锻炼腹直肌）。
第四模块：4 min（8组）颈后哑铃双臂屈伸（锻炼肱三头肌）。

（五）四十秒高强度组合训练法

四十秒高强度组合训练法的锻炼目的是增加爆发力、增肌和增加力量。
（1）每组时间：运动 20 s、休息 20 s 为一组。
（2）组数：15~30 组。
（3）周频率：2~4 次。
（4）其他条款同前面的"三十秒高强度组合训练法"。
（5）注意事项：该训练方法的强度很大，必须是有一定训练基础的人员才能使用，最好在教练或同伴的监督下进行。

三、速度素质的训练原则

速度素质是指人体快速运动的能力，由反应速度、动作速度和移动速度组成。反应速度是指人体对各种信号刺激（声、光、触等）快速做出应答的能力。正常人体的反应时为 0.15~0.4 s。反应快慢有遗传因素，也可以通过训练缩短反应时。动作速度是指人体或人体某一部分快速完成动作的能力。移动速度是指人体在特定方向上位移的速度。

（一）反应速度（反应时）的训练

1. 信号刺激

信号刺激的种类有视觉信号、听觉信号和触觉信号，预先说明根据信号做出对应的反应，然后突然发出信号，让训练者做出相应的反应。通过一系列、多次、长期的训练，可提高训练者的反应速度（缩短反应时）。信号源有顺口令、反口令、数字、文字、鸣哨、鸣枪、手势、旗示、固定方向信号源、变换方向信号源、固定出现信号物、不定时间出现信号物等。

2. 移动目标

移动目标练习法，是用一个或多个移动目标，让训练者见到或听到后立即做出事先约定的反应。适合开展三大球类项目、击剑、乒乓球、排球、羽毛球、冰球等项目的反应速度训练。反应速度通常是在教练或同伴的指挥下练习，个人难以独自通过练习提高。

（二）动作速度的训练

动作速度是指人体或人体某一部分快速完成某一动作的能力。提高动作速度需要从规范动作技术、提高肢体柔韧性、增强肌肉力量和爆发力这四方面着手。一个有经验的教练，要判断影响动作速度的原因，并针对地开展训练。

1. 规范技术动作

对所要完成的技术动作，精准掌握动作的幅度、力度、角度、高度、深度、发力时机等，并没有多余的附加动作，可以较好地提高动作速度。

2. 提高柔韧性

体育运动中，有很多动作需要自身肌肉、肌腱、韧带和皮肤有较好的延展性，同时还需要关节有较大的活动度。加强相关练习，可以提高柔韧性。

提高柔韧性的练习有弹振式练习、静力性练习、加压练习法和 PNF（proprioceptive neuromuscular facilitation，本体神经肌肉促进技术）练习。弹振式练习就是跟随口令节拍，一拍一动作地练习。加压练习法是在静力性拉伸动作的基础上附加施压，持续时间达 3～5 min，甚至更长。静力性练习和 PNF 练习的相关内容详见后文。

3. 增强肌肉力量和爆发力

详见后面相关章节的讲解。

4. 动作速度训练列举

（1）跟随口令、击掌或者节拍器的节奏，练习摆臂、摆腿、抬腿、踢腿和并腿等动作。

（2）跑的专门练习，如小步跑、原地或行进间高抬腿跑、后蹬跑、交叉步跑等。

（3）短距离往返移动，如在跑道中间站立开始，信号发出后，快速移动用手触摸跑道线，触摸点可以定点，也可以呈阶梯状逐步延长或缩短。

（4）轻抗阻、快动作训练，比如，小腿绑轻重量沙绑腿，进行快速跑步和短跑的相关练习；标枪运动员，用比标枪重或轻 10%～20% 的沙包，练习投掷出手速度。

（三）移动速度的训练

不同运动项目的移动方式不同，要有针对性地进行训练。比如短跑运动员和滑雪运动员的移动速度训练区别很大。移动速度受反应速度和动作速度的影响较大，反应速度和动作速度是移动速度的基础，只有打好基础才能提高移动速度。

练习专项移动速度，要结合专项特点而设计。比如篮球运动的移动速度可测试往返两条底线（端线）之间的时间，排球运动的移动速度可测试往返两条边线之间的时间。

四、灵敏素质训练原则

灵敏素质也被称为灵敏协调能力。在运动中，反应、启动、转身、移动、躲闪等动作表现的快慢，被视为灵敏素质，表现越快说明灵敏素质越好。灵敏素质的优劣，不仅跟速度素质成正比关系，还跟关节的结构、人体肌肉的丰厚程度有关。

做动作的快慢，需要神经系统做出快速反应和运动系统做出快速的应答，运动系统的应答工作是由肌肉的收缩产生的，肌肉要有力，必定要有一定的体积，如果肌纤维增粗，肌肉越丰厚，灵敏性越差。所以，对灵敏性要求较高的运动项目，不能把运动员的肌肉训练得粗壮。肌肉体积和灵敏素质，既相辅相成，又互相矛盾。比如，羽毛球、乒乓球运动员就不能像举重运动员那样强壮。

五、综合力量素质训练（肌耐力和力量素质训练）原则

肌耐力和力量往往是相互关联的，各自的训练方法略有不同。肌肉体积增大，其肌肉力

量和肌耐力都会相应增加，但相对力量增加有限。比如，身材条件相近的纯健美型运动员和综合力量型运动员（如搏击、特警、田径和全能运动员等）相比，后者的肌耐力和力量都要占上风。纯粹以增肌为目的，肌肉练得比较死板，没有活力，反应速度、灵活性、耐力和力量都差。所以，以使肌肉既要有力量，还能持久用力、且身体灵活为目的的肌肉素质训练和健美运动员的训练是完全不同的。比如武警战士、消防人员、特警、军人以及许多体育运动项目的运动员，他们的肌肉就需要接受综合训练。

具体的抗阻训练内容如下。

1. 阻力大小和完成次数

1 RM 的 80% 左右，完成 8~15 RM。

2. 周频率

2~3 次。

3. 训练时段

在爆发力训练之后；当日若不训练爆发力，可以放在训练开始时段。

4. 每个动作练习组数

非专业 2~4 组，专业 5~9 组。

5. 组间休息时间

常规 3~4 min，大运动量 1~2 min。

6. 练习部位

4~6 个部位，上、下肢和躯干交替搭配。

7. 用力时间

快速发力，次快速落下。

8. 用力程度

每组做到力竭。

9. 呼吸方式

调匀呼吸即可。

10. 用力范围

从原始位置到顶点位置。

11. 注意事项

（1）预先在教练或同伴的帮助下，准确测试所要锻炼部位的 1 RM 值。

（2）由于情绪、生理等原因，完成 8~12 RM 或 8~15 RM 都没有关系，重要的是每组练习的最后一次都要尽可能地完成。

（3）最后两次练习的保护。

（4）放下器械，立刻做放松练习。

（5）饮食要求：非专业运动员，常规进食，注意适当补充牛肉、豆类和鱼类等高蛋白类食品；专业运动员的饮食，需要接受专门的营养师指导。

六、变化抗阻训练法

（一）末端疲劳法

1. 适用范围

举重运动，增加力量。

2. 具体方法

前面有氧爆发训练法中的每种练习，每组都不做到力竭，负荷重量控制在多做 1~2 个就达力竭的程度，最后一组一定要做到力竭。

3. 注意事项

可能有的举重教练要求所有练习组都不达力竭，但是，有研究人员发现，最后一组做到力竭会更有效地提高运动成绩。

（二）组数递减法

1. 适合范围

适合增强力量耐力，比如全能运动、铁人三项、中距离（地面和水上）运动项目、长距离运动项目的冲刺、举重，以及作为武警、消防救援、特警等的训练方法。

2. 阻力大小

15~20 RM。

3. 具体方法

确定一个训练周期（比如四周），确定某部位每天练习的总次数在这个周期中保持不变，下一周的训练组数相比上一周减少一组，每组的练习次数增加，组间休息时间不变。

4. 组间休息

2 min。

5. 用力时间

快速完成。

6. 呼吸方式

调匀呼吸。

7. 用力程度

每组做到力竭。

8. 用力范围

从初始位置到极限位置。

9. 应用举例

比如用"哑铃弯举"练习肱二头肌。

第一周：第一组 20 次、第二组 18 次、第三组 16 次、第四组 14 次、第五组 12 次、第六组 10 次、第七组 8 次，共计 98 次。

第二周：第一组 20 次、第二组 19 次、第三组 18 次、第四组 16 次、第五组 14 次、第六组 11 次，共计 98 次。

第三周：第一组 23 次、第二组 22 次、第三组 21 次、第四组 20 次、第五组 12 次，共计 98 次。

第四周：第一组 26 次、第二组 25 次、第三组 24 次、第四组 23 次，共计 98 次。

（三）增减负荷法

1. 适合范围

增强力量、爆发力。

2. 阻力大小

2~5 RM。

3. 具体方法

方法有两种，分别是负荷递增组数递减法和负荷递减组数递增法：确定一个训练周期，分成几个阶段，每个阶段负荷递增、组数递减或者负荷递减、组数递增。

4. 组间休息

3~4 min，超大运动量 1~2 min。

5. 用力时间

快速完成。

6. 呼吸方式

调匀呼吸，适度闭气发力，动作末端快速换气。

7. 用力程度

不达力竭。

8. 用力范围

从原始位置到顶点位置。

9. 补充

（1）组数和次数，每种动作，非专业 3~6 组，专业 5~9 组。

（2）负荷递增组数递减法：例如，三周的训练安排，第一周 5 RM 做 X 组，第二周 4 RM

做 Y 组，第三周 3 RM 做 Z 组，且 $X>Y>Z$（如 $X=5$，$Y=4$，$Z=3$）。

（3）负荷递减组数递增法：例如，三周的训练安排，第一周 3 RM 做 X 组，第二周 4 RM 做 Y 组，第三周 5 RM 做 Z 组，且 $X<Y<Z$（如 $X=3$，$Y=4$，$Z=5$）。

（四）静力训练法

1. 适合范围

增肌、增力。

2. 阻力大小

8～12 RM。

3. 具体方法

在增肌、增力的训练中，每组动作的最后一次不立即释放阻力，而是在"最费力点"保持静止不动，肌肉做等长收缩，直至力竭才缓慢释放阻力（目标肌肉在此时段做离心收缩）。

4. 最费力点

完成动作时阻力力矩最大的位置。例如站姿杠铃弯举锻炼肱二头肌，小臂与大臂成 90°时，就是该动作的最费力点，如图 4-2-1 所示。

图 4-2-1　最费力点

5. 组间休息

2～3 min，超大运动量 1～2 min。

6. 呼吸方式

增肌训练，肌肉用力时呼气，还原时吸气；增力训练，调匀呼吸，适度闭气发力，动作末端快速换气。

7. 用力范围

增肌训练，从初始位置到极限位置；增力训练，从原始位置到顶点位置。

（五）离心收缩训练法

1. 适合范围
增力、增肌。

2. 阻力大小
1 RM 的 100%～120%。

3. 具体方法
负荷在 1 RM 的基础上，再增加 10%～20%，练习者在最费力点控住阻力 6～15 s；如果不能保持 6 s，就要减少重量；超过 15 s 就要增加重量。到达承受极限时，让器械缓慢落下，此时，目标肌肉做离心收缩，此法由此而来。

4. 练习组数
2～3 组。

5. 每组次数
3～6 次。

6. 组间休息
3～4 min。

7. 用力时间
6～15 s。

8. 周频率
每周 1 次。

9. 呼吸方式
调匀呼吸，适度闭气发力。

10. 用力程度
力竭。

11. 用力范围
最费力点到原始位置或顶点位置。

12. 补充
（1）离心收缩训练法又叫反重力训练法，此法的运动量特大，要求充分热身，并且，将训练时间安排在体力最充沛的时段，适合专业运动员使用。

（2）每个部位先练离心收缩法，接着完成 8～12 RM 常规运动量的 2/3。

（3）必须有保护和帮助，练习者在最费力点摆好姿势，负荷由帮助者给予。

（4）举例：某人半蹲 1 RM = 100 kg，离心收缩法训练的负荷为 120 kg，练习者徒手摆好半蹲的姿势，帮助者把 120 kg 重的杠铃放置在练习者的肩上，练习者保持半蹲姿势独自扛着

杠铃，坚持大概 6~15 s 就会控制不住，此时开始缓慢下降到全蹲，接近最底位置，帮助者再把杠铃抬起来，为完成一次离心收缩；紧接着，练习者站起，又做好半蹲姿势，重复第二次，依此循环。

（5）进行特大的运动量训练时有可能造成横纹肌溶解，因此运动后要注意饮水充足，如有不适，立即就医。

（6）如果把负荷调整为 1 RM 的 120%~130%，控力时间缩短为 3~5 s。

（六）阶梯训练法

1. 适合范围

增肌、增力、减脂。

2. 阻力大小

8~20 RM。

3. 具体方法

根据阻力大小的范围，第一组为最小负荷（RM 数最多），第二组起，每组逐渐增加负荷，增加量在 5% 左右，同时，减少练习次数；反之亦然。比如增肌训练，第一组为 12 RM，第二组为 11 RM，第三组为 10 RM，第四组为 9 RM，第五组为 8 RM；或者把练习顺序倒过来。

4. 注意事项

每组的次数、组间休息、用力时间、呼吸方式、用力程度和用力范围，要根据增肌、增力、减脂的具体任务来确定（见前面相应的部分）。

（七）波浪训练法

根据训练的具体任务，确定第一组负荷在负荷范围的中间值，第二组开始，依次增加负荷、减少次数或依次减少负荷、增加次数。其他的参照相应条款。

比如：爆发力训练，第一组为 5 RM，第二组为 6 RM，第三组为 4 RM，第四组为 5 RM，如此循环；增肌训练，第一组为 10 RM，第二组为 9 RM，第三组为 8 RM，第四组为 12 RM，第五组为 11 RM，第六组为 10 RM，如此循环。

七、动作编排原则

无论是各种体能训练，还是增肌或减脂训练，每个训练单元都会有不同的动作，这些动作的组合搭配要做到以下三点。

（一）主要肌的锻炼，要上肢、下肢和躯干交换进行

某天计划上肢、躯干和下肢各练一个部位，每个部位做五组时，安排方法有两种：一是循环法，每一轮练上肢一组、腰腹一组和下肢一组，循环进行，练习五轮后完成任务；二是采用依次法，第一轮把上肢的五组动作练完，第二轮练五组腰腹动作，第三轮再练五组下肢动作，结束训练。

（二）动作的先后顺序

（1）尽可能地避免次要肌的重复。比如第一组练习"反握引体向上"，背阔肌是次要肌，第二组动作就不能选择"躬身飞鸟"（背阔肌是次要肌）。

（2）上组动作的次要肌，不能作为下组动作的主要肌。比如第一组练习"反握引体向上"，下一组就不能选择"坐姿拉背"。

（3）先练多关节动作，后练单关节动作。比如先练"下蹲运动"，再练"斜托弯举"。

（三）同一部位的锻炼动作要多元化

比如胸大肌的锻炼，不能只做"推胸"，锻炼的主要肌是胸大肌的动作都要使用，这些动作有"夹胸""仰卧飞鸟""斜上推胸""双杠曲臂伸"等。

本章节讲述了诸多训练方法，使用时，进行多种变化、搭配，使训练内容丰富多变，练习者才不会觉得枯燥，同时，对素质的增长也会起到事半功倍的作用。

第五章

增肌和减脂训练原则

第一节 增肌训练原则

前文中讲到通过抗阻训练，可以增大肌纤维的横断面面积，增大肌肉体积，改变肌肉的形状，从而达到塑造形体的作用，抗阻训练即是健美运动的增肌训练。

抗阻增肌训练原则如下。

1. 运动强度（阻力大小和完成次数）

常规增肌训练阻力值为 1 RM 的 80% 左右，完成 8~12 次，也就是说做 8~12 RM。在竞技健美训练中，高级阶段增强训练的负荷强度应提升为 6~8 RM。

2. 周频率

初学者和中老年 2 次，中级水平 3~4 次，高级水平 5~7 次，高级后阶段最大 13 次。

3. 其他时间

进行伸展练习和轻度的有氧运动。

4. 训练时段

每天下午 4~9 点为佳。

5. 练习部位

初学者和中老年，每次练 6~8 个部位；中级水平 10~14 个部位；高级水平 4~6 个部位，上、下肢和躯干动作交替搭配。

6. 每个部位练习组数

初学者和中老年 1~3 组，中级水平 3~5 组，高级水平 6~10 组。

7. 休息时间

（1）同一动作组间休息时间，常规运动量为 2~3 min，大运动量为 60~90 s，不能低于 30 s。比如坐姿哑铃弯举，练习肱二头肌，总共计划练 9 组，每组完成 10 次。在此部位的练习中，不穿插其他部位的练习，完成第一组 10 次哑铃弯举，短暂休息后再接着练习第二组。以此类推，第三组、第四组……这个短暂休息就是同一动作组间休息时间。

（2）大组间休息时间，常规运动量为 4~5 min，大运动量为 3~4 min，不能低于 3 min。比如，某天计划训练肱二头肌 5 组、肱三头肌 5 组、腹直肌 5 组以及竖脊肌 5 组，训练方法采用循环练习法和依次练习法。循环练习法是每一轮每个部位完成一组练习，每轮之间的休息为大组间休息时间；依次练习法是逐个部位完成所有计划练习的组数，再进行下一个部位的练习，不同部位之间的休息时间就是大组间休息时间。采用循环练习法：第一轮，练一组肱二头肌、休息、练一组肱三头肌、休息、练一组腹直肌、休息、练一组竖脊肌、休息，然后进行第二轮练习，总共用 5 轮完成所有练习，每轮之间休息的时间就是大组间休息时间；

采用依次练习法：先完成 5 组肱二头肌的练习，再练习 5 组肱三头肌，然后练习 5 组腹直肌，最后练习 5 组竖脊肌，每个肌肉部位之间的休息时间，就是大组间休息时间。

8. 用力时间

1~2 s 用力，1~2 s 落下还原。

9. 用力程度

每组做到力竭。

10. 呼吸方式

肌肉用力时呼气，还原时吸气。

11. 用力范围

从初始位置到极限位置。

12. 补充

（1）预先在教练或同伴的帮助下，准确测试所要锻炼部位的 1 RM 值。1 RM 值与训练水平成正比，因此，隔一段时间，比如 1~2 个月，或者原定的一个训练周期结束，要再次测试 1 RM 值。

（2）运动量的安排，在当天训练内容基础上，可以根据当天的身体状况，适当增减。

（3）每组练习的最后两次要尽可能地完成，有条件可在他人的帮助下完成。

（4）自由重量练习，最后两次要加强保护。

（5）组间休息时，加深呼吸，简单放松练习。

（6）偏胖或肥胖者，开始练习时，要先减脂，再增肌；或者，在训练计划中安排每次减脂训练占总训练量的三分之二，增肌训练占总训练量的三分之一。

（7）饮食方面，初学者和中老年按照常规进食，中级水平需要适当补充糖类以及瘦肉、牛肉、牛奶、蛋类、豆类、鱼类等高蛋白食品，高级水平还要适当服用蛋白粉。

（8）结合前面讲的"有氧爆发训练法"和"变化抗阻训练法"中相符合的训练方法进行组合、穿插练习，使枯燥的抗阻训练变得内容丰富，使练习者兴趣倍增，更容易持久地坚持锻炼。

第二节 减脂（减肥）训练原则和方法

在介绍减脂前，本书先要跟大家讨论一下戒烟的问题。如果某人吸烟已经养成习惯，其体内各器官已适应了有烟的环境，如果突然戒掉，这些器官都会不适应，内分泌会失调，身

体会感到难受，情绪低落、变化无常等。有少数意志力强者能坚持戒掉，多数还是会复吸的，复吸后的吸烟量还会报复性、补偿性地增加。戒烟的正确方法是：逐渐减少，直至戒掉。比如某人平均一天吸烟一包，开始戒烟时，控制到每天吸烟3/4包；1~2个月后，减少到每天吸烟1/2包；3~5个月后，减少到每天吸烟1/4包；5~6个月后，每天吸烟1~2支，这个时候，离成功戒烟不远了；之后几周（一般为1~2月），2天吸1支、3天吸1支，1周吸1支，直至完成不吸为止，最终成功戒掉香烟。

引用戒烟的道理，是要告诉大家，减脂和戒烟都有同样的生理规律，不要图快，要缓慢地进行，身体才能承受，也不容易反弹。

一、燃脂和减脂

"燃脂"是人体能量供给的一种形式，是分解脂肪所产生的自由脂肪酸（FFA）被燃烧掉（又叫被氧化），燃脂活动在体内时刻进行着；"减脂"是通过减少体内脂肪含量来减轻体重的一个较长的过程，当人体所需的能量得不到满足时，体内储存的脂肪才会被分解、氧化。

二、运动减肥的原理

（1）人体运动时主要能源来自糖和脂肪。运动首先消耗的是糖，当糖被消耗完之后，体内的脂肪就会被分解、氧化，转换成糖原，从而减少体内的脂肪含量。

（2）运动还能改善脂质代谢。因为运动能促进肾上腺素和去甲肾上腺素的分泌，提高脂蛋白酶的活性，加速富含甘油三酯和低密度脂蛋白的分解，降低血脂，加快了游离脂肪酸的作用。

（3）耐力运动项目，其外周组织尤其是肌肉细胞膜上胰岛素受体的敏感性提高，增强了其与胰岛素结合的能力，因胰岛素能抑制脂肪的分解，最终加快了游离脂肪酸的作用。

（4）提高基础代谢。研究表明，肥胖患者运动后，增强了心功能，改善了内分泌的调节功能，使肥胖患者的基础代谢水平提高，从而加大了体内能量的消耗（96%来自游离脂肪酸的分解）。

三、如何科学减脂

（一）减脂的最佳时间

有研究建议减脂的最佳时间为早上6点~10点，这个时段的运动，适合喜欢晨练者和上午有可支配时间的人们；其他锻炼者，在下午或晚餐前运动都是可以的。依据造成肥胖的因素，不同个体根据自身情况，合理地制订、实施减肥计划。

各项减脂措施如下。

（二）控制食物的摄入量

很多书籍中把这个问题讲得细致、专业，总的来说就是详细计算不同运动所消耗的能量，统计各种食材所含的热量，然后根据身体的消耗量来确定食材的摄入量。可是，大部分人根本就不会，也不去计算，还是该吃就吃，当然就难以通过限制饮食来控制体脂变化。

通过饮食控制实现减脂的简单方法是：逐步减少开始减脂运动前的食物摄入量。开始时段，1~2个月内，减少自身食物摄入量的10%，经过2~3个月的适应后，减少当前食物摄入量的10%。比较肥胖和非常肥胖者，在半年后，再减少当前食物摄入量10%，以后保持不变。同时，少吃甜食、高能碳酸饮料和多脂食物，抵御美食的诱惑。

分享一些作者控制美食的经验。

1. 杜绝贪吃

如今食物做得越来越美味可口，多数发胖的原因，都是难以抵挡色香味美食物的诱惑。建议是：假如午餐是大鱼大肉，晚餐一定要清淡；晚餐是大鱼大肉，第二天的午餐便一定要清淡。

2. 适量进食

食物的摄入量掌控在下一餐饭前30~60 min有饥饿感为宜。

3. 减少零食

饭前如有饥饿感到来也不要吃零食，等到正式用餐才进食。

4. 水填胃部

由于减少了食材的摄入量，餐后胃部得不到饱腹感，应对办法之一是饭后喝点汤，使胃部有一些饱腹感。

（三）减少睡眠时间

开始减肥时，每天的睡眠时间在原来的基础上减少30 min，进入适应期后，在原来的基础上减少约60 min。

（四）属于遗传因素和病理因素的肥胖

一定要到正规医院接受检查，并在医生的处置和监督下进行减肥（减脂）运动。

（五）多活动

生活中，不要长坐不起，持续久坐1 h后，要进行5~10 min的简单肢体活动，方法是站起，原地做高抬腿走步、转腰踢腿、弯腰伸腰、摆臂转体等轻微活动；如果上下班或购物距离为2~3 km的，步行往返；能站着办公就不坐着，有空闲时间就扭动腰肢，充分利用一切空当燃烧脂肪。

（六）轻器械健身

在办公室或家里，准备一些小型、简单、便于携带的健身器械，随时方便运动使用，比如弹力带、哑铃、跳绳等。

（七）做体操健身

在国家体育总局网站上学会任意一套广播体操，利用学习、工作、生活间隙，按照标准动作认真地练习，每次练习时连续做2~3遍。

（八）走步健身

详见第七章。

（九）跑步健身

1. 技术要领

双脚不同时着地，短跑和中距离跑用前脚掌着地，长跑用脚底中部的外侧着地（实际无须刻意为之），再过渡到全脚着地，下坡时用脚跟着地滚动至全脚掌着地；头端正，目视前方，躯干正直、略微前倾，上坡前倾较大，下坡时上体保持直立；半握拳，自然屈肘，手臂在腰侧轻松地前后摆臂，如果跑累了，感觉手臂紧张，可以垂下手臂，随着跑动节奏，放松抖动双臂；健身跑步膝盖抬起高度较低，采用中、小步幅；呼吸方式，理论上是用鼻子呼吸，实际上是不可能的，常常变为用口鼻同时呼吸，微微张口，冬天跑步时要舌抵上颚，调匀呼吸，如果感觉累了，可以深呼吸 2~3 次。

2. 跑步前

着适合跑步的运动装和运动鞋，并认真做好热身活动，主要加强下肢部位、髋部和腰部的活动，下肢部位则要加强踝关节和膝关节的活动。

3. 跑步时间

上午 9 点~11 点，下午 3 点~6 点，练习者在清晨起床后和傍晚跑步均可（晚餐前跑步减脂效果佳）。

4. 跑步道路

选择有充足的光线、道路平坦、运动场或者没有车辆通过的路段。跑步时，通常按逆时针方向运动，避免发生正面碰撞。如果清晨雾大或者空气质量较差，建议选择在室内跑步。

5. 跑步时长

跑步时长宜为 30~60 min，体质差和肥胖患者在刚开始可以跑 15~20 min。

6. 跑速及运动量

速度适中，运动强度中等，使心率控制在靶心率范围内最佳。

7. 其他注意事项

有心脏病、哮喘、高血压、中风、糖尿病和骨质疏松等病症的患者，不宜采用跑步锻炼身体的方式。如果是在清晨起床，不吃早餐是可以跑步的，但不能不吃早餐在上午跑步。肥胖患者不宜在路面上跑步，在具备"反重力"（减重）条件下可以在跑步机上跑步。

（十）抗阻减脂训练原则

（1）运动强度（阻力大小和完成次数）：最大重量的 60%~70%，每组练习 20 次左右（或 20 RM）；利用自重抗阻每组做到力竭（对于中老年、伤病之后、停训较久和力量很弱者，接近力竭即可）。

（2）周频率：刚开始减肥者、中老年、伤病之后、停训较久和力量很弱者，每周练 2 次，

进入适应期（2~3个月或看个人体质情况延长为半年）后每周练3~5次，其他时间进行伸展练习和轻度的有氧运动。

（3）训练时段：每天下午4~9点（晚餐前）为佳。

（4）练习部位：男性主要集中在腰腹部，女性主要集中在上臂、大腿以及上臂与躯干、大腿与躯干交接的部位。刚开始减肥者、中老年、伤病之后、停训较久和力量很弱者，每次练6~10个部位，进入适应期后练10~12个部位，上、下肢和躯干动作交替搭配。

（5）每个部位练习组数：刚开始减肥者、中老年、伤病之后、停训较久和力量很弱者，练1~2组；进入适应期后3~5组，重要部位比次要部位多1~3组。

（6）组间休息时间：2~3 min，间隙时间越短运动量越大，燃烧的脂肪越多，超高强度的组间休息时间可缩短为1 min（超高强度的训练频率为一周一次）。

（7）用力时间：1 s用力，1 s落下还原。

（8）呼吸方式：调匀呼吸。

（9）用力范围：从初始位置到极限位置。

（10）用力程度：做到力竭。

（11）补充：

① 采用爆发力训练方式也能很好地减脂（详见第四章相关内容）。爆发力训练方式在训练中的减脂效果不如抗阻减脂效果好，但是训练之后48 h之内的减脂效果比抗阻减脂的效果好。

② 预先在教练或同伴的帮助下，准确测试所要锻炼部位的1 RM值。随着训练水平的提高，1RM值也会提高，因此，应每隔1~2月测试一次。

③ 安排运动量时可以根据当天的身体状况适当增减。

④ 尽可能地完成每组练习的最后一、二次，最好在有帮助的条件下完成。

⑤ 做自由重量练习时，最后两次要加强保护。

⑥ 每个单元的运动完成后，必须做放松练习。

⑦ 结合前面讲的"爆发力训练法""有氧爆发训练法"和"变化抗阻训练法"中符合减脂的训练方法，进行组合、穿插练习，使枯燥的抗阻训练变得内容丰富，使练习者兴趣倍增，更容易持久地坚持锻炼，同时还能提高减脂效果。

⑧ 抗阻强化减脂训练之后，还应增加30~45 min的有氧练习。

（十一）水中健身

因为水的浮力可以减小过大体重对关节和肢体产生的压力。比如在水中做肘关节的屈和伸、肩关节（额状面和水平面）的内收和外展、肩关节的屈和伸、髋关节的屈和伸、髋关节的内收和外展、膝关节的屈和伸、躯干的拧转等。有些人群不能在水中健身，比如不会游泳的、怕水的、有传染性疾病的、发烧的、开放性损伤未愈合的人群等。

（十二）使用有氧健身器械健身

见第二章第三节的相关内容。

(十三)总结

减肥(减脂)是一件不容易的事情,它是一个系统工程,尤其是对于肥胖患者,需要全方位地、坚持不懈地努力,做到科学运动、控制饮食和睡眠三方面协同共管,才能达到理想的效果(减肥方法还有针灸减肥法和穴位按摩减肥法等,本书不做介绍)。

第三节 增重(增胖)训练原则

引起人们瘦弱的因素分为外在原因和内在原因。外在原因有营养不良、缺乏锻炼、生活没规律;内在原因有消化吸收不好、病理原因、遗传因素。属于外在的原因都可以自行解决,而内在的原因则要寻求医生的帮助。

有的人,吃得多、睡眠好、精神状态好、身体也有力气,但就是不长肉。出现这种情况有两种可能:一是消化或吸收不好,摄入的食材不能完全消化或消化后不能完全被吸收,多数被排泄掉了;二是遗传因素,这种情况下体形较难改变,只要本人能吃能睡、精力旺盛、健康,完全不用过分担心自己偏瘦的体形。

增重的具体事项如下。

1. 调整生活规律

该休息就休息,不要无规律地熬夜。

2. 改变膳食结构

改变以素食为主的饮食习惯,适当增加对肉食类的摄入;如果之前以摄入瘦肉为主,则可以适当增加对肥瘦结合的肉类的摄入。

3. 适当增加食材摄入量

根据自己的消化能力,逐渐增加对食材的摄入量。

4. 增加睡眠时间

开始实施增重计划后,每天的睡眠时间与之前相比增加 30~60 min。

5. 提高睡眠质量

第一,勿多思乱想。有些人白天思虑较多,夜晚也放不下自己所考虑的问题,有时候越想越兴奋,就很难入睡了。所以,一旦开始睡觉,要停止思考一切问题,这样才能快速入睡。

第二,在睡眠点入睡。人体有生物钟,睡眠时间到了就会有睡意产生,这时最容易入睡,过早会因不困而难以入睡,过晚又会因大脑神经兴奋而难以入睡。

6. 抗阻训练

请参照第五章第一节的相关内容。

第六章

肌肉部位锻炼动作

第六章　肌肉部位锻炼动作 / 099

本章是全书的重点章节之一，通过图文结合对各种抗阻动作进行仔细分析，旨在理清肌肉与完成动作间的关系。同时通过教学，希望能培养学生爱岗敬业、精益求精的工匠精神。

第一节　抗阻健身肌肉分级

骨骼肌在人体运动系统的三大部件中起主动作用，在600多块骨骼肌当中，本书选择了部分重要肌肉，并进行归类列表，以便分级掌握。

一、初级和中级健身所需要掌握的肌肉部位

初级和中级健身所需要掌握的肌肉部位如表6-1-1所示。

表6-1-1　健身运动肌肉等级分类表

健身级别	肌肉名称	备注
初级（23块）	斜方肌、背阔肌、竖脊肌、胸大肌、腹直肌、腹内斜肌、腹外斜肌、腹横肌、三角肌、肱二头肌、肱肌、喙肱肌、肱三头肌、髂腰肌、臀大肌、臀中肌、臀小肌、股四头肌、股二头肌、半腱肌、半膜肌、长收肌、小腿三头肌	健身动作中在肌肉名称后无标识
中级（24块）	肩胛提肌、菱形肌、胸小肌、前锯肌、肋间外肌、肋间内肌、膈肌、腰方肌、冈上肌、冈下肌、大圆肌、小圆肌、肩胛下肌、前臂前群肌、前臂后群肌、梨状肌、缝匠肌、耻骨肌、短收肌、大收肌、小腿前群肌、小腿后群肌、小腿外侧群肌、胸锁乳突肌	健身动作中在肌肉名称后加★标识

二、抗阻锻炼七大部位常规肌肉归类表

抗阻锻炼七大部位常规肌肉归类如表6-1-2所示。

表6-1-2　七大部位肌肉归类表

序号	部位	肌肉名称
1	肩	三角肌
2	胸	胸大肌、胸小肌
3	臂	肱二头肌、肱肌、喙肱肌、肱三头肌、小臂前侧肌群、小臂后侧肌群
4	背	背阔肌、斜方肌、菱形肌、冈下肌、小圆肌、大圆肌
5	腰	腹直肌、腹外斜肌、腹内斜肌、腹横肌、竖脊肌
6	臀	臀大肌、臀中肌、臀小肌
7	腿	大腿前外侧肌群（股四头肌、缝匠肌、阔筋膜张肌）、大腿后外侧肌群（股二头肌、半腱肌、半膜肌）、大腿内侧肌群（耻骨肌、短收肌、长收肌、大收肌、股薄肌）、小腿前群肌（胫骨前肌、姆长伸肌、趾长伸肌）、小腿后侧肌群（腓肠肌、比目鱼肌、胫骨后肌、姆长屈肌、趾长屈肌）、小腿外侧群肌（腓骨长肌、腓骨短肌）

三、背部肌肉层级剖面简图

背部肌肉层级剖面如图 6-1-1 所示。

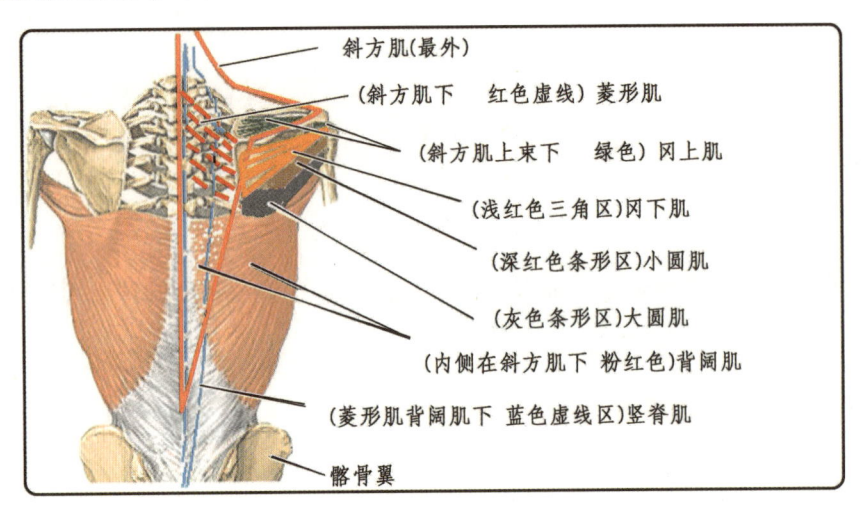

图 6-1-1

本章将通过图文并茂的方式，介绍各种抗阻训练和利用自重训练中能准确锻炼全身各部肌肉的动作。包括所锻炼肌肉的位置图、主要肌、次要肌、辅助肌、器材、身体姿势、动作要领、注意事项、运动角度和幅度等。

第二节 躯干部位

躯干部位主要锻炼到的肌肉有斜方肌、背阔肌、竖脊肌、菱形肌、肩胛提肌、胸锁乳突肌、胸大肌、胸小肌、前锯肌、腹直肌、腹内斜肌、腹外斜肌、腹横肌。

一、胸大肌

胸大肌的位置：在人体胸部、锁骨部起自锁骨内侧半、胸肋部起自胸骨前和第 1~6 肋软骨、腹部起自腹直肌鞘前层，止于（锁骨部和腹部肌束上下交叉止于）肱骨大结节嵴，如图 6-2-1 所示。

胸大肌的功能：近固定，使上臂在肩关节处屈、内收和旋内；远固定，（臂上举）拉躯干靠拢大臂、提肋、助吸气。

例如，"坐姿碟机夹胸"是胸大肌近固定，肌纤维收缩使大臂在水平面内绕垂直轴在肩关节处屈；又如，"臂内收"是胸大肌近固定，肌纤维收缩使手臂在额状面内绕矢状轴在肩关节处内收。

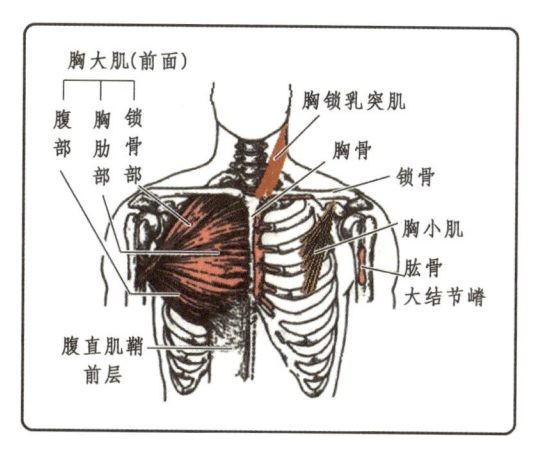

第六章　肌肉部位锻炼动作

图 6-2-1

（一）动作名称：仰卧推举

1. 动作示范

如图 6-2-2～6-2-4 所示。

杠铃仰卧推举1　　　　　杠铃仰卧推举2

正握闭握宽握

保护者重心随杠铃起伏　　　两脚开立前后站

图 6-2-2

钢索仰卧推举1　　　　　钢索仰卧推举2

大分腿

正握宽握闭握

图 6-2-3

哑铃仰卧推举1

90°

哑铃仰卧推举2

图 6-2-4

2. 锻炼的肌肉

（1）主要肌。

胸大肌。

（2）次要肌。

三角肌前束、肱三头肌、喙肱肌。

3. 动作要领

正握、闭握、宽握把手，合适的握距为大臂平胸时，小臂与大臂约成 90°。

4. 注意事项

练习者双脚分开，全脚着地（起平衡身体的作用）；推举自由重量时，要控制器械重心、竖直推举。对保护者来说，如果杠铃较重，保护者双手采取一正握、一反握状态（贴杠而不握杠）；如果杠铃较轻，双手手心向上置于杠铃杆下，保护者身体重心随杆上下起伏，并时刻准备抓杠保护，保护时机通常在每组练习的最后两三次。

（二）动作名称：斜上推举

1. 动作示范

如图 6-2-5～6-2-7 所示。

哑铃斜上推举1　　　哑铃斜上推举2

图 6-2-5

杠铃斜上推举1　　　杠铃斜上推举2

图 6-2-6

第六章　肌肉部位锻炼动作　/103

钢索斜上宽距推举

斜上宽距推举
宽握
斜卧
挂片式力量训练器材

图 6-2-7

2．锻炼的肌肉

（1）主要肌。

胸大肌上部。

（2）次要肌。

三角肌前束、肱三头肌、喙肱肌。

3．动作要领和注意事项

与"仰卧推举"的动作要领和注意事项相同。

（三）动作名称：斜下推举

1．动作示范

如图 6-2-8 和 6-2-9 所示。

哑铃斜下推举1　　哑铃斜下推举2

图 6-2-8

杠铃斜下宽距推举1　　杠铃斜下宽距推举2

图 6-2-9

2. 锻炼的肌肉

（1）主要肌。

胸大肌下部。

（2）次要肌。

三角肌前束、肱三头肌、喙肱肌。

3. 动作要领和注意事项

与"仰卧推举"的动作要领和注意事项相同。

（四）动作名称：夹胸（飞鸟）

1. 动作示范

如图 6-2-10 ~ 6-2-15 所示。

图 6-2-10

图 6-2-11

图 6-2-12

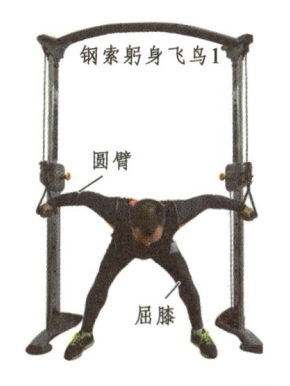

钢索躬身飞鸟1　　钢索躬身飞鸟2

圆臂

屈膝

图 6-2-13

吊绳躬身飞鸟1　　吊绳躬身飞鸟2

跪姿

图 6-2-14

钢索单臂夹胸1　　钢索单臂夹胸2

图 6-2-15

2．锻炼肌肉

（1）主要肌。

胸大肌。

（2）次要肌。

三角肌前束、肱二头肌短头（直臂）、喙肱肌。

3．动作要领

正握、闭握、宽握把手，坐姿高度和握距调整到大臂成水平时小臂与大臂垂直，双脚开立、全脚着地，臀部、腰部和背部紧贴靠背，脚尖朝膝盖正前方。

4. 注意事项

当负荷过重、肩关节过伸、启动困难时，可以用启动器协助启动或者在他人帮助下启动。

（五）动作名称：前推胸

1. 动作示范

如图 6-2-16 和 6-2-17 所示。

图 6-2-16

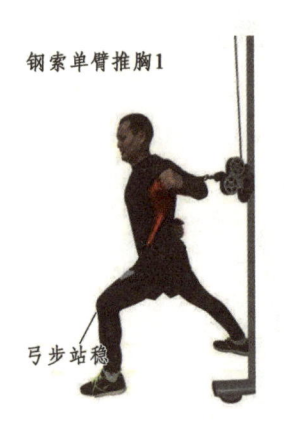

图 6-2-17

2. 锻炼的肌肉

（1）主要肌。

胸大肌。

（2）次要肌。

三角肌前束、肱三头肌、喙肱肌。

3. 动作要领

正握、闭握、宽握把手，坐姿高度使拳头平胸中部，双脚开立，全脚着地，臀部、腰部和背部紧贴靠背，脚尖朝膝盖方向。

4. 注意事项

当负荷过重、肩关节过伸、启动困难时，用启动器或在帮助下协助启动。

（六）动作名称：斜下夹胸（飞鸟）

1. 动作示范

如图 6-2-18 所示。

哑铃斜下飞鸟1　　　　　　　哑铃斜下飞鸟2

图 6-2-18

2. 锻炼的肌肉

（1）主要肌。

胸大肌下沿。

（2）次要肌。

三角肌前束、肱二头肌短头、喙肱肌。

3. 动作要领

圆臂。

4. 注意事项

使用大负荷时注意帮助和保护。

（七）动作名称：斜上夹胸（飞鸟）

1. 动作示范

如图 6-2-19 和 6-2-20 所示。

2. 锻炼的肌肉

（1）主要肌。

胸大肌上沿。

（2）次要肌。

三角肌前束、肱二头肌、喙肱肌。

（3）辅助肌。

肱肌、屈腕肌、屈指肌。

哑铃斜上飞鸟1　　　　哑铃斜上飞鸟2

圆臂

图 6-2-19

钢索斜上飞鸟1　　　　钢索斜上飞鸟2

练习凳
圆臂
双手握拉手
小飞鸟力量训练器
分腿

图 6-2-20

3. 动作要领

正握、闭握把手，手心相对。

4. 注意事项

大负荷注意帮助和保护。

（八）动作名称：双杠曲臂伸

1. 动作示范

如图 6-2-21 所示。

双杠曲臂伸1　　　　双杠曲臂伸2

窄距为佳

图 6-2-21

2. 锻炼的肌肉

（1）主要肌。

胸大肌下沿、肱三头肌。

（2）次要肌。

三角肌前束、肱二头肌、喙肱肌。

3. 动作要领

正握、闭握把手。

4. 注意事项

调节双杠的高度和宽度，不宜过宽，高度达到下落时双脚刚好落地为宜。

5. 补充

要想增加负荷可在下肢或腰部绑沙袋等重物；双杠支撑摆动的曲臂伸，锻炼主要肌的爆发力和肌耐力效果很好。

（九）动作名称：（宽距）俯卧撑

1. 动作示范

图 6-2-22 ~ 6-2-27 所示。

图 6-2-22

图 6-2-23

图 6-2-24

跪姿宽距俯卧撑1　　　　跪姿宽距俯卧撑2

躯干和大腿一条线　　　俯卧撑练习器

图 6-2-25

单臂俯卧撑1　　　　　单臂俯卧撑2

胸接近地面　　　　　躯干和下肢一条线

图 6-2-26

吊绳俯卧撑1　　　　　吊绳俯卧撑2

躯干和下肢一条线　　　跪姿

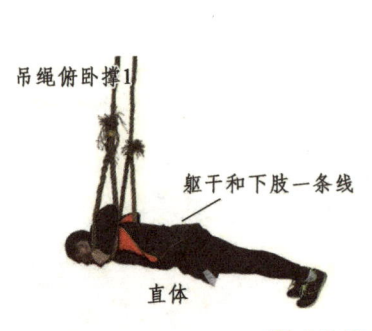

直体　　　　　　　　躯干和大腿一条线

图 6-2-27

2. 锻炼的肌肉

（1）主要肌。

胸大肌。

（2）次要肌。

肱三头肌、三角肌前束、喙肱肌。

（3）辅助肌。

腹直肌、腹横肌、股四头肌、髂腰肌、腹内外斜肌。

3. 动作要领

直体（不塌腰、不翘臀），大臂与躯干垂直，（大臂水平时）小臂与大臂垂直；手掌触地，五指分开、虎口朝前；下落到胸部贴近地（垫）面。

4. 补充

用俯卧撑练习器，动作开始时段有利于锻炼胸小肌和前锯肌；跪姿俯卧撑的辅助肌由股直肌取代股四头肌。

（十）动作名称：加重宽距俯卧撑

1. 动作示范

如图 6-2-28 所示。

图 6-2-28

2. 锻炼的肌肉

（1）主要肌。

胸大肌。

（2）次要肌。

肱三头肌、三角肌前束、喙肱肌。

3. 动作要领

抬高下肢，直体，大臂与躯干垂直，小臂与大臂垂直（大臂水平时），五指分开，虎口朝前。

4. 注意事项

脚的高度越高（在 0～30°范围内），对胸大肌上部的刺激越强。

（十一）动作名称：减重宽距俯卧撑

1. 动作示范

如图 6-2-29 所示。

图 6-2-29

2. 锻炼的肌肉

（1）主要肌。

胸大肌。

（2）次要肌。

肱三头肌、三角肌前束、喙肱肌。

3. 动作要领

直体（不塌腰、不翘臀）。

4. 补充

上体抬得越高难度越低，适合力量较弱者选用。

二、背阔肌

背阔肌在人体背部中下部，起点借腱膜起于第 7~12 胸椎和全部腰椎棘突、骶正中嵴、髂嵴后部、第 10~12 肋外，止于肱骨小结节嵴。具体结构如图 6-2-30 所示。背阔肌近固定，使大臂在肩关节处伸、内收和旋内；背阔肌远固定（上肢上举），拉躯干向大臂靠拢和提肋助吸气。例如，引体向上就是背阔肌远固定，肌纤维收缩所起的作用；"钢索坐姿拉背"，是背阔肌近固定，肌纤维收缩使大臂在矢状面内绕额状轴在肩关节处伸；"钢索直臂内收"，是背阔肌近固定，肌纤维收缩使上臂在额状面内绕矢状轴，在肩关节处内收。

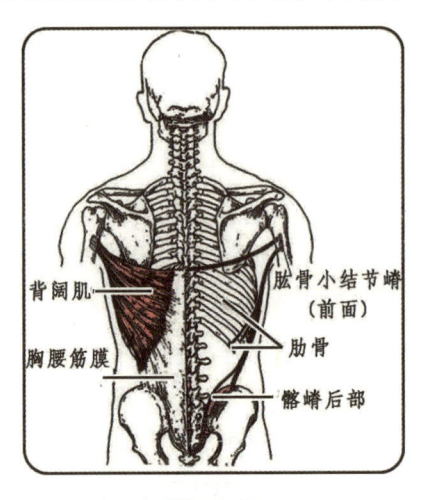

图 6-2-30

（一）动作名称：拉背

1. 动作示范

如图 6-2-31~6-2-37 所示。

2. 锻炼的肌肉

（1）主要肌。

背阔肌。

（2）次要肌。

三角肌后束、大圆肌、肩胛下肌、小圆肌、冈下肌、肱二头肌、肱三头肌的长头。

第六章 肌肉部位锻炼动作

钢索坐姿拉背1　　　　　钢索坐姿拉背2

夹肘

图 6-2-31

钢索坐姿拉背1　　　　　钢索坐姿拉背2

立腰　躯干固定　　　　夹肘
直腿蹬住

图 6-2-32

钢索弓步拉背1　　　　　钢索弓步拉背2

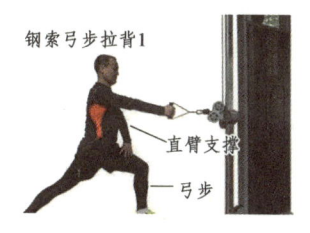

直臂支撑
弓步

图 6-2-33

弹力带弓步拉背

夹肘
弓步

图 6-2-34

钢索弓步双拉背1　　　　钢索弓步双拉背2

夹肘
与胸高度一致
弓步

图 6-2-35

实用健身与训练指导（第二版）

吊绳仰卧拉背1　　　　吊绳仰卧拉背2

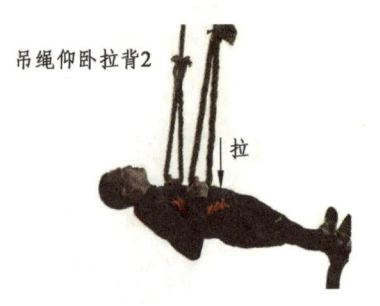

图 6-2-36

臂力棒拉背1　　　　臂力棒拉背2

图 6-2-37

（3）辅助肌。

菱形肌、斜方肌中下部、胸小肌、屈腕肌，吊绳仰卧拉背时参与的辅助肌还有竖脊肌、臀大肌和腘绳肌等。

3. 动作要领

肘部紧贴腰侧；坐姿，双脚开立、全脚着地；弓步站稳。

4. 注意事项

臂力棒拉背，防止脱手伤及自己。

（二）动作名称：下拉

1. 动作示范

如图 6-2-38～6-2-40 所示。

2. 锻炼的肌肉

（1）主要肌。

背阔肌、胸大肌。

（2）次要肌。

大圆肌、肩胛下肌、小圆肌、冈下肌、喙肱肌、肱二头肌、肱三头肌长头。

（3）辅助肌

斜方肌中下部、菱形肌、胸小肌、屈腕肌。

第六章　肌肉部位锻炼动作 / 115

钢索坐姿下拉1　　钢索坐姿(前)下拉2　　钢索坐姿(后)下拉2

立腰

横杠到头后

支撑托固定大腿

图 6-2-38

钢索曲肘下拉1　　钢索曲肘下拉2　　弹力带下拉

肘领先

下拉

图 6-2-39　　　　　　　　图 6-2-40

3. 动作要领

宽距正握闭握单杠，立腰，下拉时不借助腰力，躯干不后倒，保持直立稳定不动。

4. 补充

单杠宽距正握引体向上的锻炼效果与此动作一样，如图 6-2-41 所示。

宽距(后)引体向上　　宽距(前)引体向上

高单杠　　　　　　　高单杠

图 6-2-41

胸大肌参与颈前引体向上（前下拉）多于颈后引体向上（后下拉）。

（三）动作名称：高拉

1. 动作示范

如图 6-2-42 所示。

弹力带高拉1　　　　弹力带高拉2

图 6-2-42

2. 锻炼的肌肉

（1）主要肌。

背阔肌（下部）。

（2）次要肌。

三角肌后束、大圆肌、肩胛下肌、小圆肌、冈下肌、肱二头肌、肱三头肌长头。

3. 动作要领

弓步站稳，夹肘。

（四）动作名称：低拉

1. 动作示范

如图 6-2-43 ~ 6-2-45 所示。

钢索单臂低拉1　　　　钢索单臂低拉2

图 6-2-43

钢索双臂低拉1　　　　钢索双臂低拉2

图 6-2-44

弹力带低拉

图 6-2-45

2. 锻炼的肌肉

（1）主要肌。

背阔肌（中上部）。

（2）次要肌。

三角肌后束、大圆肌、肩胛下肌、小圆肌、冈下肌、肱二头肌、肱三头肌长头。

3. 动作要领

弓步站稳，立腰，夹肘。

（五）动作名称：引体向上

1. 动作示范

如图 6-2-46 和 6-2-47 所示。

正握引体向上1 — 握距与肩宽
正握引体向上2 — 下颚过杠

图 6-2-46

斜身引体向上1 — 低单杠
斜身引体向上2

图 6-2-47

2. 锻炼的肌肉

（1）主要肌。

背阔肌、胸大肌、肱二头肌、屈腕肌。

（2）次要肌。

三角肌后束、大圆肌、肩胛下肌、小圆肌、冈下肌、肱三头肌长头。

3. 动作要领

握距与肩宽，正握、闭握单杠。

4. 注意事项

防止滑手脱杠，可戴手套、护掌、抹镁粉或干的泥土灰。

5. 补充

斜身引体对菱形肌和斜方肌中下部也能起到一定的锻炼作用。

（六）动作名称：躬身提拉（划船）

1. 动作示范

如图 6-2-48 ~ 6-2-55 所示。

图 6-2-48

图 6-2-49

图 6-2-50

第六章　肌肉部位锻炼动作

哑铃躬身单臂提拉1　　　　　　　夹肘
　　　　　　　　　支撑　　　　　　　　　支撑
躯干接近水平　　　　　　　哑铃躬身单臂提拉2

图 6-2-51

弹力带躬身单臂提拉1　　弹力带躬身单臂提拉2
　　　　　　　　　　　塌腰
　　　　　　　　　　　　　　支撑
　　　　　　　　　　　　弓步

图 6-2-52

弹力带躬身双臂提拉　　　　拉力器躬身提拉
夹肘　　　　　　　　　　　拉
塌腰　　　　　　　　　　　　　支撑
屈膝

图 6-2-53

钢索躬身提拉1　　　钢索躬身提拉2
　　　　　　　　　　　　支撑
　　　　　　　　　　稳定躯干
支撑

图 6-2-54

T型杆躬身提拉1　　　T型杆躬身提拉2　　　T型杆躬身单臂提拉

图 6-2-55

2．锻炼的肌肉

（1）主要肌。

背阔肌。

（2）次要肌。

三角肌后束、肱二头肌、大圆肌、肩胛下肌、小圆肌、冈下肌、肱三头肌长头。

（3）辅助肌。

菱形肌、斜方肌、屈腕肌。

3．动作要领

单臂提拉，不依靠转动躯干给予助力；提拉杠铃杆贴近腰带。

4．注意事项

"哑铃躬身单臂提拉"容易跟肱三头肌的锻炼动作"躬身哑铃臂屈伸"相混淆，需要重视。

（七）动作名称：直臂伸

1．动作示范

如图 6-2-56～6-2-59 所示。

仰卧杠铃直臂上举1　　　仰卧杠铃直臂上举2

图 6-2-56

图 6-2-57 　　　　　　　　　　图 6-2-58

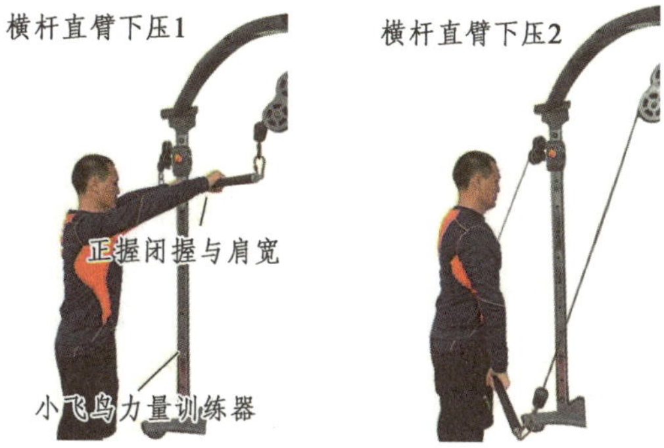

图 6-2-59

2. 锻炼的肌肉

（1）主要肌。

背阔肌、三角肌后束。

（2）次要肌。

胸大肌、大圆肌、小圆肌、肱三头肌长头、肩胛下肌、冈下肌。

（3）辅助肌。

菱形肌、斜方肌、屈腕肌。

3. 动作要领

沉肩，正握杆。

4. 注意事项

做"仰卧杠铃直臂上举"时需加强保护和帮助。

（八）动作名称：臂内收

1. 动作示范

如图 6-2-60 和 6-2-61 所示。

钢索直臂内收1　　　　钢索直臂内收2

圆臂

图 6-2-60

臂力棒夹臂1　　　　臂力棒夹臂2

握住　前臂不外旋
曲肘90°
肘部靠腰侧

图 6-2-61

2．锻炼的肌肉

（1）主要肌。

背阔肌、胸大肌。

（2）次要肌。

大圆肌、肩胛下肌、小圆肌、冈下肌、喙肱肌、肱三头肌长头。

（3）辅助肌。

屈伸腕肌、屈指肌、肱二头肌、斜方肌中下束等。

3．动作要领

臂力器练习时，小臂像钳子一样钳住臂力棒的两端，肘关节率先向下用力，贴近腰侧。

4．注意事项

做臂力棒练习时要防止脱手弹伤自己。

三、竖脊肌

背部深层肌肉有背长肌和背短肌，分布在脊柱两侧。背长肌由竖脊肌、夹肌和横突棘肌组成；背短肌由棘间肌、横突间肌等组成，是连接相邻椎骨的短小肌肉。竖脊肌的位置如图 6-2-62 所示。

竖脊肌由棘肌、最长肌和髂肋肌组成；起点为骶骨背面、髂嵴后部、腰椎棘突、胸腰筋

膜；止点分三个部分，棘肌止于颈椎、胸椎的棘突，最长肌止于颈椎、胸椎的横突和颞骨乳突，髂肋肌止于肋骨的肋角。

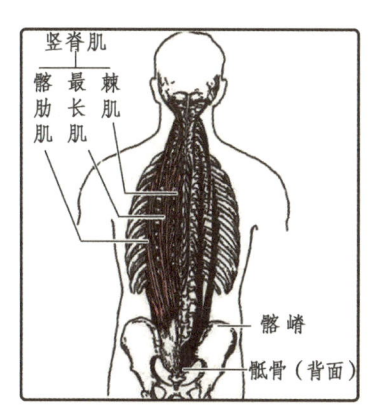

图 6-2-62

竖脊肌下固定（骶部），两侧同时收缩使脊柱后伸和仰头，一侧收缩，使脊柱向同侧侧屈；上固定，使骨盆前倾。例如，"俯卧抬体"是竖脊肌下固定，两侧肌纤维同时收缩使脊柱伸；锻炼腹内外斜肌的动作"侧身起"是竖脊肌下固定，单侧肌纤维收缩使脊柱向同侧侧屈。

（一）动作名称：坐姿伸背

1. 动作示范

如图 6-2-63 和 6-2-64 所示。

图 6-2-63

图 6-2-64

2. 锻炼的肌肉

（1）主要肌。

竖脊肌。

（2）次要肌。

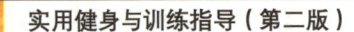

臀大肌、股二头肌长头、半腱肌、半膜肌、大收肌、腹内斜肌、臀中肌后部、臀小肌后部。
（3）辅助肌。
股四头肌、小腿肌群。

3. 动作要领

挺胸，立腰，双脚踏住器材踏板。

（二）动作名称：山羊挺身

1. 动作示范

如图 6-2-65 所示。

图 6-2-65

2. 锻炼的肌肉

（1）主要肌。
竖脊肌。
（2）次要肌。
腹内斜肌。

3. 动作要领

躯干伸直，髋部支撑；徒手练习时，两手可背在腰后、摸头侧、摸耳朵或在头顶伸直均可（其难度是依次递增的）。

4. 补充

手拿哑铃等重物，可以增加运动负荷。

（三）动作名称：俯卧抬体

1. 动作示范

如图 6-2-66 和 6-2-67 所示。

图 6-2-66

图 6-2-67

2. 锻炼的肌肉

（1）主要肌。

竖脊肌。

（2）次要肌。

腹内斜肌。

（3）辅助肌。

臀大肌、股二头肌、半腱肌、半膜肌、腓肠肌等。

3. 动作要领

两手摸头侧或耳朵，伸背时抬头效果更好。

4. 补充

要增加负荷，胸前抱或背部放置杠铃片（双手从两侧扣住）。

（四）动作名称：俯卧两头起

1. 动作示范

如图 6-2-68 所示。

图 6-2-68

2. 锻炼的肌肉

（1）主要肌。

竖脊肌。

（2）次要肌。

臀大肌、股二头肌、半腱肌、半膜肌、臀中肌后部、臀小肌后部、腓肠肌。

3. 动作要领

直腿，绷脚尖，两手摸头侧或耳朵、也可以双臂向头前方伸直。

（五）动作名称：俯卧背腿

1．动作示范

如图 6-2-69 所示。

图 6-2-69

2．锻炼的肌肉

（1）主要肌。

竖脊肌。

（2）次要肌。

臀大肌、股二头肌、半腱肌、半膜肌、大收肌、臀中肌后部、臀小肌后部。

3．动作要领

腰支撑，手抓牢，直腿，绷脚尖。

4．注意事项

练习凳的高度要满足直腿摆动。

（六）动作名称：仰卧平板支撑

1．动作示范

如图 6-2-70 和 6-2-71 所示。

图 6-2-70

图 6-2-71

2．锻炼的肌肉

（1）主要肌。

竖脊肌。

（2）次要肌。

臀大肌、股二头肌、半腱肌、半膜肌。

3. 动作要领

肘支撑，双手掌触地，双腿并拢，不塌腰。

4. 注意事项

在腹部放置杠铃片等重物可增加负荷。

四、腹直肌和腹横肌

腹直肌在人体腹部，起于耻骨联合和耻骨结节，止于第 5~7 肋软骨前面和胸骨剑突。如图 6-2-72 所示。

腹直肌上固定，两侧同时收缩，使骨盆后倾；腹直肌下固定，两侧同时收缩，使脊柱前屈，一侧收缩，使脊柱侧屈。

腹横肌在人体腰腹部，处于第 7~12 肋骨内面、胸腰筋膜、髂嵴、腹股沟韧带外侧，以腱膜参与形成腹直肌鞘后层并止于白线。腹横肌具有增加腹压、协助呼气的功能。

例如，"坐姿屈体"是腹直肌下固定，两侧肌纤维同时收缩使脊柱前屈；"仰卧举臀"是腹直肌上固定，两侧肌纤维同时收缩使骨盆后倾；腹内外斜肌的锻炼动作"侧身起"是腹直肌下固定，单侧肌纤维收缩使脊柱向同侧侧屈。

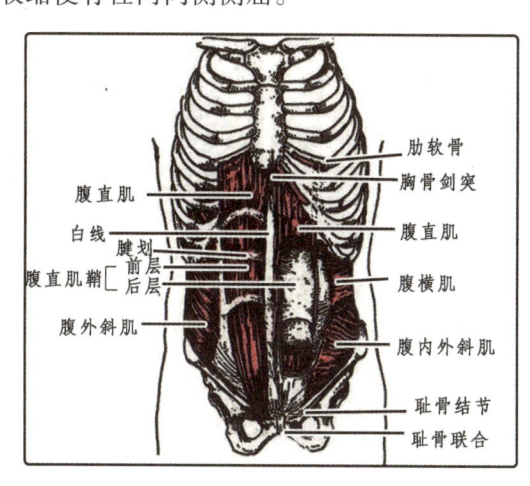

图 6-2-72

（一）动作名称：坐姿屈体

1. 动作示范

如图 6-2-73 ~ 6-2-75 所示。

图 6-2-73

钢索坐姿屈体1　　　钢索坐姿屈体2

图 6-2-74

弹力带坐姿屈体1　　　弹力带坐姿屈体2

图 6-2-75

2．锻炼的肌肉

（1）主要肌。

腹直肌。

（2）次要肌。

髂腰肌、腹外斜肌。

3．动作要领

收腹、立腰。

（二）动作名称：坐姿（或跪姿）卷腹

1．动作示范

如图 6-2-76～6-2-78 所示。

第六章　肌肉部位锻炼动作　/129

坐姿钢束卷腹1　　坐姿钢束卷腹2

手臂固定

图 6-2-76

跪姿钢束卷腹1　　跪姿钢束卷腹2

手臂固定

图 6-2-77

跪姿弹力带卷腹1　　跪姿弹力带卷腹2

手臂固定

图 6-2-78

2．锻炼的肌肉

（1）主要肌。

腹直肌。

（2）次要肌。

髂腰肌、腹外斜肌、腹内斜肌。

（3）辅助肌。

前锯肌、胸大肌、背阔肌、三角肌后束等。

3. 动作要领

上肢和肩胛骨稳固不动。

4. 注意事项

弹力带可以放置在头的两侧，肩的上方；使用钢束力量训练器材时，钢束需置于头顶。

（三）动作名称：直角支撑

详见髂腰肌部分。

备注：在凳子上做直角支撑，方便易行，更适合腹直肌的静力性练习（举腿持续控制），采用握拳支撑可增加支撑臂的长度，如图6-2-79所示。

屈膝直角支撑　　　直腿直角支撑（臀部悬空）

图 6-2-79

（四）动作名称：仰卧起坐

1. 动作示范

如图 6-2-80 ~ 6-2-82 所示。

仰卧起坐1（手摸头侧或耳朵）　　仰卧起坐2

图 6-2-80

斜板仰卧起坐1（手摸头侧或耳朵）　　斜板仰卧起坐2

图 6-2-81

图 6-2-82

2. 锻炼的肌肉

（1）主要肌。

腹直肌。

（2）次要肌。

髂腰肌、缝匠肌、阔筋膜张肌、腹外斜肌、腹内斜肌、耻骨肌、长收肌、短收肌、股薄肌、股直肌、臀中肌前部、臀小肌前部。

（3）辅助肌。

股中肌、股内侧肌、股外侧肌。

3. 动作要领

躯干直，两手摸头侧或耳朵。

4. 补充

可将两手放于胸前或腹前以降低难度；做双杠的仰卧起坐时股四头肌为次要肌。

（五）动作名称：悬垂举腿

1. 动作示范

如图 6-2-83 所示。

图 6-2-83

2. 锻炼的肌肉

（1）主要肌。

腹直肌。

（2）次要肌。

髂腰肌、缝匠肌、阔筋膜张肌、腹外斜肌、腹内斜肌、耻骨肌、长收肌、短收肌、股薄肌、股四头肌（股直肌为主）、臀中肌前部、臀小肌前部、胸大肌、背阔肌。

（3）辅助肌。

屈指肌、屈腕肌。

3．动作要领

正握闭握单杠，握距与肩同宽，髋随腿一起上举。

4．注意事项

为防止手滑脱杠，可戴手套、护掌、抹镁粉或干的泥土灰。

5．补充

屈膝举腿可使难度降低。

（六）动作名称：仰卧两头起

1．动作示范

如图 6-2-84 所示。

图 6-2-84

2．锻炼的肌肉

（1）主要肌。

腹直肌。

（2）次要肌。

髂腰肌、股直肌、缝匠肌、阔筋膜张肌、腹外斜肌、腹内斜肌、耻骨肌、长收肌、短收肌、股薄肌、臀中肌前部、臀小肌前部。

3．动作要领

以臀部为支点，控制身体平衡。

（七）动作名称：卷腹

1．动作示范

如图 6-2-85 所示。

图 6-2-85

2. 锻炼的肌肉

（1）主要肌。

腹直肌。

（2）次要肌。

髂腰肌、股直肌、缝匠肌、阔筋膜张肌、腹外斜肌、腹内斜肌、耻骨肌、长收肌、短收肌、股薄肌、臀中肌前部、臀小肌前部。

3. 动作要领

以臀部为支点，回落时背部、下肢不着地，控制身体平衡。

（八）动作名称：俯卧平板支撑

1. 动作示范

如图 6-2-86 和图 6-2-87 所示。

图 6-2-86 　　　　图 6-2-87

2. 锻炼的肌肉

（1）主要肌。

腹直肌、腹横肌。

（2）次要肌。

股四头肌、髂腰肌、缝匠肌、阔筋膜张肌、腹外斜肌、腹内斜肌、耻骨肌、长收肌、短收肌、股薄肌、臀中肌前部、臀小肌前部。

3. 动作要领

直体（不塌腰、不翘臀）。

4. 补充

肘支撑比手支撑的持久性好，腰部添加杠铃片可以增加难度。

（九）动作名称：仰卧举臀

1. 动作示范

如图 6-2-88 ~ 6-2-90 所示。

斜板仰卧举臀（直腿）1　　斜板仰卧举臀（直腿）2
抓住

图 6-2-88

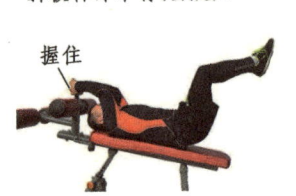

斜板仰卧举臀（曲腿）1　　斜板仰卧举臀（曲腿）2
握住

图 6-2-89

斜板仰卧控臀
握住　　　　　　腰臀部悬空

图 6-2-90

2. 锻炼的肌肉

（1）主要肌。

腹直肌、腹横肌。

（2）次要肌。

股四头肌（股直肌为主）、髂腰肌、缝匠肌、阔筋膜张肌、腹外斜肌、腹内斜肌、耻骨肌、长收肌、短收肌、股薄肌、臀中肌前部、臀小肌前部。

3. 动作要领

臀部随下肢一起上举，屈腿难度比直腿低。

五、腹内斜肌和腹外斜肌

腹内斜肌在人体腰侧，起于胸腰筋膜、髂嵴和腹股沟韧带外侧，止于第 10 ~ 12 肋骨下缘、腹直肌鞘前层、后层和白线。如图 6-2-91 所示。

第六章 肌肉部位锻炼动作 /135

腹外斜肌在腹内斜肌的外面，起于第 5～12 肋骨外面，后部止于髂嵴、前部形成腱膜参与形成白线、下缘止于髂前上棘和耻骨结节并形成腹股沟韧带。如图 6-2-92 所示。

腹内斜肌和腹外斜肌的功能：腹外斜肌，上固定，两侧肌纤维同时收缩使骨盆后倾；下固定，两侧肌纤维同时收缩使脊柱前屈。腹内斜肌，上固定，两侧肌纤维同时收缩使骨盆前倾；下固定，两侧肌纤维同时收缩使脊柱前屈。同侧的腹内斜肌和腹外斜肌，上固定，肌纤维同时收缩使骨盆向对侧倾斜；下固定，肌纤维同时收缩使脊柱向同侧屈。异侧的腹内斜肌和腹外斜肌，上固定，肌纤维同时收缩使骨盆回旋，下固定，肌纤维同时收缩使脊柱回旋。

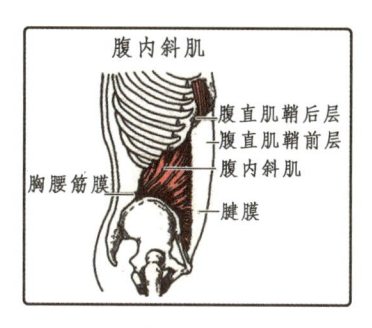

图 6-2-91

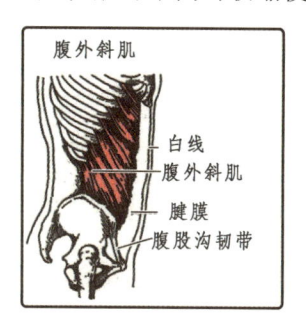

图 6-2-92

（一）动作名称：负重体侧屈

1. 动作示范

如图 6-2-93～6-2-95 所示。

图 6-2-93

图 6-2-94

图 6-2-95

2. 锻炼的肌肉

（1）主要肌。

腹内、外斜肌。

（2）次要肌。

竖脊肌、腹直肌、腰方肌、腰大肌、横突间肌。

（3）辅助肌。

斜方肌上束、三角肌、冈上肌、屈腕肌、屈指肌。

3. 动作要领

并腿（效果好于分腿），躯干在额状面内运动，侧屈时负重要尽可能地远离身体。

4. 补充

可选择的负重物体多种多样，比如哑铃、壶铃等。

（二）动作名称：负重转体

1. 动作示范

如图 6-2-96 ~ 6-2-98 所示。

图 6-2-96

图 6-2-97

负重转体　　　　　负重(哑铃)转体1　　　　负重转体2

哑铃

立腰

腿直

脚底不离地

图 6-2-98

2. 锻炼的肌肉

（1）主要肌。

腹内、外斜肌。

（2）次要肌。

横突间肌。

（3）辅助肌。

腹直肌、竖脊肌、胸大肌、背阔肌、肩带肌、肱二头肌、前臂肌群等。

3. 动作要领

两脚左右分开与肩同宽或略宽于肩，立腰，直腿站立，脚底平行或脚尖朝膝盖方向，躯干在水平面内绕垂直轴转动。

4. 注意事项

杠铃负重转体，要注意杠铃杆的平衡以及要牢固锁死杠铃片；如果负重太大，一定要有保护，并保证周围人员处于安全范围内。

5. 补充

肩带肌又称上肢带肌，由三角肌、肩胛下肌、冈上肌、冈下肌、大圆肌、小圆肌组成。

（三）动作名称：拉力器转体

1. 动作示范

如图 6-2-99 ~ 6-2-101 所示。

2. 锻炼的肌肉

（1）主要肌。

腹内、外斜肌。

（2）次要肌。

横突间肌。

钢束侧对转体1　　　　　钢束侧对转体2

侧对器械

图 6-2-99

钢束背对转体1　　　　　钢束背对转体2

背对器械

侧弓步

图 6-2-100

弹力带背对转身1　　　　弹力带背对转身2

图 6-2-101

3. 动作要领

　　背对转体两脚左右开立较大，转到极限时膝关节微屈，动作幅度也大，转体时，躯干不摇晃、在水平面内绕垂直轴转动。

4. 补充

　　"背对转体"特别适合用于掷铁饼、掷链球和旋转推铅球运动项目的专项体能训练中。腹内斜肌和腹外斜肌合起来简称"腹内外斜肌"。

（四）动作名称：侧身起

1. 动作示范

如图 6-2-102 ~ 6-2-104 所示。

图 6-2-102

图 6-2-103

图 6-2-104

2. 锻炼的肌肉

（1）主要肌。

腹内、外斜肌。

（2）次要肌。

竖脊肌、腹直肌、腰方肌、腰大肌、横突间肌。

3. 动作要领

躯干保持伸直，并腿屈膝。

4. 注意事项

帮助者按住练习者上面那条腿的踝关节和膝关节。

（五）动作名称：侧卧平板

1. 动作示范

如图 6-2-105 所示。

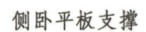

图 6-2-105

2. 锻炼的肌肉

（1）主要肌。

腹内、外斜肌。

（2）次要肌。

竖脊肌、腹直肌、腰方肌、腰大肌、横突间肌。

3. 动作要领

直体、不屈髋。

（六）动作名称：仰卧交叉起坐

1. 动作示范

如图 6-2-106 所示。

图 6-2-106

2. 锻炼的肌肉

（1）主要肌。

腹内外斜肌、腹直肌。

（2）次要肌。

髂腰肌、股直肌、缝匠肌、阔筋膜张肌、耻骨肌、长收肌、短收肌、股薄肌、股直肌、臀中肌前部、臀小肌前部。

3. 动作要领

屈膝，躯干抬起后肘关节向异侧膝关节外侧运动，躯干保持基本伸直的状态；连贯动作

顺序是从动作 1 开始至动作 2，从动作 2 的位置回落至动作 1；再从动作 1 的位置到动作 3，最后还原至动作 1。

（七）动作名称：坐姿拧腰

1. 动作示范

如图 6-2-107 所示。

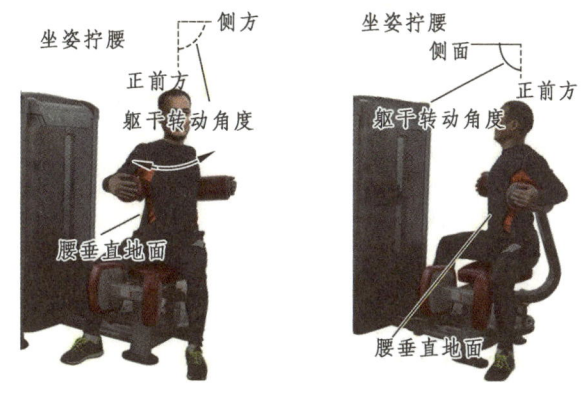

图 6-2-107

2. 锻炼的肌肉

（1）主要肌。

腹内外斜肌。

（2）次要肌。

横突间肌。

3. 动作要领

躯干垂直于地面，在水平面内绕垂直轴运动。

4. 注意事项

先向一个方向拧转，该组次数练习完毕，再反方向拧转，练习另一侧。

（八）动作名称：侧摆髋

1. 动作示范

如图 6-2-108 所示。

2. 锻炼的肌肉

（1）主要肌。

腹内外斜肌。

（2）次要肌。

竖脊肌、腹直肌、腰大肌、腰方肌、横突间肌。

图 6-2-108

3. 动作要领

同侧一组动作完成，再练习另外一侧。如果是左右一次交替练习，下肢在最底部启动时，要零速度启动。

（九）动作名称：侧悬垂

1. 动作示范

如图 6-2-109 所示。

图 6-2-109

2. 锻炼的肌肉

（1）主要肌。

腹内、外斜肌。

（2）次要肌。

竖脊肌、腹直肌、腰大肌、腰方肌、横突间肌、胸大肌、背阔肌、冈下肌、小圆肌、大圆肌、肩胛下肌、斜方肌中下束。

（3）辅助肌。

前锯肌、肱二头肌、屈腕肌群等。

3. 动作要领

并腿站，侧对器材，定位握手高低，上方手臂拉，下方手臂顶，腰以下在额状面内绕矢状轴举起。

4. 补充

动作难度很大，一般人难以完成。完成此动作不仅要求主要肌力量强大，而且要求次要肌群的力量也很大。

六、斜方肌、菱形肌★、肩胛提肌★、胸锁乳突肌★

斜方肌在人体颈后和肩背部，起于上项线内 1/3、枕外隆凸、项韧带、第七颈椎棘突、全部胸椎棘突、棘上韧带；上束止于锁骨外侧端 1/3，中束止于肩峰、肩胛冈上缘外侧，下束止于肩胛冈上缘。如图 6-2-110（a）所示。

斜方肌的功能：上、中、下三束各自发挥的作用都不同。近固定（脊柱侧），上部肌束收缩使肩胛骨上提、上回旋和后缩，中部肌束收缩使肩胛骨后缩，下部肌束收缩使肩胛骨下降、后缩和上回旋，两侧肌束同时收缩使肩胛骨后缩；远固定（肩峰侧），上部肌束一侧收缩使头向同侧屈和向对侧转，上部肌束两侧同时收缩使头后仰和脊柱伸。

肩胛提肌在人体颈后，起于 1~4 颈椎横突，止于肩胛骨内上角和内侧缘上部。如图 6-2-110（a）所示。

肩胛提肌的功能：上固定，肌纤维收缩使肩胛骨上提和下回旋；下固定，单侧肌纤维收缩使头向同侧屈、后伸、回旋，双侧同时使颈直。

胸锁乳突肌在颈部侧面，胸骨部起自胸骨柄上端前面，锁骨部起自锁骨内侧 1/3 上缘，止于头部颞骨乳突外面和枕骨上项线外侧 1/3。如图 6-2-1 所示。

胸锁乳突肌的功能：下固定，单侧肌纤维收缩使头转向对侧，使颈椎侧屈，双侧肌纤维同时收缩使颈椎前屈或后伸、上提胸廓、辅助深吸气。

菱形肌在人体上背中间、脊柱两则，位于斜方肌下层，起于第 6~7 颈椎和第 1~4 胸椎棘突，止于肩胛骨内侧缘下半部。如图 6-2-110（b）所示。

菱形肌的功能：使肩胛骨上提、下回旋和后缩，双侧同时收缩使脊柱颈、胸段直。

例如，"杠铃负重耸肩"是斜方肌上束、菱形肌和肩胛提肌三块肌肉部位近固定，肌纤维收缩使肩胛骨上提；"直臂缩肩"是斜方肌中部和菱形肌近固定，肌纤维收缩使肩胛骨后缩；"单杠悬垂沉肩"是斜方肌下部近固定，肌纤维收缩使肩胛骨下降。驼背现象，多是因为斜方肌肌力不够，尤其是斜方肌中部肌束的肌力不够而引起的，因此，加强斜方肌中束肌力的锻炼（可以同步锻炼菱形肌），便可以预防和矫正驼背。

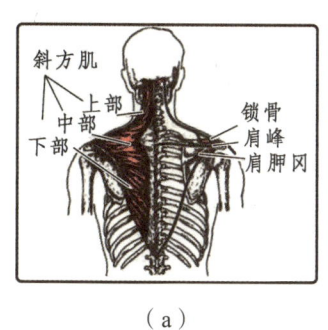

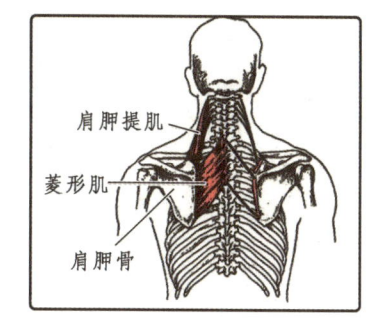

（a）

（b）

图 6-2-110

（一）动作名称：负重耸肩

1. 动作示范

如图 6-2-111 ~ 图 6-2-115 所示。

杠铃负重耸肩1　　杠铃负重耸肩2

图 6-2-111

哑铃负重耸肩1　　哑铃负重耸肩膀2

向上耸肩

图 6-2-112

钢束负重耸肩1　　钢束负重耸肩2　　弹力带负重耸肩

耸肩
直臂　躯干直立

图 6-2-113

钢束负重耸肩1　　　钢束负重耸肩2

双手握

图 6-2-114

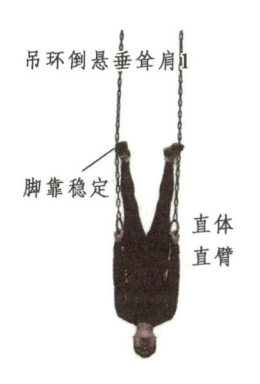

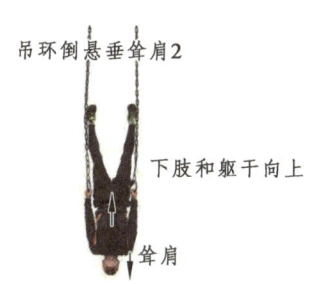

吊环倒悬垂耸肩1

脚靠稳定
直体
直臂

吊环倒悬垂耸肩2

下肢和躯干向上

耸肩

图 6-2-115

2．锻炼的肌肉

（1）主要肌。

斜方肌上束。

（2）次要肌。

肩胛提肌、菱形肌。

3．动作要领

躯干直立、稳定不动，肘关节不弯曲。

4．补充

阻力源很多，可任选，有的动作还可以采用坐姿进行练习。

（二）动作名称：换手悬垂

1．动作示范

如图 6-2-116 所示。

2．锻炼的肌肉

（1）主要肌。

斜方肌上束、三角肌（中束）、冈上肌。

（2）辅助肌。

屈指肌、屈腕肌。

图 6-2-116

3. 动作要领

单臂悬垂，身体从静止状态开始，另一只手上举抓杠，抓牢后换成单臂悬垂。

（三）动作名称：直臂缩肩

1. 动作示范

如图 6-2-117～6-2-119 所示。

图 6-2-117

图 6-2-118

第六章 肌肉部位锻炼动作 / 147

哑铃躬身直臂缩肩1　　　哑铃躬身直臂缩肩2　　　钢束躬身直臂缩肩
　　　　　　　　　　　　　　　　　　　　　　　　躯干放平

　　　　　　　　　　　　　　手臂运动方向　　　　　手臂运动方向
　　　　　　　　　　　　　　直臂
　　　　　　　　　　　　　　　　　　　　　　　　支撑膝上部

图 6-2-119

2. 锻炼的肌肉

（1）主要肌。

斜方肌中束、菱形肌。

（2）辅助肌。

屈指肌。

3. 动作要领

肘关节始终保持伸直，跪左腿练右侧，跪右腿练左侧，躯干与地面平行。

4. 注意事项

单臂缩肩时，躯干不要侧转（抬肩）。

（四）动作名称：悬垂沉肩、支撑沉肩

1. 动作示范

如图 6-2-120 和图 6-2-121 所示。

单杠悬垂沉肩1　　　　　单杠悬垂沉肩2

　　　　　　　　　　　　　直臂
肩关节在垂直轴拉伸

　　　　　　　　　　　　　躯干向上
高单杠

图 6-2-120

双杠支撑沉肩1　　　　双杠支撑沉肩2

↑躯干上顶

图 6-2-121

2. 锻炼的肌肉

（1）主要肌。

斜方肌下束、前锯肌下部、胸小肌。

（2）次要肌。

胸大肌（悬垂沉肩）、背阔肌（悬垂沉肩）。

3. 动作要领

直臂。

4. 补充

可在腰部或下肢附加重物，以增大阻力。

七、前锯肌★、胸小肌★、肋间内肌★和肋间外肌★

前锯肌的位置：起于第1～9肋骨外侧面，止点位于肩胛骨的内侧缘和下角的前面。

胸小肌的位置：起于第3～5肋骨前，止于肩胛骨喙突。

肋间外肌的位置：起于上位肋骨下缘，止于下位肋骨下缘。

肋间内肌的位置：在肋间外肌深面，起于下位肋骨上缘，止于上位肋骨下缘。如图6-2-122所示。

前锯肌的功能：近固定（肋骨），肌纤维收缩使肩胛骨前伸和上回旋；远固定（肩胛骨），提肋助吸气。

胸小肌的功能：近固定，使肩胛骨前伸、下降和下回旋；远固定，提肋助吸气。

肋间内肌的功能：降肋，使胸廓的额、矢状减小，助呼气。

肋间外肌的功能：提肋，使胸廓的额、矢状扩大，助吸气。

例如，"俯撑顶肩"是前锯肌近固定，肌纤维收缩使肩胛骨前伸；"屈肘上摆"是前锯肌近固定，肌纤维收缩使肩胛骨上回旋。

第六章 肌肉部位锻炼动作

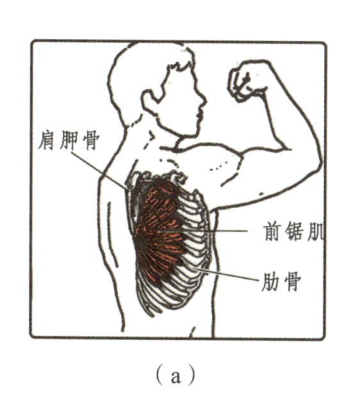

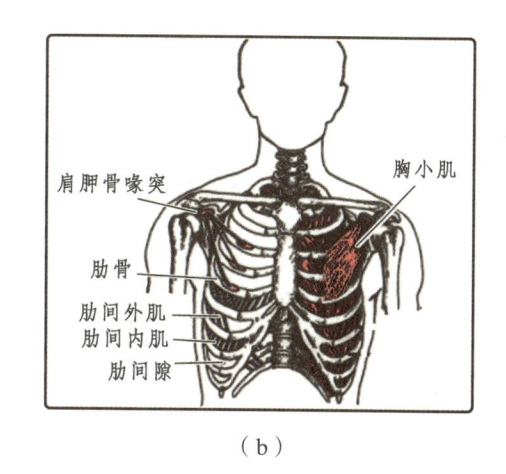

图 6-2-122

（一）动作名称：俯撑顶肩、前顶肩

1. 动作示范

如图 6-2-123 和 6-2-124 所示。

图 6-2-123

图 6-2-124

2. 锻炼的肌肉

（1）主要肌。

前锯肌。

（2）次要肌。

胸小肌。

3. 动作要领

俯撑顶肩，躯干放平，手支撑，直臂，胸部先下沉、肩胛骨内收，然后含胸顶背；单臂前顶肩不能送肩。

4. 注意事项

俯撑顶肩，在地面上也做一样的练习，背部增加负重，须添加软垫保护；前顶肩时背部最好有支撑。

（二）动作名称：屈肘上摆

1. 动作示范

如图 6-2-125 ~ 6-2-127 所示。

图 6-2-125

图 6-2-126

图 6-2-127

2. 锻炼的肌肉

（1）主要肌。

前锯肌。

（2）辅助肌。

斜方肌中上束、胸大肌、屈腕肌、肱二头肌、三角肌前束、喙肱肌。

3. 动作要领

沉肩，上肢、肩部紧张固定，大臂在矢状面内绕额状轴小角度上摆。

八、膈（肌）★

膈（肌）的位置：在胸腹腔之间，腰部起自第 1~3 腰椎椎体、第 2 腰椎横突及第 12 肋骨，肋部起自第 7~12 肋骨内面，胸骨部起自剑突后面；止于中心腱。如图 6-2-128 所示。

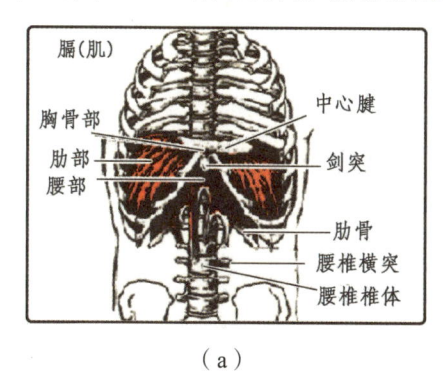

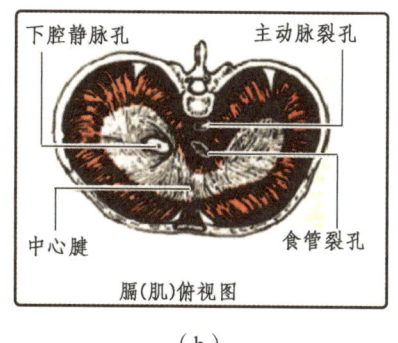

图 6-2-128

膈（肌）的功能：人体主要的呼吸肌，收缩时，膈穹窿顶下降，增大胸廓垂直直径，使胸腔体积增大，此过程为吸气；放松时，膈穹窿顶上升，使胸廓垂直直径减小，此过程为呼气。

第三节 上肢和上肢带部位

上肢带（又叫肩带）肌有三角肌、肩胛下肌、冈上肌、冈下肌、大圆肌、小圆肌，上肢肌有肱二头肌、肱三头肌、肱肌、肱桡肌、旋前圆肌、旋前方肌、屈腕肌群（桡侧腕屈肌、尺侧腕屈肌）、伸腕肌群（尺侧腕伸肌、桡侧腕长伸肌、桡侧腕短伸肌）等肌群。

一、三角肌

三角肌的位置：在人体肩部，由前束、中束和后束肌纤维组成，前束起于锁骨外侧半，中束起于肩峰，后束起于肩胛冈；止于肱骨三角肌粗隆。如图 6-3-1 所示。

三角肌的功能：近固定（内侧），前束肌纤维收缩使大臂在肩关节处屈和内旋；中束肌纤维收缩使大臂外展；后束肌纤维收缩使大臂在肩关节处伸和外旋；整体收缩使大臂外展。（臂上举时）远固定（外侧），整体收缩使颈部向大臂靠拢。

例如，"负重前平举"，是三角肌近固定，前束肌纤维收缩使大臂在肩关节处屈；"负重侧平举"是三角肌近固定，中束肌纤维收缩使大臂在肩关节处外展；"直臂后摆"是三角肌近固定，后束肌纤维收缩使大臂在肩关节处伸。斜方肌锻炼动作中的"换手悬垂"就是三角肌远固定，整体收缩使颈部向上臂靠拢。

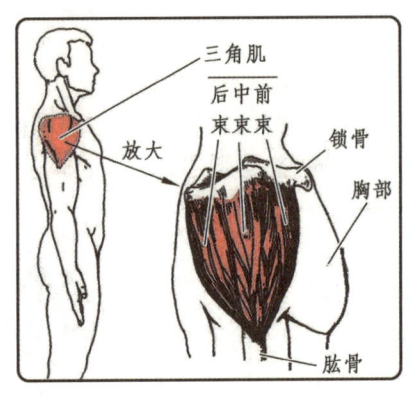

图 6-3-1

（一）动作名称：负重前平举、前上推

1. 动作示范

如图 6-3-2～6-3-8 所示。

图 6-3-2

第六章 肌肉部位锻炼动作 /153

哑铃前平举1　　哑铃前平举2　　站姿哑铃交替前平举

圆臂

图 6-3-3

拉力器前平举

站姿

图 6-3-4

钢束双臂前平举1　　钢束双臂前平举2

双手握住拉手　　阻力源

图 6-3-5

拉力器前平举

圆臂

坐姿

钢束单臂前平举1

钢束单臂前平举2

图 6-3-6

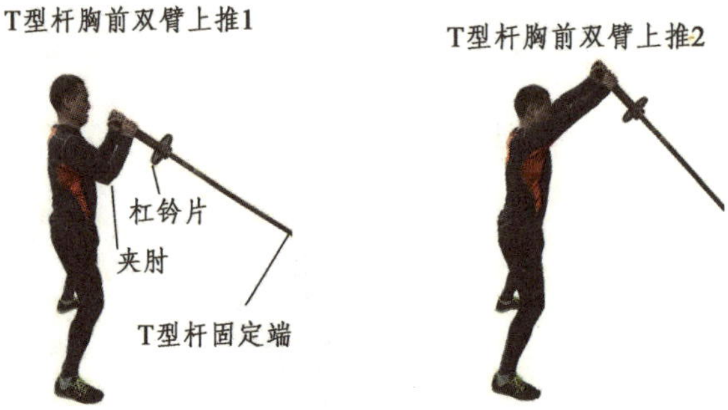

T型杆胸前双臂上推1

杠铃片
夹肘
T型杆固定端

T型杆胸前双臂上推2

图 6-3-7

T型杆胸前单臂上推1

T型杆胸前单臂上推2

图 6-3-8

2. 锻炼的肌肉

（1）主要肌。

三角肌前束、喙肱肌。

（2）次要肌。

肱二头肌、胸大肌、三角肌中束（上臂在水平面和垂直面之间起作用）。

（3）辅助肌。

斜方肌上束、肱桡肌、屈腕肌群、屈指肌群。

3. 动作要领

沉肩，圆臂（前上推除外）。

4. 补充

这是锻炼喙肱肌的最佳动作。

（二）动作名称：下摆臂

1. 动作示范

如图 6-3-9 所示。

2. 锻炼的肌肉

（1）主要肌。

三角肌前束、喙肱肌。

图 6-3-9

（2）次要肌。

肱二头肌、胸大肌。

3. 动作要领

沉肩，圆臂。

（三）动作名称：负重侧平举

1. 动作示范

如图 6-3-10～6-3-12 所示。

2. 锻炼的肌肉

（1）主要肌。

三角肌中束。

（2）次要肌。

冈上肌、三角肌前后束（大臂超过水平时）。

哑铃站姿飞鸟1　　　　　　哑铃站姿飞鸟2

圆臂　　运动轨迹

图 6-3-10

拉力器侧平举　　　拉力器侧平举　　　弹力带飞鸟（侧平举）

圆臂　　手臂运动范围　　站姿　　圆臂　　坐姿　　圆臂　　手的运动轨迹

图 6-3-11

钢束侧平举1　　　　钢束侧平举2

圆臂　30°　　　30°

图 6-3-12

3. 动作要领。

沉肩，圆臂。

（四）动作名称：躬身飞鸟

1. 动作示范

如图 6-3-13～6-3-16 所示。

第六章　肌肉部位锻炼动作

哑铃躬身飞鸟1　哑铃躬身飞鸟2　　　　　弹力带躬身飞鸟

圆臂

塌腰
圆臂
屈膝
弹力带交叉

图 6-3-13　　　　　　　　　　　　图 6-3-14

坐姿哑铃躬身飞鸟1

坐姿哑铃躬身飞鸟2　　　　拉力器躬身单臂飞鸟

圆臂　　　　左手支撑左膝盖上方

图 6-3-15　　　　　　　　　　　　图 6-3-16

钢束躬身飞鸟1　　　　　　钢束躬身飞鸟2

屈膝
交叉握
小飞鸟力量训练器械

图 6-3-17

钢束躬身单臂飞鸟1

钢束躬身单臂飞鸟2

圆臂
屈膝
支撑

图 6-3-18

2. 锻炼的肌肉

（1）主要肌。

三角肌后束。

（2）次要肌。

大圆肌、冈下肌、小圆肌、背阔肌、菱形肌、斜方肌中束、肱三头肌。

3. 动作要领

沉肩，圆臂，上体前俯，使躯干接近水平。

（五）动作名称：水平扩胸

1. 动作示范

如图 6-3-19～6-3-22 所示。

图 6-3-19

图 6-3-20

图 6-3-21

图 6-3-22

2. 锻炼的肌肉

（1）主要肌。

三角肌后束。

（2）次要肌。

大圆肌、冈下肌、小圆肌、背阔肌、菱形肌、斜方肌中束、肱三头肌。

3. 动作要领

沉肩，圆臂。

（六）动作名称：直臂后摆

1. 动作示范

如图 6-3-23 ~ 6-3-25 所示。

图 6-3-23

图 6-3-24

图 6-3-25

2. 锻炼的肌肉

（1）主要肌。

三角肌后束、背阔肌。

（2）次要肌。

肱三头肌长头、大圆肌、肩胛下肌（臂在体前）、冈下肌、小圆肌。

3. 动作要领

沉肩，圆臂，弓步，另一只手支撑膝部固定躯干。

4. 补充

可选择坐姿练习，拉力器固定点不同，上体位置也会有所变化。还可用壶铃、弹力带等阻力源。

（七）动作名称：肩上推举

1. 动作示范

如图 6-3-26 ~ 图 6-3-33 所示。

杠铃肩上(前)推举1

两脚开立与肩宽或略宽于肩

图 6-3-26

杠铃肩上(前)推举1

坐姿

杠铃肩上(后)推举1

立腰

分腿

图 6-3-27

杠铃肩上推举2

握法：正握阔握，当大臂成水平时大小臂夹角为90°

图 6-3-28

哑铃肩上推举1

哑铃肩上推举2

图 6-3-29

钢束坐姿健身推举1

沉肩

立腰

握法：宽握正握

图 6-3-30

钢束坐姿健身推举2

弹力带肩上推举

向上推手

图 6-3-31

第六章　肌肉部位锻炼动作　/161

横杆肩上（后）推举1　横杆肩上（前）推举1　横杆肩上推举2
正握闭握宽握
立腰
小飞鸟力量训练器　小飞鸟力量训练器　分腿

图 6-3-32

推倒立1　　　　　推倒立2
推起
头接近地面　　　宽距

图 6-3-33

2. 锻炼的肌肉

（1）主要肌。

三角肌中束。

（2）次要肌。

肱三头肌、冈上肌、肱二头肌（仅限小臂向上）、胸大肌上部（限肩上前推）、三角肌前束（大臂过肩）、三角肌后束（大臂过肩）。

3. 动作要领

挺胸、立腰，沉肩，上臂在额状面内绕矢状轴运动。

4. 注意事项

哑铃、杠铃、钢索练习时加强帮助和保护；做手推倒立动作时，可靠墙，也可由他人扶着腿部以保持平衡。

5. 补充

肘关节低于肩水平位，肱三头肌的锻炼少一点，肘关节齐肩水平位后，肱三头肌得到的锻炼会逐渐增多。

（八）动作名称：曲肘外展

1. 动作示范

如图 6-3-34 所示。

负重曲肘外展1　　负重曲肘外展2

图 6-3-34

2. 锻炼的肌肉

（1）主要肌。

三角肌中束。

（2）次要肌。

冈上肌、三角肌前束、三角肌后束。

3. 动作要领

沉肩，肘关节始终保持曲肘 90°。

4. 补充

大臂外展角度在 0～30°，冈上肌得到的锻炼居多。

（九）动作名称：胸前提拉

1. 动作示范

如图 6-3-35～6-3-38 所示。

2. 锻炼的肌肉

（1）主要肌。

三角肌、冈上肌。

（2）辅助肌。

斜方肌上束。

哑铃胸前提拉1　　哑铃胸前提拉2　　　　钢束胸前提拉

图 6-3-35 　　　　　　　　　　　　　图 6-3-36

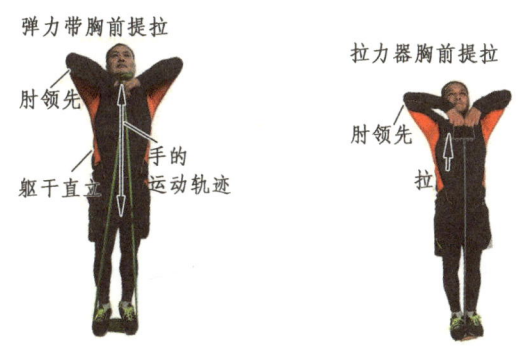

图 6-3-37

图 6-3-38

3. 动作要领

站姿，沉肩，肘关节领先，双手紧贴胸前提拉。

二、冈上肌 ★

冈上肌的位置：在人体肩部深层，起自肩胛骨冈上窝，止于肱骨大结节嵴上部。如图 6-3-39 所示。冈上肌的功能：近固定（内侧），肌纤维收缩使大臂外展；（臂上举）远固定（外侧），肌纤维收缩使颈部靠近大臂。

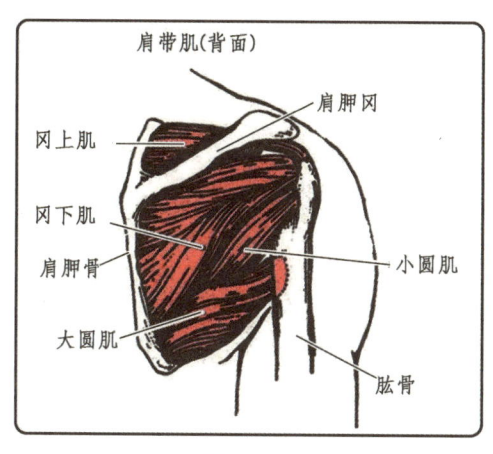

图 6-3-39

例如，锻炼斜方肌的动作"换手悬垂"，就是冈上肌远固定，肌纤维收缩使颈部向上臂靠拢。

锻炼冈上肌的动作名称为"30°臂外展"。

1. 动作示范

如图 6-3-40 ~ 6-3-42 所示。

斜卧30°侧上摆臂1　　斜卧30°侧上摆臂2
肘支撑

图 6-3-40

拉力器30°臂外展1　　拉力器30°臂外展2

图 6-3-41

钢束30°臂外展1　　钢束30°臂外展2

图 6-3-42

2. 锻炼的肌肉

（1）主要肌。
冈上肌。
（2）次要肌。
三角肌中束。

3. 动作要领

外展大臂活动范围控制在 0°~30°。

三、冈下肌★、小圆肌★

冈下肌的位置：位于人体上背偏外处，起自肩胛骨冈下窝，止于肱骨大结节嵴中部。

小圆肌的位置：在冈下肌下方，起自肩胛骨外侧缘背面，止于肱骨大结节嵴下部。冈下肌和小圆肌的位置如图 6-3-39 所示。

冈下肌和小圆肌的功能：近固定（内侧），肌纤维收缩使上臂外旋、内收和伸。

例如，"钢索外旋大臂"是冈下肌和小圆肌近固定，肌纤维收缩使大臂在水平面内绕垂直轴在肩关节处外旋。

锻炼冈下肌和小圆肌的动作名称为"外旋大臂"。

1. 动作示范

如图 6-3-43 ~ 6-3-46 所示。

图 6-3-43

图 6-3-44

图 6-3-45

图 6-3-46

2. 锻炼的肌肉

（1）主要肌。

冈下肌、小圆肌。

（2）次要肌。

三角肌后束。

3. 动作要领

曲肘 90° 练习动作；在做"哑铃仰卧外旋大臂"练习时，大臂始终保持与肩的左右连线齐平。

四、大圆肌★、肩胛下肌★

大圆肌的位置：在人体背部中上偏外的位置，起于肩胛骨下角背面，止于肱骨小结节。

肩胛下肌的位置：起于肩胛下窝，止于肱骨小结节。大圆肌和肩胛下肌的位置如图 6-3-47 所示。

大圆肌和肩胛下肌的功能：近固定，肌纤维收缩使大臂内旋、内收和伸。

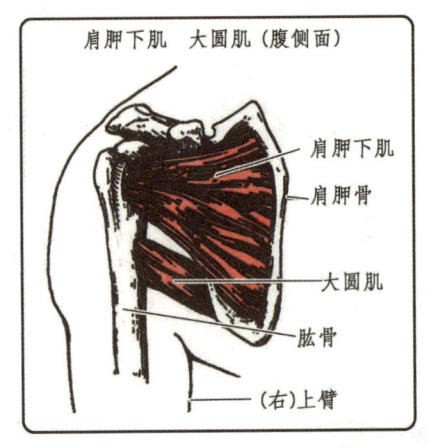

图 6-3-47

锻炼大圆肌和肩胛下肌的动作名称为"内旋大臂"。

1. 动作示范

如图 6-3-48～6-3-51 所示。

图 6-3-48

图 6-3-49

哑铃侧卧内旋大臂1　　　　哑铃侧卧内旋大臂2

图 6-3-50

哑铃仰卧内旋大臂1　　　　哑铃仰卧内旋大臂2

图 6-3-51

2. 锻炼的肌肉

（1）主要肌。

肩胛下肌、大圆肌。

（2）次要肌。

胸大肌、背阔肌、三角肌前束。

3. 动作要领

曲肘 90°；在做"哑铃仰卧内旋大臂"练习时，大臂保持与肩的左右连线齐平。

五、肱二头肌、肱肌和喙肱肌

肱二头肌的位置：在人体大臂前，长头起于肩胛骨盂上结节，短头起于肩胛骨喙突，肌腱止于桡骨粗隆，腱膜止于前臂筋膜。如图 6-3-52 所示。

喙肱肌的位置：在肱二头肌短头的深面，起于肩胛骨喙突，止于肱骨中部内侧。如图 6-3-53 所示。

肱肌的位置：在肱二头肌的深面，起于肱骨前面下部，止于尺骨粗隆。如图 6-3-53 所示。

肱二头肌的功能：近固定（肩部），肌纤维收缩使大臂在肩关节处屈，使小臂在肘关节处屈和外旋；远固定（肘部），肌纤维收缩使大臂向小臂靠拢。

喙肱肌的功能：使大臂在肩关节处屈和内收。

肱肌的功能：近固定使小臂在肘关节处屈，远固定使大臂向小臂靠拢。

例如，锻炼三角肌的动作"下摆臂"是肱二头肌（在此担任次要肌）近固定，肌纤维收缩使大臂在肩关节处屈；"斜托弯举"是肱二头肌近固定，肌纤维收缩使小臂在肘关节处屈；"反握引体向上"是肱二头肌远固定，肌纤维收缩使大臂向小臂靠拢。

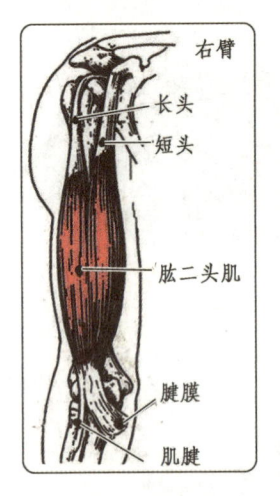

图 6-3-52

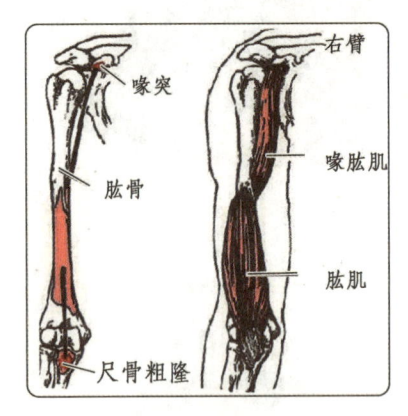

图 6-3-53

（一）动作名称：斜托弯举

1. 动作示范

如图 6-3-54～6-3-56 所示。

图 6-3-54

图 6-3-55

哑铃斜托单臂弯举1　　哑铃斜托单臂弯举2

图 6-3-56

2. 锻炼的肌肉

（1）主要肌。

肱二头肌、肱肌。

（2）次要肌。

肱桡肌、桡侧腕屈肌、掌长肌、指浅屈肌、旋前圆肌。

（3）辅助肌。

屈指肌群、屈腕肌群。

3. 动作要领

反握，握距与肩宽。

4. 注意事项

躯干保持不动，胸部贴紧支撑板。

5. 补充

这是同时锻炼肱二头肌长头和短头的最佳动作，五块次要肌合称为小臂屈肘肌群。

（二）动作名称：反握弯举

1. 动作示范

如图 6-3-57～6-3-66 所示。

站姿反握杠铃弯举1　　站姿反握杠铃弯举2　　反握弹力带弯举

握法:反握闭握与肩宽

图 6-3-57 　　图 6-3-58

反握哑铃弯举1　　反握哑铃弯举2　　　　拉力器弯举

图 6-3-59 　　　　　　　图 6-3-60

哑铃交替弯举1　　哑铃交替弯举2　　　弹力带交替弯举

图 6-3-61 　　　　　　　图 6-3-62

钢束单臂弯举1　　　钢束单臂弯举2

图 6-3-63

钢束双臂弯举1　　　钢束双臂弯举2

双手
反握拉手

图 6-3-64

图 6-3-65

图 6-3-66

2. 锻炼的肌肉

（1）主要肌。

肱二头肌、肱肌。

（2）次要肌。

小臂屈肘肌群。

3. 动作要领

反握器材，沉肩，立腰，不挺腹助力。

4. 注意事项

做臂力棒练习时，腋下加软垫，防止弹簧夹肉。

（三）动作名称：正握弯举、内旋弯举

1. 动作示范

如图 6-3-67～6-3-69 所示。

2. 锻炼的肌肉

（1）主要肌。

肱二头肌、肱肌、肱桡肌。

（2）次要肌。

小臂伸肌群。

正握哑铃弯举1　　正握哑铃弯举2

图 6-3-67

单臂哑铃内旋弯举1　　单臂哑铃内旋弯举2

图 6-3-68

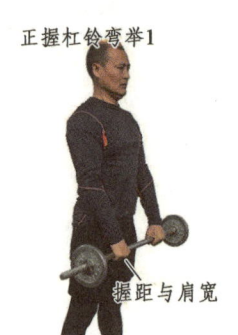

正握杠铃弯举1　　正握杠铃弯举2

握距与肩宽

图 6-3-69

3．动作要领

沉肩、反握。

4．补充

此动作的目的主要是加强对肱桡肌和小臂伸肌群的锻炼；小臂伸肌群有指伸肌、小指伸肌、尺侧腕伸肌、桡侧腕长伸肌、桡侧腕短伸肌。

（四）动作名称：反握引体向上

1．动作示范

如图 6-3-70 所示。

反握引体向上

图 6-3-70

2. 锻炼的肌肉

（1）主要肌。

肱二头肌、肱肌。

（2）次要肌。

喙肱肌、小臂屈肌群、背阔肌、三角肌后束、胸大肌、大圆肌、小圆肌、冈下肌、肩胛下肌、肱三头肌长头。

（3）辅助肌。

斜方肌中下部、菱形肌、指屈肌群。

3. 动作要领

反握杠，握距与肩同宽。

4. 注意事项

引体时，身体不摆荡，不借腰腹力。

（五）动作名称：坐姿弯举

1. 动作示范

如图 6-3-71 和图 6-3-72 所示。

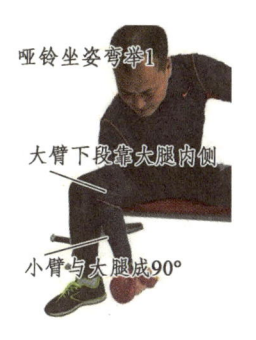

哑铃坐姿弯举1
大臂下段靠大腿内侧
小臂与大腿成90°

哑铃坐姿弯举2

图 6-3-71

弹力带坐姿弯举1　　　　　弹力带坐姿弯举2

图 6-3-72

2．锻炼的肌肉

（1）主要肌。

肱二头肌、肱肌。

（2）次要肌。

小臂屈肌群。

3．动作要领

大腿稳定，大臂下端靠住大腿内侧，大臂的运动扇面与大腿垂直。

六、肱三头肌

肱三头肌的位置：在人体大臂后，长头起于肩胛骨盂下结节，外侧头起于肱骨体后的桡神经沟上方，内侧头起于肱骨体后的桡神经沟内下方；止于尺骨鹰咀。如图 6-3-73 所示。

肱三头肌的功能：近固定，肌纤维收缩使小臂在肘关节处伸，（长头）使大臂在肩关节处伸；远固定，肌纤维收缩使大臂在肘关节处伸。

例如，"颈后臂屈伸"是肱三头肌近固定，肌纤维收缩使小臂在肘关节处伸；"窄距俯卧撑"是肱三头肌远固定，肌纤维收缩使大臂在肘关节处伸。

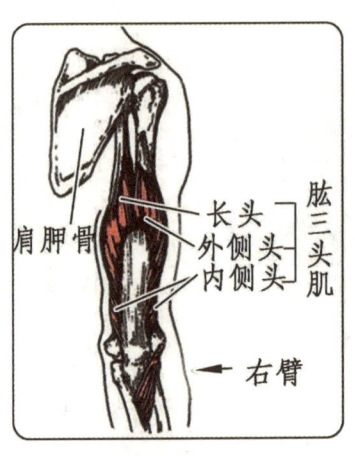

图 6-3-73

（一）动作名称：屈臂下压

1. 动作示范

如图 6-3-74 ~ 6-3-77 所示。

2. 锻炼的肌肉

主要肌：肱三头肌、肘肌（发力顺序是肘肌、肱三头肌内侧头、肱三头肌外侧头和长头）。

图 6-3-74

图 6-3-75

图 6-3-76

臂力棒屈臂下压1　　　　臂力棒屈臂下压2

握牢固
防滑脱

稳固臂力棒

图 6-3-77

3. 动作要领

沉肩，窄握，夹肘，立腰。

（二）动作名称：躬身臂屈伸

1. 动作示范

如图 6-3-78～6-3-81 所示。

弹力带躬身臂屈伸1　　　　弹力带躬身臂屈伸2

图 6-3-78

哑铃躬身臂屈伸1　　　　哑铃躬身臂屈伸2

图 6-3-79

钢束躬身臂屈伸1　　　　钢束躬身臂屈伸2

夹肘　　　　　　　　　　支撑
　　　　　　　　　　稳定躯干

图 6-3-80

拉力器躬身臂屈伸1　　拉力器躬身臂屈伸2

支撑　　小臂运动轨迹

图 6-3-81

2. 锻炼的肌肉

（1）主要肌。

肱三头肌、肘肌。

（2）次要肌。

小臂伸肌群。

3. 动作要领

立腰，夹肘，根据不同阻力源前俯躯干，另一只手臂直臂支撑以稳定躯干。

4. 补充

图 6-3-79 中所示的哑铃躬身单臂屈伸动作，如果没有练习凳，采用 6-3-81 所示的身体姿势（手或肘支撑膝关节上方，尽可能地使躯干与地面平行），单手持哑铃也能练习。

（三）动作名称：颈后、肩前臂屈伸

1. 动作示范

如图 6-3-82～6-3-90 所示。

哑铃颈后单臂屈伸1　　哑铃颈后单臂屈伸2　　拉力器颈后臂屈伸

用手固定肘关节

立腰

反向固定

图 6-3-82　　图 6-3-83

哑铃颈后双臂屈伸1　　哑铃颈后双臂屈伸2　　手的运动轨迹

双手握

弹力带颈后双臂屈伸

图 6-3-84  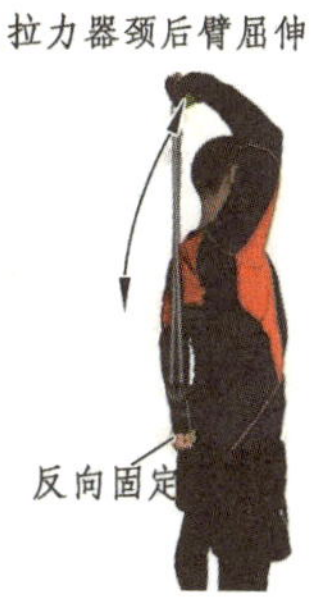　　图 6-3-85

弹力带颈后单臂屈伸1　　　弹力带颈后单臂屈伸2
固定肘

图 6-3-86

钢束颈后单臂屈伸1　　　钢束颈后单臂屈伸2

图 6-3-87

杠铃颈后臂屈伸1　　　杠铃颈后臂屈伸2
夹肘　保护
　　　正握

图 6-3-88

弹力带肩前臂屈伸1　　　弹力带肩前臂屈伸2
稳固肘
弓步

图 6-3-89

第六章 肌肉部位锻炼动作 /179

图 6-3-90

2. 锻炼的肌肉

（1）主要肌。

肱三头肌、肘肌。

（2）次要肌。

小臂伸肌群。

3. 动作要领

沉肩、夹肘或固定、立腰。

4. 注意事项

颈后哑铃单臂屈伸，另外一只手要协助固定肘关节；哑铃和杠铃的重量过重时，需要加强帮助和保护。

（四）动作名称：坐姿窄距推胸

1. 动作示范

如图 6-3-91 所示。

图 6-3-91

2. 锻炼的肌肉

（1）主要肌。

肱三头肌、肘肌、三角肌前束。

（2）次要肌。

胸大肌、喙肱肌、肱二头肌。

3. 动作要领

立腰，臀、腰、背紧靠靠背，夹肘。

4. 注意事项

坐姿窄距推胸，肩关节过伸、负荷过重、难以启动时，用启动器或在帮助下启动。

（五）动作名称：屈臂伸、坐姿下压

1. 动作示范

如图 6-3-92～6-3-94 所示。

坐姿屈臂伸
手臂发力向上推起身体

图 6-3-92

双杠屈臂伸1　双杠屈臂伸2
窄距为佳

图 6-3-93

钢束坐姿屈臂下压1　钢束坐姿屈臂下压2
腰背臀靠紧
脚在支撑托下

图 6-3-94

2. 锻炼的肌肉

（1）主要肌。

肱三头肌、肘肌、胸大肌（下部）。

（2）次要肌。

三角肌前束、肱二头肌、喙肱肌。

（3）辅助肌。

前臂肌群、指屈肌群。

3. 动作要领

夹肘；练习坐姿屈臂伸时虎口一定要朝向脚的方向；钢索坐姿屈臂下压，脚应放在支撑托下面起固定作用。

（六）动作名称：仰卧臂屈伸

1. 动作示范

如图 6-3-95 和 6-3-96 所示。

图 6-3-95

图 6-3-96

2. 锻炼的肌肉

（1）主要肌。

肱三头肌、肘肌。

（2）次要肌。

前臂屈肌群。

（3）辅助肌。

胸大肌、三角肌等。

3. 动作要领

大臂与地面垂直；正握，握距与肩同宽。

4. 注意事项

两脚左右分开控制身体平衡，重量过重时须加强帮助和保护。

（七）动作名称：窄距俯卧撑

1. 动作示范

如图 6-3-97 ~ 6-3-104 所示。

窄距俯卧撑1 — 躯干与下肢一条线，夹肘

窄距俯卧撑2 — 两手间距与腰同宽

图 6-3-97

跪姿窄距俯卧撑1 — 夹肘，虎口朝前

跪姿窄距俯卧撑2 — 躯干和大腿一条线，膝支撑

图 6-3-98

窄距俯卧撑1 — 躯干与下肢一条线，夹肘

窄距俯卧撑2 — 俯卧撑练习器

图 6-3-99

跪姿窄距俯卧撑1 — 躯干与大腿一条线

跪姿窄距俯卧撑2 — 俯卧撑练习器

图 6-3-100

心形俯卧撑1 — 双手食指和拇指围成心形

心形俯卧撑2 — 躯干和下肢一条线

图 6-3-101

跪姿心形俯卧撑1

跪姿心形俯卧撑2 — 躯干与大腿一条线

图 6-3-102

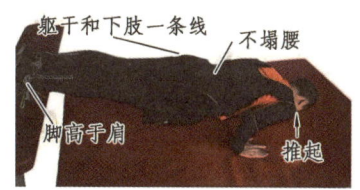

图 6-3-103 　　　　　　　　图 6-3-104

2. 锻炼的肌肉

（1）主要肌。

肱三头肌、肘肌。

（2）次要肌。

胸大肌、三角肌前束、肱二头肌、喙肱肌、腹横肌。

（3）辅助肌。

腹直肌、股四头肌、髂腰肌、腹内外斜肌。

3. 动作要领

夹肘，直体（不塌腰、不翘臀），虎口向前（头的方向）。

4. 补充

跪姿窄距俯卧撑的辅助肌由股直肌取代股四头肌。

（八）动作名称：推倒立

1. 动作示范

如图 6-3-105 和 6-3-106 所示

图 6-3-105

推头手倒立

靠墙或
他人扶着

推

头和手三点成等腰三角形

图 6-3-106

2. 锻炼的肌肉

（1）主要肌。

肱三头肌、肘肌。

（2）次要肌。

三角肌前束、胸大肌、肱二头肌、喙肱肌。

3. 动作要领

自己或在帮助的情况下完成倒立，保护者两脚左右分开前后站立、护着被保护者的大腿或髋部。

4. 注意事项

推头手倒立时注意头部安全，推不起时下肢及时落下，不要用头着地。

七、前臂前群肌★、前臂后群肌★

前臂又称小臂。前臂前群肌位于前臂掌侧，前臂前群浅层肌由肱桡肌（实际在前臂外侧）、旋前圆肌、桡侧腕屈肌、掌长肌、尺侧腕屈肌和指浅屈肌组成，前臂前群深层肌由拇长屈肌、指深屈肌和旋前方肌组成。前臂前群肌多数（肱桡肌除外）起于肱骨内上髁。前臂后群浅层肌由桡侧腕长伸肌、桡侧腕短伸肌、指伸肌、小指伸肌和尺侧腕伸肌组成，前臂后群深层肌由旋后肌、拇长展肌、拇短伸肌、拇长伸肌和示指伸肌组成。前臂后群肌（包括肱桡肌）多数起于肱骨外上髁。如图 6-3-107 和 6-3-108 所示。

前臂肌群的功能：前臂前群肌近固定（肘侧），屈肘肌群有肱桡肌（只有当前臂内旋时）、桡侧腕屈肌、掌长肌、指浅屈肌和旋前圆肌，屈腕肌群有桡侧腕屈肌、掌长肌、尺侧腕屈肌、指浅屈肌、拇长屈肌和指深屈肌，屈第二至五指的肌群有指浅屈肌、拇长屈肌和指深屈肌，内旋小臂肌群有肱桡肌、旋前圆肌和旋前方肌，外旋小臂肌群有肱桡肌和旋后肌，外展腕的肌肉有桡侧腕屈肌，内收腕的肌肉有尺侧腕屈肌。前臂后群肌近固定（肘侧），伸腕肌群有指伸肌、尺侧腕伸肌、桡侧腕长伸肌和桡侧腕短伸肌。

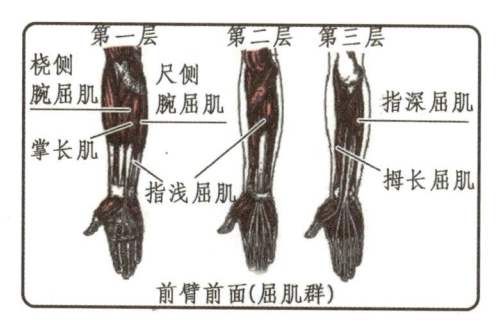

第六章　肌肉部位锻炼动作　/185

图 6-3-107　前臂前面（屈肌群）

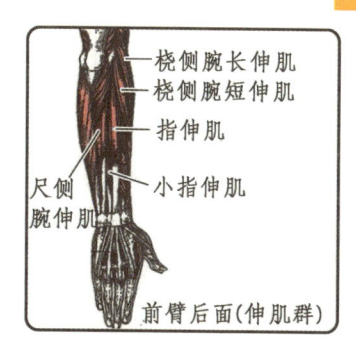

图 6-3-108　前臂后面（伸肌群）

（一）动作名称：屈腕

1. 动作示范

如图 6-3-109～6-3-115 所示。

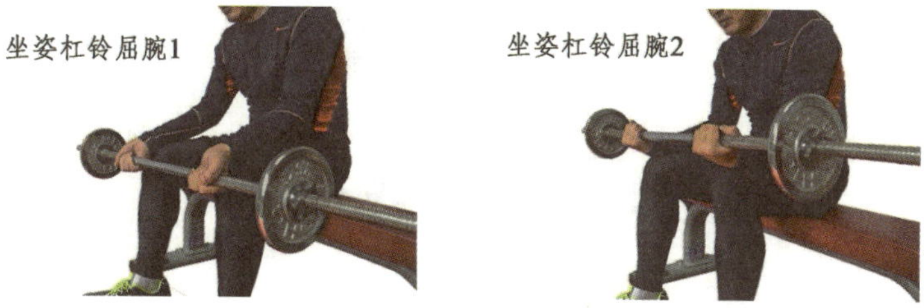

图 6-3-109　坐姿杠铃屈腕1、坐姿杠铃屈腕2

图 6-3-110　练习凳杠铃屈腕1、练习凳杠铃屈腕2

图 6-3-111　坐姿哑铃屈腕1、坐姿哑铃屈腕2

实用健身与训练指导（第二版）

练习凳哑铃屈腕1　　　练习凳哑铃屈腕2

图 6-3-112

钢束屈腕1　　　钢束屈腕2

调整脚底高度

图 6-3-113

坐姿弹力带屈腕1　　　坐姿弹力带屈腕2

图 6-3-114

腕力器屈腕1　　　腕力器屈腕2

图 6-3-115

2. 锻炼的肌肉

（1）主要肌。

屈腕肌群。

（2）辅助肌。

屈指肌群。

3. 动作要领

反握。

（二）动作名称：伸腕

1. 动作示范

如图 6-3-116~6-3-120 所示。

图 6-3-116

图 6-3-117

图 6-3-118

图 6-3-119　　　　　　　　图 6-3-120

2．锻炼的肌肉

（1）主要肌。

伸腕肌群。

（2）辅助肌，

屈指肌群。

八、屈指（指屈）肌群

（一）动作名称：握杠悬垂

1．动作示范

如图 6-3-121 所示。

图 6-3-121

2．锻炼的肌肉

（1）主要肌。

食指、中指、无名指、小指的屈指肌。

（2）辅助肌。

拇指屈肌。

3. 动作要领

握住高横杠，悬空身体，持续控制，不能坚持时放手。

4. 注意事项

横杠高度以落地安全为宜，安全的（脚）离地间隙在 10 cm 以内；离地间隙超过 10 cm 时，脚下需要设置缓冲垫；横杠直径为 38～60 mm。

5. 补充

这是锻炼指屈肌群肌耐力很好的方法，特别适合攀岩运动员的体能训练；横杠直径偏大为佳。

（二）动作名称：抓握

1. 捏握力器（圈）

如图 6-3-122 和 6-3-123 所示。

捏握力器

捏

图 6-3-122

捏握力圈

图 6-3-123

2. 搓揉铁球

如图 6-3-124 和 6-3-125 所示。

搓揉两个钢球

图 6-3-124

搓揉三个钢球

图 6-3-125

3. 抓铅球

如图 6-3-126 所示。

抓铅球1　　抓铅球2　　抓铅球3

铅球下方为厚实软垫、泥土或沙坑

图 6-3-126

4. 锻炼的肌肉

（1）主要肌。

指屈肌群。

（2）辅助肌。

伸腕肌群。

5. 动作要领

捏握力器（圈），根据握自己的握力大小选择力度适合的握力器（圈）。抓铅球时，手心向下抓握住铅球，放手让铅球自由下落，在铅球落地前，握铅球的手迅速从上往下抓住铅球；要根据手的大小和指力大小，确定铅球的规格，女士及少年阶段的男女生用 3 kg 或 4 kg 的，成年阶段的男性用 5 kg 或 7.26 kg 的；此动作利于训练屈手指的爆发力，比如适合推铅球运动员训练手指的爆发力。搓揉钢球，根据手指和握力大小选择两个球或三个球，顺时针或反时针方向揉捏钢球，不仅锻炼指力，还能锻炼手指的灵活性和起到益脑的效果，适合中老年人锻炼使用。

（三）动作名称：五指宽距俯卧撑

1. 动作示范

如图 6-3-127 所示。

五指俯卧撑

五指分开着地

图 6-3-127

2. 锻炼的肌肉

（1）主要肌。

指屈肌群、胸大肌。

（2）次要肌。

肱三头肌、三角肌前束、喙肱肌。

3. 动作要领

跟宽距俯卧撑动作要领一样，五指分开、指尖着地。

4. 补充

刚开始练习时，五指在软垫上进行锻炼，力量增加后可以在硬地上锻炼，从五指减少为四指（不用小指）、三指（拇指食指中指）、二指和一指，甚至发展到五指倒立、四指倒立、三指倒立、二指倒立和"一指禅"；适合推拿按摩从业者用来进行手指抓握力训练。特别注意：如果要练习一指、二指俯卧撑或倒立，请务必在此训练项目上具有深厚功底的专业人士指导下进行。

第四节 下肢带（盆带）和腿部

下肢带肌（盆带肌）有髂腰肌、梨状肌、臀大肌、臀中肌、臀小肌、闭孔内肌、闭孔外肌和股方肌；腿部肌有股四头肌、缝匠肌、阔筋膜张肌、股二头肌、半腱肌、半膜肌、耻骨肌、长收肌、股薄肌、短收肌、大收肌、胫骨前肌、蹞长伸肌、趾长伸肌、腓骨长肌、腓骨短肌、小腿三头肌（腓肠肌和比目鱼肌）、跖肌、腘肌、趾长屈肌、胫骨后肌和蹞长屈肌。

一、髂腰肌、腰方肌 ★

髂腰肌的位置：在下腹部靠脊柱两侧，通过腹股沟连接股骨，由腰大肌和髂肌组成，腰大肌起自第 12 胸椎和第 1～5 腰椎体侧和横突，髂肌起于髂窝，止于股骨小转子。

腰方肌的位置：位于腹腔后壁，脊柱两侧，其深层（前内侧靠脊柱）是腰大肌，外侧（后方）是竖脊肌，显长方形扁肌，起自髂嵴后部，止于第 12 肋骨下缘和第 1～4 腰椎横突。髂腰肌和腰方肌的位置如图 6-4-1 所示。

髂腰肌的功能：近固定（上端），肌纤维收缩使大腿在髋关节处屈和旋外；远固定（下端），一侧肌纤维收缩使躯干侧屈，两侧肌纤维同时收缩使躯干前屈和骨盆前倾。

腰方肌的功能：下固定，一侧肌纤维收缩使脊柱侧屈，两侧肌纤维同时收缩，使第 12 肋下降、助呼吸。

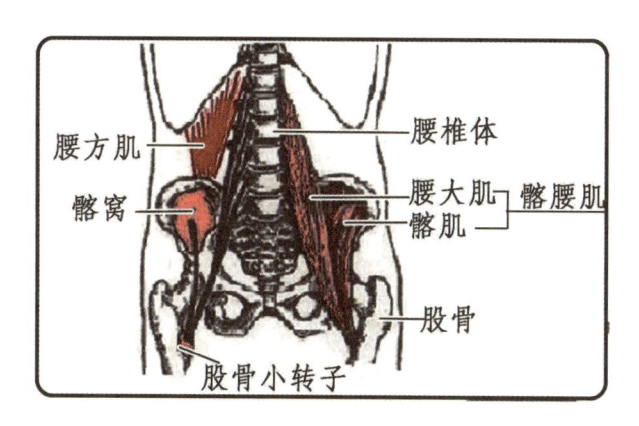

图 6-4-1

（一）动作名称：高抬腿跑

1. 动作示范

如图 6-4-2 所示。

2. 锻炼的肌肉

（1）主要肌。

髂腰肌。

图 6-4-2

（2）次要肌。

股直肌、缝匠肌、阔筋膜张肌、耻骨肌、长收肌、短收肌、股薄肌、臀中肌前部、臀小肌前部。

3. 动作要领

屈膝高抬至大腿成水平，下落着地腿伸直。原地练习时，上体基本直立；行进间练习时，上体保持略微前倾。

4. 注意事项

增加负荷可以在踝关节处绑沙绑腿，沙绑腿中的填充料不宜用钢块或钢条，要用河沙、铁砂、铅砂等沙类材料。

（二）动作名称：前抬腿跑

1. 动作示范

如图 6-4-3 所示。

图 6-4-3

2. 锻炼的肌肉

（1）主要肌。

髂腰肌。

（2）次要肌。

股四头肌、缝匠肌、阔筋膜张肌、耻骨肌、长收肌、短收肌、股薄肌、臀中肌前部、臀小肌前部、腹直肌、腹内外斜肌（参与度小）。

3. 动作要领

上体后仰，屈膝，向前上方高抬下肢。

4. 注意事项

落地用前脚掌着地缓冲。

5. 补充

踝关节处绑沙绑腿增加负荷；此动作强化了抬腿训练的同时还附带屈髋动作，适合用作跨栏运动员的体能训练动作。

（三）动作名称：正踢腿

1. 动作示范

如图 6-4-4 和 6-4-5 所示。

图 6-4-4

图 6-4-5

2. 锻炼的肌肉

（1）主要肌。

髂腰肌。

（2）次要肌。

股四头肌（腹直肌为主）、缝匠肌、阔筋膜张肌、耻骨肌、长收肌、短收肌、股薄肌、臀中肌前部、臀小肌前部。

3. 动作要领

直腿、立腰、沉肩、顶头。

4. 注意事项

保持身体平衡；武术运动的正踢腿练习是勾脚尖，舞蹈的正踢腿动作是蹦脚尖。

（四）动作名称：悬垂举腿（90°范围）、直角支撑

1. 动作示范

如图 6-4-6~6-4-11 所示。

单杠悬垂举直腿

图 6-4-6

单杠悬垂举屈腿

图 6-4-7

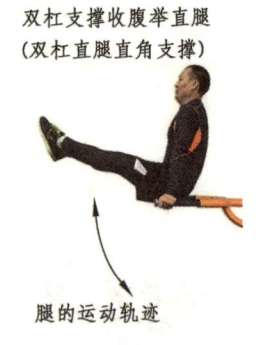

双杠支撑收腹举直腿
（双杠直腿直角支撑）

腿的运动轨迹

图 6-4-8

双杠支撑收腹举屈腿
（双杠屈腿直角支撑）

腿部运动轨迹

图 6-4-9

双杠支撑收腹举屈腿

肘支撑

图 6-4-10

双杠支撑收腹举直腿

肘支撑

图 6-4-11

2. 锻炼的肌肉

（1）主要肌。

髂腰肌、股直肌、腹直肌。

（2）次要肌。

缝匠肌、阔筋膜张肌、股内侧肌（直腿）、股外侧肌（直腿）、股中肌（直腿）、腹外斜肌、腹内斜肌、耻骨肌、长收肌、短收肌、股薄肌、臀中肌前部、臀小肌前部、（悬垂举腿）胸大肌和背阔肌等。

3. 动作要领

单杠悬垂要正握杠，握距与肩宽，举直腿至水平，不翻臀。

4. 补充

适合体操运动员将其作为体能训练项目。

（五）动作名称：仰卧举腿

1. 动作示范

如图 6-4-12 和 6-4-13 所示。

图 6-4-12

图 6-4-13

2. 锻炼的肌肉

（1）主要肌。

髂腰肌、腹直肌（斜板效果佳）、股直肌。

（2）次要肌。

缝匠肌、阔筋膜张肌、腹外斜肌、腹内斜肌、耻骨肌、长收肌、短收肌、股薄肌、臀中肌前部、臀小肌前部。

3. 动作要领

仰卧，手臂放在体侧、手心着垫，举直腿。

4. 注意事项

增加负荷，踝关节处绑沙绑腿，或者当腿上举到位后，同伴给力推回。

（六）动作名称：顶膝

1. 动作示范

如图 6-4-14 ~ 6-4-17 所示。

图 6-4-14 　　　　　图 6-4-15

图 6-4-16 　　　　　图 6-4-17

2．锻炼的肌肉

（1）主要肌。

髂腰肌、股直肌。

（2）次要肌。

缝匠肌、阔筋膜张肌、耻骨肌、长收肌、短收肌、股薄肌、臀中肌前部、臀小肌前部。

（3）辅助肌。

腹直肌、腹内斜肌、腹外斜肌等。

3．动作要领

不收腹、不屈髋。

4．补充

适合作为武术、搏击等运动项目的体能训练。

（七）动作名称：收腹跳

1．动作示范

如图 6-4-18 和 6-4-19 所示。

原地收腹跳1
向后下预摆手臂
屈膝降重心
图 6-4-18

原地收腹跳2
上摆制动
跳起收腹 膝贴胸
图 6-4-19

2. 锻炼的肌肉

（1）主要肌。

髂腰肌、腹直肌、股直肌。

（2）次要肌。

缝匠肌、阔筋膜张肌、腹外斜肌、腹内斜肌、耻骨肌、长收肌、短收肌、股薄肌、臀中肌前部、臀小肌前部、小腿后肌群、三角肌。

3. 动作要领

准备姿势，双脚自然站立，并脚或双脚开立与肩同宽，脚跟离开地面，膝关节微屈，上体直立或微微前倾，双臂略外展开置于体侧，屈肘；起跳时，双手臂向上摆起，同时，双脚蹬地跳起，身体腾空，紧接着屈膝收腹，双大腿贴胸；双脚落地，前脚掌着地，完成一次收腹跳。可以根据自己的能力，连续完成多次收腹跳。

4. 注意事项

选择平坦、摩擦系数大的地面练习。此练习有利于纠正立定跳远落地前收腹团身不够的问题。

二、梨状肌★、臀中肌、臀小肌、阔筋膜张肌

梨状肌的位置：在臀部深层，起自骶骨前面骶前孔外侧，止于股骨大转子。臀中肌在臀大肌下面，起自髂骨翼外，止于股骨大转子。臀小肌在臀中肌下面，起自髂骨的臀前线以下、髋臼以上骨面，止于股骨大转子。阔筋膜张肌在大腿外侧、贯穿髋关节和膝关节，起点在髂前上棘，止点在胫骨外侧髁。如图 6-4-20～6-4-22 所示。

梨状肌的功能：近固定（骶部），肌纤维收缩使大腿在髋关节处外旋和外展；远固定（股骨大转子），两侧肌纤维同时收缩使骨盆后倾。

臀中肌、臀小肌的功能：近固定（上部），前部肌纤维收缩使大腿在髋关节处屈和内旋，后部肌纤维收缩使大腿在髋关节处伸和外旋，整体肌纤维收缩使大腿在髋关节处外展。阔筋膜张肌的功能是屈大腿、内旋大腿和外展大腿。

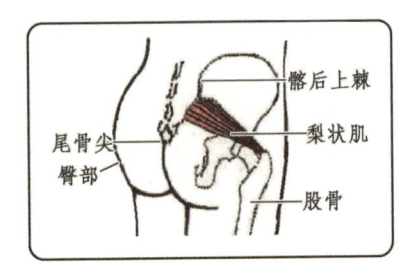

图 6-4-20

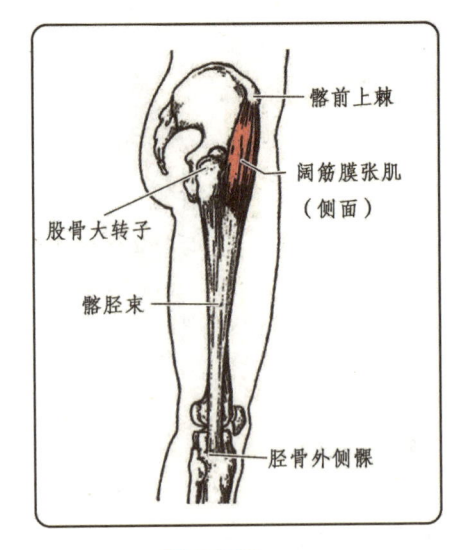

图 6-4-21

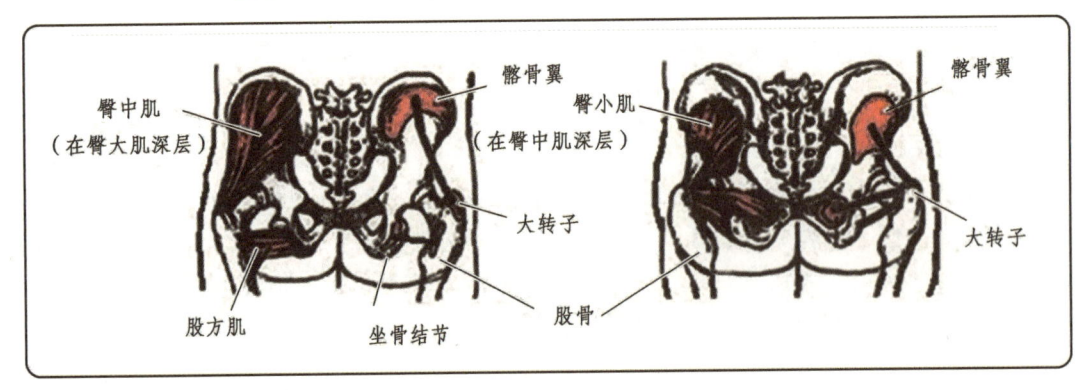

图 6-4-22

（一）动作名称：屈膝外展腿

1. 动作示范

如图 6-4-23～6-4-27 所示。

图 6-4-23 钢束坐姿外展腿1

图 6-4-24 钢束坐姿外展腿2

图 6-4-25 弹力带坐姿外展大腿（外展大腿，弹力带固定在大腿靠膝关节处）

钢束腿外展1

屈膝
侧对器械

图 6-4-26

钢束腿外展2

图 6-4-27

2. 锻炼的肌肉

（1）主要肌。

臀中肌、臀小肌、梨状肌、臀大肌上半部。

（2）次要肌。

阔筋膜张肌。

3. 动作要领

挺胸立腰，屈膝、水平外展大腿。

4. 补充

臀中肌在臀大肌的深层，臀小肌在臀中肌的深层。开展足球、武术和田径等运动时，需要梨状肌、臀中肌、臀小肌这些小肌肉具有强大的力量，因此需要重点加强对这几块肌肉力量的锻炼。

（二）动作名称：直腿外展

1. 动作示范

如图 6-4-28 ~ 6-4-33 所示。

侧卧举腿1

图 6-4-28

侧卧举腿2

沙绑腿加负荷

图 6-4-29

图 6-4-30 　　　　　　　　　　　图 6-4-31

图 6-4-32 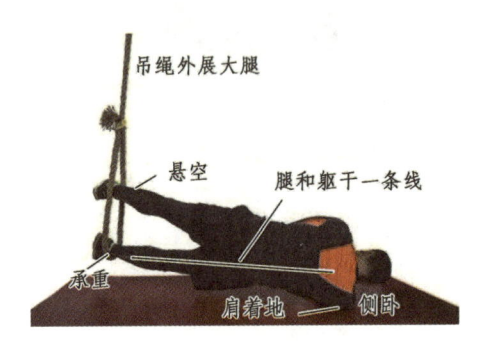　　　　　　　　　　　图 6-4-33

2. 锻炼的肌肉

（1）主要肌。

梨状肌、臀中肌、臀小肌、臀大肌上半部、阔筋膜张肌。

（2）次要肌。

腹内外斜肌（吊绳外展大腿）。

3. 动作要领

直腿。

4. 补充

弹力带能实现两腿同步锻炼，吊绳则是利用自重锻炼下侧肌肉。

（三）动作名称：俯卧顶膝

1. 动作示范

如图 6-4-34 和 6-4-35 所示。

2. 锻炼的肌肉

练习此动作可以使大腿在髋关节处屈的肌肉只做轻微的收缩，主要是臀中肌、臀小肌、梨状肌、阔筋膜张肌和臀大肌上半部肌纤维收缩，保持大腿外展、悬空。

3. 动作要领

手支撑，虎口朝前（头的方向）。

俯卧顶膝1　　　　　　　　　　　　　　俯卧顶膝2

图 6-4-34 　　　　　　　　　　　　　　图 6-4-35

4. 补充

踝关节绑沙绑腿可增加负荷，横胯需要较好的柔韧性。

三、臀大肌

臀大肌的位置：在人体臀部，起自骶骨翼外面，骶、尾骨背面、骶结节韧带，止于股骨臀肌粗隆和髂胫束。如图 6-4-36 所示。

臀大肌的功能：近固定（上），肌纤维收缩使大腿在髋关节处伸和外旋，上半部肌纤维收缩使大腿外展，下半部肌纤维收缩使大腿内收；远固定（下），一侧收缩使骨盆转向对侧，两侧同时收缩使骨盆后倾；维持身体站立。

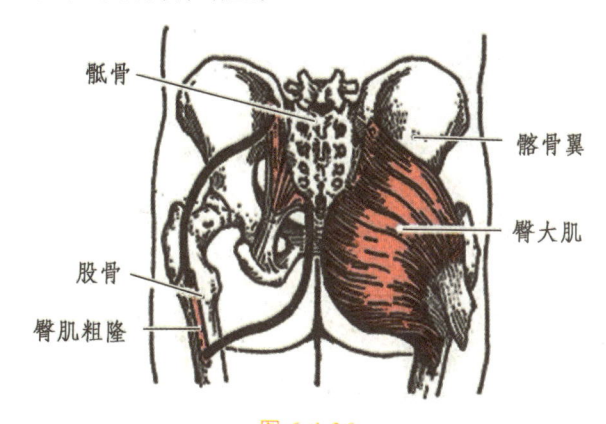

图 6-4-36

（一）动作名称：屈腿硬拉

1. 动作示范

如图 6-4-37 ~ 6-4-44 所示。

2. 锻炼的肌肉

（1）主要肌。

臀大肌、竖脊肌。

（2）次要肌。

臀中肌后部、臀小肌后部、大收肌。

杠铃屈腿硬拉1

杠铃屈腿硬拉2

屈膝

图 6-4-37

图 6-4-38

弹力带屈腿硬拉1

弹力带屈腿硬拉2

图 6-4-39

图 6-4-40

钢束屈腿硬拉1

钢束屈腿硬拉2

调整好站位高度

脚下站稳

图 6-4-41

图 6-4-42

图 6-4-43 　　　　　　　　图 6-4-44

（3）辅助肌。

股四头肌、腘绳肌、腹内外斜肌。

3. 动作要领

练习过程中，始终屈膝，髋部高度不变，立腰。

（二）动作名称：站姿后蹬腿

1. 动作示范

如图 6-4-45～6-4-48 所示。

图 6-4-45 　　　　　　　　图 6-4-46

图 6-4-47 　　　　　　　　图 6-4-48

2. 锻炼的肌肉

（1）主要肌。

臀大肌。

（2）次要肌。

股二头肌长头、半腱肌、半膜肌、臀中肌后部、臀小肌后部、大收肌。

3．动作要领

屈膝。

4．补充

此动作中，腘绳肌的参与度非常高。

（三）动作名称：后摆腿

1．动作示范

如图 6-4-49 ~ 6-4-51 所示。

图 6-4-49

图 6-4-50

图 6-4-51

2．锻炼的肌肉

（1）主要肌。

臀大肌。

（2）次要肌。

股二头肌长头、臀中肌后部、臀小肌后部、半腱肌、半膜肌、大收肌。

（3）辅助肌。

股二头肌短头、腓肠肌、跖肌。

3．动作要领

向正后方摆直腿。

（四）动作名称：俯身抬体

1. 动作示范

如图 6-4-52～6-4-58 所示。

山羊挺身1
腿支撑　髋悬空
腿固定

图 6-4-52

山羊挺身2

图 6-4-53

弓步抬体1
手摸头侧或耳朵
弓步

图 6-4-54

弓步抬体2

图 6-4-55

负重弓步抬体1
哑铃 壶铃 手抓片等

图 6-4-56

负重弓步抬体2

图 6-4-57

双杠俯卧抬体
腿支撑

图 6-4-58

2. 锻炼的肌肉

（1）主要肌。

臀大肌、竖脊肌。

（2）次要肌。

股二头肌长头、臀中肌后部、臀小肌后部、半腱肌、半膜肌、大收肌。

3. 动作要领

直腿、躯干直，双杠俯卧抬体时支撑大腿上端，使髋悬空。

4. 补充

弓步抬体，只锻炼弓步同侧的臀大肌。

（五）动作名称：俯卧背腿

1. 动作示范

如图 6-4-59 和 6-4-60 所示。

俯卧背腿1

支撑髋

图 6-4-59

俯卧背腿2

图 6-4-60

2. 锻炼的肌肉

（1）主要肌。

臀大肌。

（2）次要肌。

臀中肌后部、臀小肌后部、股二头肌长头、半腱肌、半膜肌、大收肌。

3. 动作要领

直腿，必须是髋支撑。

4. 注意事项

练习凳的高度要贴合腿的长度。

（六）动作名称：跪姿举（伸）腿

1. 动作示范

如图 6-4-61 ~ 6-4-64 所示。

跪姿举腿1

图 6-4-61

跪姿举腿2

抬头　直腿

图 6-4-62

跪姿伸腿1 跪姿伸腿2

图 6-4-63 　　　　　图 6-4-64

2．锻炼的肌肉

（1）主要肌。

臀大肌。

（2）次要肌。

臀中肌后部、臀小肌后部、股二头肌长头、半腱肌、半膜肌、大收肌。

3．动作要领

腿下落时，膝盖或脚尖不着地；动作尽头时抬头。

（七）动作名称：仰卧挺髋

1．动作示范

如图 6-4-65 和 6-4-66 所示。

仰卧挺髋1　　　　仰卧挺髋2

图 6-4-65 　　　　　图 6-4-66

2．锻炼的肌肉

（1）主要肌。

臀大肌。

（2）次要肌。

竖脊肌、臀中肌后部、臀小肌后部、股二头肌长头、半腱肌、半膜肌、大收肌。

3．动作要领

并腿，屈膝约 90°，背部着垫，手掌触地。

4．补充

腹部放置杠铃片等重物可增加负荷。

（八）动作名称：负重深蹲

1. 动作示范

如图 6-4-67～6-4-71 所示。

杠铃负重深蹲1

下蹲到底

图 6-4-67

杠铃负重深蹲2
（负重下蹲准备姿势）

立腰　收腹
两脚开立
与肩宽或略比肩宽
重心压脚弓　脚尖朝膝盖前方

图 6-4-68

T型杆负重深蹲1

图 6-4-69

T型杆负重深蹲2

图 6-4-70

横杆负重深蹲
小飞鸟力量训练器
深蹲
两脚开立比肩略宽

图 6-4-71

2. 锻炼的肌肉

（1）主要肌。

臀大肌、股四头肌、臀中肌后部、臀小肌后部。

（2）次要肌。

股二头肌长头、半腱肌、半膜肌、大收肌。

3. 动作要领

挺胸、立腰，脚尖朝膝盖正前方，重心压脚弓。

4. 注意事项

加强保护（最好两人）。

5. 补充

有个动作叫"哈克深蹲"，其锻炼效果和负重深蹲基本一样，只是采用的器材不同而已。

（九）动作名称：倒立展髋

1. 动作示范

如图 6-4-72 和 6-4-73 所示。

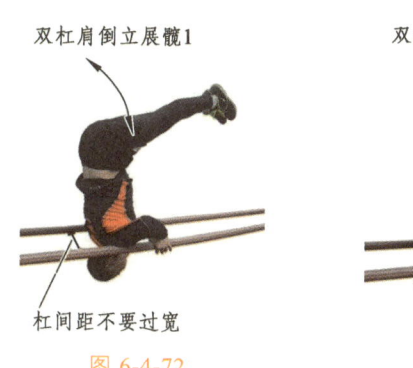

图 6-4-72

图 6-4-73

2. 锻炼的肌肉

（1）主要肌。

臀大肌。

（2）次要肌。

股二头肌长头、半腱肌、半膜肌、臀中肌后部、臀小肌后部、大收肌。

3. 动作要领。

双杠间距要窄，直腿、并腿，到达肩倒立时，收腹、紧腰、双手握杠控制平衡。

（十）动作名称：跨步跳、后蹬跑

1. 动作示范

如图 6-4-74 和 6-4-75 所示。

图 6-4-74

图 6-4-75

2. 锻炼的肌肉

（1）主要肌。

臀大肌、股四头肌、腘绳肌。

（2）次要肌。

小腿后肌群。

3. 动作要领

躯干伸直。

4. 补充

当脚触地时，主要肌先做离心收缩，紧接着做向心收缩，这既是同步锻炼下肢各部爆发力的上佳动作，也是田径等诸多运动项目的体能训练必选动作之一；跨步跳强调向上的力量；后蹬跑强调向前上方的力量，增强了对小腿后肌群的锻炼。

四、股四头肌

股四头肌的位置：股四头在人体大腿前，肌由股直肌、股中肌、股内侧肌和股外侧肌组成，股直肌起自髂前下棘，股中肌起自股骨体前面，股内侧肌起自股骨粗线内侧唇，股外侧肌起自股骨粗线外侧唇，（合成髌韧带）止于胫骨粗隆。如图6-4-76和6-4-77所示。

股四头肌的功能：近固定（上），股直肌肌纤维收缩使大腿在髋关节处屈，整体肌纤维一起收缩使小腿在膝关节处伸；远固定（下），肌纤维收缩使大腿在膝关节处伸；维持人体直立。

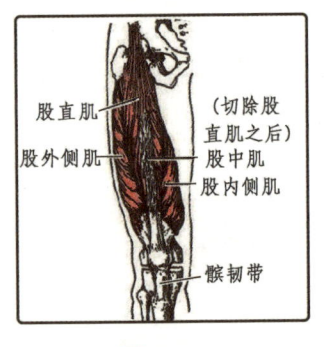

图 6-4-76 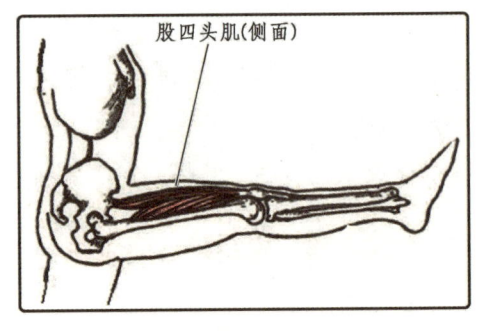　　　　　　　图 6-4-77

（一）动作名称：负重半蹲起

1. 动作示范

如图6-4-78～6-4-85所示。

2. 锻炼的肌肉

（1）主要肌。

股四头肌。

（2）次要肌。

臀大肌、臀中肌后部、臀小肌后部、股二头肌长头、半腱肌、半膜肌、大收肌。

3. 动作要领

挺胸、立腰，脚尖朝膝盖方向，重心压脚弓；将弹力带在背后进行交叉更便于对其进行固定。

第六章　肌肉部位锻炼动作

杠铃负重半蹲1
正握杆
立腰
大腿水平
脚尖朝膝盖方向

图 6-4-78

杠铃负重半蹲2
（负重下蹲准备姿势）
立腰
收腹
两脚开立
与肩宽或略比肩宽
重心压脚弓
脚尖朝膝盖前方

图 6-4-79

哑铃负重半蹲
大腿水平

图 6-4-80

T型杆负重半蹲1

图 6-4-81

T型杆负重半蹲2

图 6-4-82

弹力带负重半蹲
弹力带搭肩上

图 6-4-83

横杆负重半蹲1
半蹲
两脚开立比肩略宽

图 6-4-84

横杆负重半蹲2
小飞鸟力量训练器

图 6-4-85

4. 注意事项

大重量杠铃负重，加强保护（两人）。

（二）动作名称：（半位）坐姿（倒）蹬腿

1. 动作示范

如图 6-4-86～6-4-89 所示。

钢束坐姿蹬腿1

钢束坐姿蹬腿2

腰背臀紧贴靠背

图 6-4-86

图 6-4-87

倒蹬1

半蹲位

倒蹬2

左右1/3
上下居中

挂片式力量训练器

图 6-4-88

图 6-4-89

2. 锻炼的肌肉

（1）主要肌。

股四头肌。

（2）次要肌。

臀大肌、臀中肌后部、臀小肌后部、股二头肌长头、半腱肌、半膜肌、大收肌。

3. 动作要领

屈膝一半（即半位蹬腿），相当于负重半蹲起，双脚平行踏在踏板的左右三分之一交界处；臀、腰、背靠紧靠背，倒蹬时头部也要靠着靠背。

4. 注意事项

不能突然用大重量练习，要根据训练水平，逐步增加负重。

（三）动作名称：坐姿踢腿

1. 动作示范

如图 6-4-90 ~ 6-4-92 所示。

钢束坐姿踢腿1　　　　钢束坐姿踢腿2　　　　弹力带坐姿踢腿

小腿运动轨迹

图 6-4-90 　　　　　　图 6-4-91 　　　　　　图 6-4-92

2. 锻炼的肌肉
主要肌：股四头肌。

3. 动作要领
躯干直，臀、腰、背靠紧靠背。

4. 补充
这是锻炼股四头肌能量最集中的动作。

（四）动作名称：箭步蹲（走）

1. 动作示范
如图 6-4-93 ~ 6-4-100 所示。

2. 锻炼的肌肉
（1）主要肌。
股四头肌。
（2）次要肌。
臀大肌、臀中肌后部、臀小肌后部、股二头肌长头、半腱肌、半膜肌、大收肌。
（3）辅助肌。
小腿后肌群。

3. 动作要领
箭步蹲向前迈步偏大，前腿弓步，后腿蹬直，然后前腿蹬地，退回到站立时的准备姿势，交换向前迈腿，依次练习。箭步走向前迈步距离适度，下蹲时，前腿大腿成水平、小腿与大腿垂直，后腿大腿与地面垂直，小腿与地面平行，形成图中"三个 90° 和一条线"，然后前腿蹬地、重心升起、站稳，收后腿，再向前迈步，依次练习。

4. 补充
负大重量手铃进行健步走时还可锻炼小腿的平衡掌控能力。

实用健身与训练指导（第二版）

箭步蹲1

蹬腿回位

大弓步

图 6-4-93

箭步蹲(走)2
（准备姿势）

图 6-4-94

杠铃负重箭步蹲1

蹬腿回位

图 6-4-95

杠铃负重箭步蹲(走)2
（准备姿势）

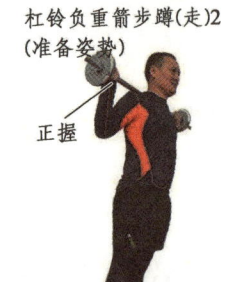

正握

图 6-4-96

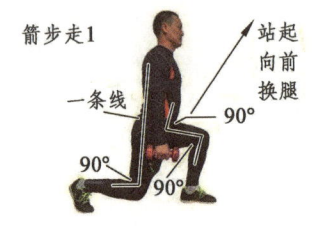

箭步走1

一条线
90°
90°
90°

站起向前换腿

图 6-4-97

箭步走2

图 6-4-98

杠铃负重箭步走1

站起向前换腿

图 6-4-99

杠铃负重箭步走2

图 6-4-100

（五）动作名称：单腿下蹲

1. 动作示范

如图 6-4-101 和 6-4-102 所示。

图 6-4-101　　　　图 6-4-102

2. 锻炼的肌肉

（1）主要肌。

股四头肌、臀大肌。

（2）次要肌。

臀中肌后部、臀小肌后部、股二头肌长头、半腱肌、半膜肌、大收肌。

3. 补充

在没有负重可使用的情况下，采用单腿下蹲可以成倍地增加运动负荷，也就相当于负重下蹲。如果站起来困难，可以用手借力；如果下肢力量足够，可以脱手练习，同时锻炼下肢的平衡掌控能力。

五、腘绳肌

腘绳肌的位置：腘绳肌在人体大腿后，由股二头肌、半腱肌和半膜肌组成，股二头肌的长头起自坐骨结节，短头起自股骨粗线外侧唇的下半部，止于腓骨头；半腱肌和半膜肌起自坐骨结节，半腱肌止于胫骨上端内侧，半膜肌止于胫骨内侧髁后。如图 6-4-103 和 6-4-104 所示。

腘绳肌的功能：股二头肌，近固定（上），肌纤维收缩使小腿在膝关节处屈和外旋，（直腿时，股二头肌长头）肌纤维收缩使大腿后伸。半腱肌、半膜肌，近固定（上），肌纤维收缩使小腿在膝关节处屈和内旋，（直腿时）肌纤维收缩使大腿在髋关节处后伸；腘绳肌远固定（下），肌纤维同时收缩使骨盆后倾。

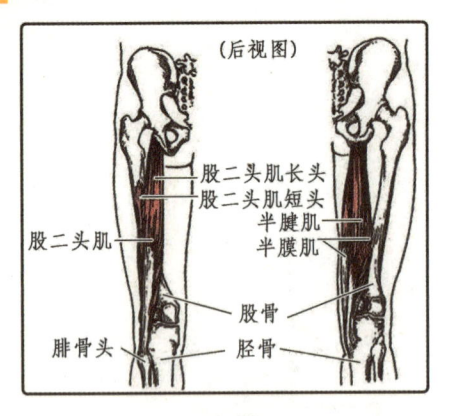

图 6-4-103 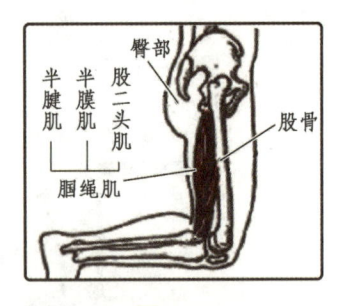　　　　　　　　　　图 6-4-104

（一）动作名称：（俯卧、坐姿或站姿）勾腿、后踢腿跑

1. 动作示范

如图 6-4-105 ~ 6-4-110 所示。

图 6-4-105 　　　　　　　　　　图 6-4-106

图 6-4-107 　　　　　　　　　　图 6-4-108

图 6-4-109 　　　　　　　　　　图 6-4-110

2. 锻炼的肌肉

（1）主要肌。

腘绳肌。

（2）次要肌。

腓肠肌、股薄肌、缝匠肌。

（3）辅助肌。

臀中肌后部、臀小肌后部和臀大肌（弹力带勾腿和后踢腿跑）。

3. 动作要领

后踢腿跑不屈髋。

（二）动作名称：直腿硬拉

1. 动作示范

如图 6-4-111～6-4-119 所示。

图 6-4-111

图 6-4-112

图 6-4-113

图 6-4-114

图 6-4-115

图 6-4-116

图 6-4-117 　　　　　图 6-4-118 　　　　　图 6-4-119

2．锻炼的肌肉

（1）主要肌。

腘绳肌（股二头肌短头除外）。

（2）次要肌。

臀大肌、竖脊肌、臀中肌后部、臀小肌后部、大收肌。

3．动作要领。

沉肩、挺胸、立腰、直腿，双脚开立与肩同宽，脚尖朝膝盖方向，重心压脚弓。

4．补充

较重的手铃、杠铃片和壶铃等都可当作阻力源。杠铃扛肩上时的锻炼效果一样，如果杠铃过重，可垫毛巾等软物，以缓解横杆对肩背的压力。

（三）动作名称：后摆腿跑

1．动作示范

如图 6-4-120 所示。

图 6-4-120

2. 锻炼的肌肉

（1）主要肌。

腘绳肌、臀大肌。

（2）次要肌。

臀中肌后部、臀小肌后部、大收肌、腓肠肌。

3. 动作要领

尽可能地后摆大腿，小腿折叠（屈膝）较小。

（四）动作名称：负重稍蹲起

1. 动作示范

如图 6-4-121 和 6-4-122 所示。

图 6-4-121　　　　图 6-4-122

2. 锻炼的肌肉

（1）主要肌。

腘绳肌（股二头肌短头除外）、股四头肌。

（2）次要肌。

臀大肌、臀中肌后部、臀小肌后部、大收肌。

3. 动作要领

微屈膝，身体重心比负重半蹲略高，立腰、沉肩。

4. 补充

可用杠铃等负重稍蹲起。此动作可以承担极大负重，通常用来锻炼下肢爆发力。杠铃练习时，加强保护和帮助，最好从杠铃架上扛起杠铃开始练习，如果没有杠铃架，可在其他两人的帮助下把杠铃抬到练习者肩上；练习结束后，进行器械的安全归位时也要加强帮助和保护。

六、大腿内收肌群（耻骨肌★、长收肌、短收肌★、大收肌★、股薄肌）

大腿内收肌的位置：位于大腿内侧，由耻骨肌、长收肌、短收肌、大收肌和股薄肌组成，耻骨肌起自耻骨上支，止于股骨粗线内侧唇上部；短收肌和长收肌起自耻骨结节附近，止于股骨粗线内侧唇中部；大收肌起自坐骨结节、坐骨支、耻骨下支，止于股骨粗线内侧唇中部；股薄肌起自耻骨下支，止于胫骨上端内侧。如图 6-4-123 所示。

大腿内收肌群的功能：耻骨肌、长收肌和短收肌近固定（上），肌纤维收缩使大腿在髋关节处屈、内收和外旋；远固定（下），两侧肌纤维同时收缩使骨盆前倾。大收肌近固定（上），肌纤维收缩使大腿在髋关节处内收、后伸、外旋；远固定（下），两侧肌纤维同时收缩使骨盆后倾。股薄肌近固定（上），肌纤维收缩使大腿在髋关节处内收和屈，使小腿在膝关节处屈和内旋；远固定（下），两侧肌纤维同时收缩使骨盆前倾。

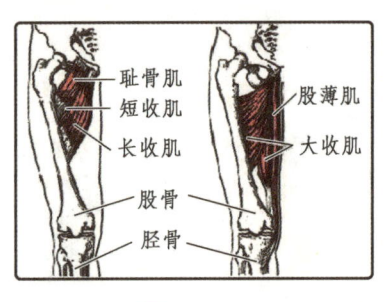

图 6-4-123

动作名称：内收腿

1. 动作示范

如图 6-4-124～6-4-130 所示。

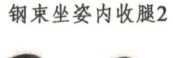

图 6-4-124 　　图 6-4-125 　　图 6-4-126

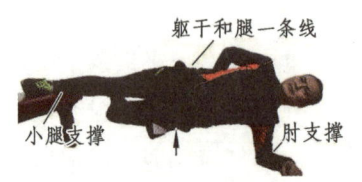

图 6-4-127 　　图 6-4-128

图 6-4-129　　　　　图 6-4-130

2. 锻炼的肌肉

（1）主要肌。

大腿内收肌群。

（2）辅助肌。

腹内外斜肌（自重练习）、腹直肌和竖脊肌。

3. 动作要领

立腰，不屈髋（自重和站姿练习）。

七、缝匠肌

缝匠肌的位置：位于大腿内侧的浅层，是人体最长的肌肉之一，起自髂前上棘，止于胫骨粗隆内侧面。如图 6-4-131 所示。

缝匠肌的功能：近固定，使大腿在髋关节处屈、旋外和内收（仅限直腿），使小腿在膝关节处屈和旋内；远固定，两侧肌纤维同时收缩使骨盆前倾。

例如，踢毽子和用脚内侧颠球时，主要发力的肌肉就是缝匠肌。

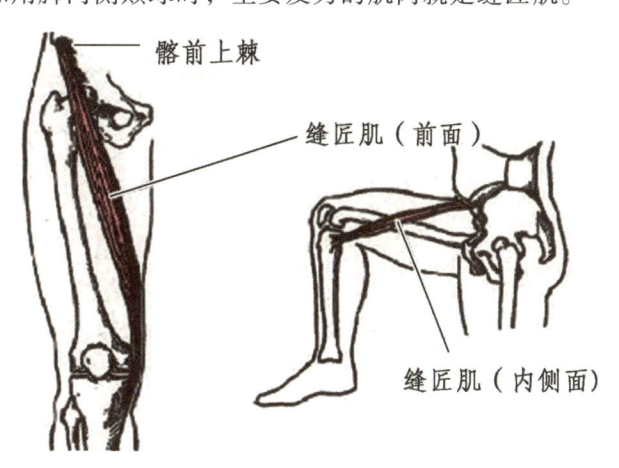

图 6-4-131

八、小腿后肌群

小腿后群肌分为浅层和深层，浅层由小腿三头肌和跖肌组成，深层由腘肌、趾长屈肌、胫骨后肌和踇长屈肌组成；小腿三头肌由浅层的腓肠肌和深层比目鱼肌组成。如图 6-4-132 所示。

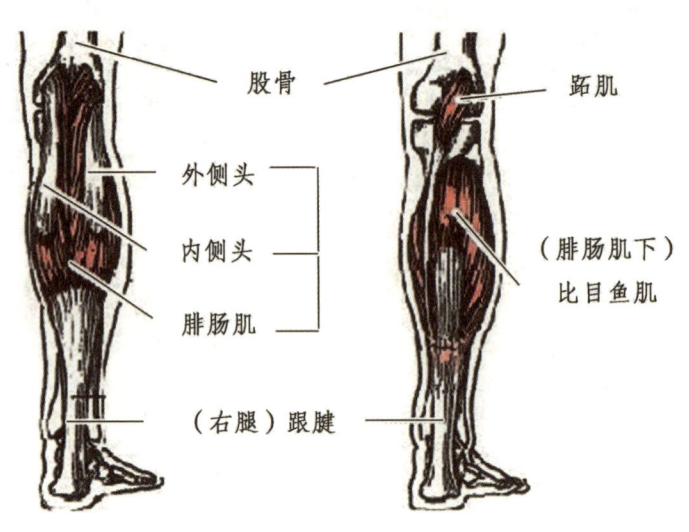

图 6-4-132

小腿三头肌的位置：在小腿后面，腓肠肌的内侧头起自股骨内上髁后面，外侧头起自股骨外上髁后面，止于跟结节；比目鱼肌起自胫骨和腓骨后面上部，（与腓肠肌合成跟腱）止于跟结节。

跖肌的位置：位于腓肠肌外侧头的深面，起自股骨外上髁，止于跟腱的内侧缘。

腘肌的位置：起自股骨外侧髁的外侧面上缘，止于胫骨的比目肌线以上的骨面。

趾长屈肌的位置：起自胫骨后面中部，肌腱经过内踝转至足底分成4条肌腱，止于第2～5趾远节趾骨。

踇长屈肌的位置：起自腓骨体后面下部，长腱经过内踝到足底，止于踇趾远节趾骨底。

胫骨后肌的位置：起自胫骨、腓骨和小腿骨间膜后面。

小腿后群肌的功能：近固定（上），整体肌纤维收缩使足在踝关节处屈，（腓肠肌）收缩使小腿在膝关节处屈。趾长屈肌、踇长屈肌和胫骨后肌近固定（上），肌纤维收缩使足在踝关节处屈和内翻；远固定（脚趾），肌纤维收缩可保持足尖站立；趾长屈肌近固定，肌纤维收缩使2～5趾屈；踇长屈肌近固定，肌纤维收缩使踇趾屈。

（一）动作名称：站姿起踵

1. 动作示范

如图 6-4-133 和 6-4-134 所示。

2. 锻炼的肌肉

主要肌：小腿后肌群。

3. 动作要领

收腹、立腰、收腿、夹臀、挺胸、沉肩。

第六章 肌肉部位锻炼动作 / 223

图 6-4-133

图 6-3-134

4. 注意事项

防止踩滑脱。

5. 补充

负重形式多种多样，可以选择负重杠铃、手抓杠铃片、穿沙背心、背训练的同伴等方式；垫高前脚掌时，不仅加大了运动幅度、提升了锻炼效果，还锻炼了下肢的平衡掌控能力。

（二）动作名称：坐姿起踵

1. 动作示范

如图 6-4-135～6-4-137 所示。

图 6-4-135

图 6-4-136

图 6-4-137

2. 锻炼的肌肉

（1）主要肌。

比目鱼肌、趾长屈肌、踇长屈肌、胫骨后肌。

（2）次要肌。

腓肠肌。

3. 动作要领

哑铃或杠铃，双手反握，手背置于膝盖上方，能在重物和腿部之间起缓冲减压作用。

九、小腿前肌群

小腿前群肌由胫骨前肌、趾长伸肌和𧿹长伸肌组成，在小腿前部。如图 6-4-138 所示。

胫骨前肌的位置：起自胫骨体外侧面上 1/2，止于脚内侧揳骨内侧面和第一趾骨底。

趾长伸肌的位置：起自腓骨、胫骨的上端，止点分五条肌腱，四条止于第 2～5 趾中节和远节趾骨底，最外侧一条肌腱止于第五趾骨底（称为第三腓骨肌）。

𧿹长伸肌的位置：起自腓骨前面和小腿骨间膜；止于𧿹趾远节趾骨底。

小腿前肌群的功能：近固定（上），肌纤维收缩使足在踝关节处伸（勾脚尖）；𧿹长伸肌，近固定，肌纤维收缩伸𧿹趾；胫骨前肌，近固定，肌纤维收缩使脚内收和旋外（脚内翻）；趾长伸肌，近固定，肌纤维收缩使足外翻。

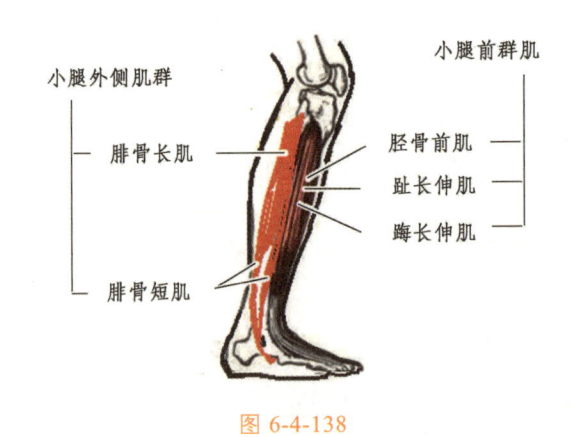

图 6-4-138

动作名称：勾脚尖。

1. 动作示范

如图 6-4-139 和 6-4-140 所示。

图 6-4-139 　　图 6-4-140

2. 锻炼的肌肉

主要肌：小腿前肌群。

3. 注意事项

鞋面应有一定的厚度或者脚背加软垫。

4. 补充

足球运动员做颠球、踢球等动作，都需要有力的小腿前肌群。足球运动员用外脚背踢球时，需要强健有力的趾长伸肌。

十、小腿外侧肌群

小腿外侧肌群由腓骨长肌和腓骨短肌组成，在小腿外侧。

腓骨长肌的位置：起自腓骨外侧面上方，肌腱经过外踝到脚底，止于内侧楔骨和第一趾骨底。

腓骨短肌的位置：起自腓骨外侧面下方，止于第五趾骨底。如图 6-4-138 所示。

小腿外侧肌群的功能：使脚在踝关节处屈、外翻和维持足弓。因此，训练小腿外侧肌群的方法与训练小腿后肌群的方法基本一样。

第五节　肌肉用力分析列举

一、举杠铃

（一）器材

杠铃重量，对大多数人来说，男士用 20 kg，女生用 10 kg 是比较合适的，杠铃杆长 1.2～1.5 m。

（二）动作示范

如图 6-5-1～6-5-3 所示。

抓举杠铃1　　　　　　抓举杠铃2　　　　　　抓举杠铃3

握法：宽距正握闭握　　经胸前略停顿　　躯干稳定　　腿直　　脚底不离地

图 6-5-1 　　　　　　图 6-5-2 　　　　　　图 6-5-3

（三）动作要领

站立，双脚开立与肩同宽，双脚平行或脚尖朝向膝盖正前方，双手正握、闭握（食指和拇指形成环状包围杠铃杆）、宽握（大臂上举成水平时，小臂正好与大臂垂直为宜）杠铃，重心前压到脚弓；从体前下（原始位置）开始，上举杠铃经胸前略停再上举至头顶，完全伸直手臂（顶点位置），直到手持杠铃原路返回即计为一个。注意：上举和下落杠铃经过胸前时要有停顿；增肌和减脂，从初始位置到极限位置。

（四）注意事项

练习时双脚不能离开地面，双腿不能弯曲，躯干不能有明显的前倾。接近力竭前实施保护，保护者站在练习者身后，站位高度以比练习者高 50～60 cm 为佳，准备托举杠铃。注意：保护者不能把手伸到练习者肩上前方，只能把手放在练习者头侧上方做保护。

（五）锻炼效果

抓举杠铃1至抓举杠铃2的动作，锻炼的肌肉部位有肱桡肌、伸腕肌群、掌长肌、旋前圆肌、肱二头肌、肱肌；从抓举杠铃2至抓举杠铃3的动作，锻炼的肌肉部位有屈腕肌群、肱三头肌、肘肌、胸大肌、肱二头肌、喙肱肌、三角肌、冈上肌；从抓举杠铃2返回抓举杠铃1动作，开始时段锻炼屈腕肌群，动作后段锻炼伸腕肌群；整个过程中，参与的辅助肌有斜方肌上束与中束、肩胛提肌、菱形肌和屈指肌，且都会得到一定的锻炼。因此，这是锻炼上肢和上肢带肌的理想动作。

二、健腹轮运动

（一）器材

小杠铃、手杠铃或健腹轮。

（二）动作示范

如图 6-5-4～6-5-9 所示。

站姿推健腹轮1　　　　站姿推健腹轮2

→向前推出

图 6-5-4　　　　图 6-5-5

站姿推健腹轮3

向后拉回

图 6-5-6

跪姿推健腹轮1

向前推出

图 6-5-7

跪姿推健腹轮2

图 6-5-8

跪姿推健腹轮3

向后拉回

图 6-5-9

（三）动作要领

采用直体或跪姿，正握器材，器材置于体前平整地面，缓慢向前推出，至躯干和手臂与地面成水平，然后用力拉回器材到起始位。整个练习过程中，器材不离开地面。

（四）注意事项

初始练习者和力量较弱者，采用跪姿较好，完成此动作需要具备一定的力量基础。

（五）锻炼效果

锻炼的主要肌有腹直肌、胸大肌、三角肌后束、背阔肌、冈下肌、小圆肌、大圆肌、肩胛下肌、肱三头肌长头，次要肌有腹内斜肌、腹横肌、三角肌前束（略小）、前臂屈肘肌群、肱二头肌、肱肌、前臂屈腕肌群和股四头肌（屈膝时只锻炼到股直肌）。

三、悬垂翻身

（一）器材

高单杠或吊环。

（二）动作示范

如图 6-5-10～6-5-13 所示。

吊环悬吊翻身1　　　吊环悬吊翻身2　　　吊环悬吊翻身3　　　吊环悬吊翻身4

图 6-5-10 　　　　图 6-5-11 　　　　图 6-5-12 　　　　图 6-5-13

（三）动作要领

从正握单杠或吊环，悬垂身体开始，收腹举腿至头上方，下肢继续向后，成反吊状态，然后原路返回到起始位，完成一次悬垂翻身动作。如此重复。

（四）注意事项

确保落地安全，单杠或吊环不宜过高。

（五）锻炼效果

锻炼的主要肌有髂腰肌、腹直肌、胸大肌、背阔肌，次要肌有冈下肌、小圆肌、肩胛下肌、大圆肌、三角肌前束、三角肌后束、斜方肌、竖脊肌、屈指肌和股直肌等。此动作锻炼躯干和上肢带的肌肉较多。抗阻练习之后，再练此动作，可以使相关肌肉部位的线条明显。

四、单杠连续翻身上

（一）器材

低单杠。

（二）动作示范

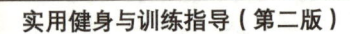

如图 6-5-14 ~ 6-5-17 所示。

低单杠翻身上1（下肢运动轨迹）　　低单杠翻身上2　　低杠翻身上3　　低杠翻身上4

图 6-5-14 　　　　图 6-5-15 　　　　图 6-5-16 　　　　图 6-5-17

（三）动作要领

正握、闭握单杠，握距与肩同宽，悬垂身体开始，收腹（卷腹）翻身到单杠上方，成腹部支撑，不换手，松手顺向再握紧；缓慢下落身体到开始姿势，脚不落地，然后如此重复。

（四）注意事项

单杠高度不宜过高，低单杠为宜；最好带护掌练习，防止手皮拉破。

（五）锻炼效果

锻炼的主要肌有髂腰肌、腹直肌、胸大肌、背阔肌、前锯肌、肱二头肌、肱三头肌、肱肌、屈腕肌、屈指肌、股直肌、三角肌后束，锻炼的次要肌有冈下肌、小圆肌、肩胛下肌、大圆肌、竖脊肌、臀大肌和腘绳肌等。

五、引体向上

（一）器材

高单杠。

（二）动作示范

如图 6-5-18 和 6-5-19 所示。

图 6-5-18 　　　　图 6-5-19

（三）动作要领

双手正握、闭握单杠，握距与肩宽或略比肩宽，悬垂身体、静止、肘部完全绷直；两条腿可以伸直，可以弯曲，也可以交叉，具体依照个人习惯；两脚离地，距离地面的高度视个人身高而定，确保落地安全。动作开始，双臂同时上拉身体，保持小臂竖直，下颌越过杠的上沿即为完成一个动作，然后下落至肘部完全绷直，才能开始下一个动作。在整个运动过程中，不能蹬腿，背部（脊柱）挺直，脖颈上伸。

（四）注意事项

为防止手滑脱杠，具体的方法是用干的棉布擦手、戴防滑手套、手心抹镁粉或者干的泥土灰。

（五）锻炼效果

锻炼的主要肌有屈腕肌、肱二头肌、背阔肌、胸大肌、肱肌、喙肱肌、肱三头肌长头、三角肌后束和大圆肌；次要肌有冈下肌、小圆肌、肩胛下肌、胸小肌、斜方肌中部和下部、肱桡肌和菱形肌。其中，屈腕肌、肱二头肌、背阔肌、胸大肌和肱肌的锻炼效果最佳。因为腰腹部的肌肉承接了腰部以下肢体的重量，所以该动作对腰腹部的肌肉也有一定的锻炼作用。

六、单杠慢拉上

（一）器材

高单杠。

（二）动作示范

如图 6-5-20 ~ 6-5-23 所示。

单杠慢拉上1
正握闭握与肩宽
图 6-5-20

单杠慢拉上2
双手慢速同步下拉
图 6-5-21

单杠慢拉上3
双手同步压腕
图 6-5-22

单杠慢拉上4
图 6-5-23

（三）动作要领

正握、闭握单杠，握距与肩同宽，悬垂、静止身体，慢拉做引体向上，当下颚到达单杠上沿时，继续用力屈腕、压腕使躯干越过横杠，成杠上正握支撑。

（四）注意事项

深握单杠，不借助爆发力引体，头稍微后仰下落。

（五）锻炼效果

引体向上动作能锻炼的肌肉部位，此动作都能锻炼到，因动作难度很大，要加强锻炼屈腕肌、肱三头肌和肘肌，采用宽握杠的方式可适度降低难度。

七、T形负重翻身举

（一）器材

T形力量训练器材（大杠铃杆另一端在低处固定，配重在握手一端）。

（二）动作示范

如图 6-5-24 ~ 6-5-26 所示。

T型负重翻身1　　握住T型杆远端　　固定端　　大开腿
T型负重翻身2　　侧弓步　　向侧边落下但不触地
T型负重翻身3　　换另一侧落下但不落地

图 6-5-24 　　　　　图 6-5-25 　　　　　图 6-5-26

（三）动作要领

半蹲姿势，双手举起配有杠铃片的T形杆外端，上举到头顶，然后，从身体一侧下落，成侧弓步，器材不着地；接着，原路返回，侧弓步变为稍蹲，举器材从身体另外一侧下落，在另一侧成侧弓步，器材也不着地。如此重复。

（四）注意事项

当器材落地时，T形杆外端（手握端）要高于内端；牢固固定配重片外端，以防脱落；器材在身体侧面时，下肢成侧弓步。

（五）锻炼效果

锻炼的肌肉有上肢肌、上肢带肌、胸大肌、腹内外斜肌、竖脊肌、腰方肌、下肢带肌和下肢肌，锻炼部位较多，适合作为摔跤、格斗、划船、篮球、足球等诸多项目的肌力和肌耐力训练项目。

八、立定跳远

（一）器材

立定跳远专用垫或不滑的地面。

（二）动作示范

如图 6-5-27 ~ 6-5-29 所示。

图 6-5-27　　　　　图 6-5-28　　　　　图 6-5-29

（三）动作要领

首先，双脚并拢或开立（不超肩宽），站在起跳线后，脚跟离地，向后伸展身体（预摆），深吸一口气，向前俯身，同时向后下方摆臂、屈膝，压紧膝关节和踝关节；然后，猛然向前上方摆臂、前脚掌蹬地、下肢蹬直、向前上方跳起，空中伸直身体；接着收腹、收腿、屈膝、团身、脚跟先着地落下，最后站稳。

（四）注意事项

充分热身、穿抓地性能好的运动鞋。

（五）锻炼效果

锻炼的主要肌有脚底屈肌群、小腿后肌群、小腿外侧肌群、股四头肌、臀大肌、臀中肌后部、臀小肌后部、腘绳肌（充分蹬腿到直腿离地）、大收肌；锻炼的次要肌有三角肌前束、髂腰肌、阔筋膜张肌、缝匠肌、耻骨肌、长收肌、短收肌、股薄肌、臀中肌前部、臀小肌前部、腹直肌、腹内外斜肌和竖脊肌等。

九、V形跳（深沟跳）

（一）器材

两个稳定的、顶部平整的、高度可调的台面。

（二）动作示范

如图 6-5-30 所示。

图 6-5-30

（三）动作要领

从一个台面的顶部跳下，前脚掌落地，紧接着跳起落在另一个台面上；站稳后，转身。如此重复练习。

（四）注意事项

台面高度不能太高，要控制在练习者容易跳上的高度内，否则，容易因体力不够跳不上去而跌落，以至于摔伤。

（五）锻炼效果

主要锻炼下肢肌、臀大肌、臀中肌后部和臀小肌后部的爆发力，对腹直肌、髂腰肌和股直肌起次要锻炼作用，对腹内外斜肌也有一定的锻炼作用。因跳下脚着地时，发力跳起的肌肉做离心收缩，又立刻克服阻力做向心收缩，根据相关研究（详见第四章第二节的"离心收缩训练法"），这种方法能很好地提升肌肉的爆发力，适合专业运动员训练使用。如果增加负重，锻炼效果更佳，比如背上沙背心进行练习。

十、篮球运动：原地单手肩上投篮

动作示范如图 6-5-31 和 6-5-32 所示

原地单手肩上投篮，发力顺序是从下肢蹬地开始，通过躯干传力到肩部，然后上抬大臂、伸小臂、最后屈腕拨指，如图 6-5-31 和 6-5-32 所示。

图 6-5-31　　　　　　图 6-5-32

原地单手肩上投篮动作的完成，起主要作用的肌肉部位是肱三头肌、肘肌、屈腕肌群和屈指肌群。抬臂、伸臂、屈腕和拨指的发力，必须在肩关节处得到稳固的支撑，并通过手臂传力到达指尖，实现投球的目的。因此，与肩关节相关联的胸大肌、三角肌前束和中束、肱二头肌、喙肱肌、胸小肌、前锯肌和斜方肌上束，要做静力性收缩，起到稳固肩关节的作用，被认为是次要肌。

十一、排球运动：正面大力扣球

动作示范如图 6-5-33 和 6-5-34 所示。

图 6-5-33　　　　　　图 6-5-34

正面大力扣球，首先是助跑跳起，然后身体形成反弓，抬臂、引臂和转体（见图 6-5-33），接着收腹、转体、伸臂，最后含胸、挥臂扣球（见图 6-5-34）、落地缓冲。

完成起跳动作的主要肌有股四头肌、腘绳肌、臀大肌、大收肌、臀中肌后部、臀小肌后部、小腿后肌群、小腿外侧肌群和屈趾肌，完成扣球动作的主要肌有胸大肌、背阔肌、三角肌后束、大圆肌、肩胛下肌、冈下肌、小圆肌、前锯肌、肱三头肌、肘肌、屈腕肌、屈指肌、腹直肌、腹内斜肌、腹外斜肌，完成扣球动作的次要肌有竖脊肌、髂腰肌、胸小肌、三角肌前束、喙肱肌、肱二头肌、斜方肌上束、斜方肌中束、菱形肌和肩胛提肌。

十二、足球运动：正脚背踢球

动作示范如图 6-5-35 和 6-5-36 所示。

第六章　肌肉部位锻炼动作　/235

图 6-5-35　　　　　　　　　图 6-5-36

　　正脚背踢球，首先，跨步急停、踢球腿的后摆和折叠小腿，然后，在支撑腿着地的同时，踢球腿由大腿带动小腿、以髋为轴向前摆腿，最后，小腿爆发式地向前踢出，如图 6-5-35 和 6-5-36 所示。

　　完成急停动作的主要肌有屈趾肌、小腿后肌群、小腿外侧肌群、股四头肌、腘绳肌、臀大肌，完成踢球动作的主要肌有髂腰肌、股四头肌、阔筋膜张肌、缝匠肌、耻骨肌、长收肌、短收肌、股薄肌、臀中肌前部、臀小肌前部和小腿前肌群，完成正脚背踢球动作的次要肌有腹直肌、腹内斜肌、腹外斜肌和竖脊肌。

　　动作完成过程中的肌肉用力分析，要从动作准备姿势开始，到动作结束为止，找出每个环节用力的主要肌、次要肌和辅助肌，如果其中有任何一块肌肉力量薄弱，都会影响动作的完成。找出完成动作各环节中力量薄弱的主要肌，有针对性地进行靶向训练，一定能提高完成动作的能力。

　　其他各类运动动作很多，在此不做一一列举。

第七章

走步健身

众所周知，走步也能达到健身的目的，且既简单又经济，运动量适中，安全易行，是全民健身运动项目中受众面广、喜欢程度高的大众健身项目。如何利用走步能更好、更全面地锻炼身体，这是本章节重点描述的内容。本书作者通过查阅资料、向大众学习、亲自实践，总结了初级走步技术和中级走步技术的相关内容如下。

第一节 走步基本知识

一、选择道路

应选择在平顺、无障碍物、无车辆通行、绿化环境好的道路上开展走步健身，也可以选择在健身房或家里的跑步机、椭圆机上进行。

二、速度

根据个人身体情况，采用慢走、中速走或接近小跑的速度快走。也可变速走，体质健康者先快走 100 m，后中偏慢速走 100 m；体质差者先中速走 100 m，后慢速走 100 m，如此循环下去。变速走特别适合有心脏病、高血压、中风、哮喘等具有不能进行剧烈运动病症的人群。

三、每次走步总时间

青年人 30~60 min，中老年 20~40 min。

四、走步的时机

（1）饭后或腹内还有食物的饱胀感时，不能走步。
（2）体质虚弱者、低血糖患者、老年人，不能空腹走步。

五、着装

走步时穿轻便、软底、合脚的鞋，勿穿高跟鞋。

六、运动量

心率控制在靶心率范围内，生理感受是：有点累，出大气而不至于上气不接下气，微微出汗或者出大汗（夏天时）。有不能剧烈运动病症的人群达到微出汗的程度即可，且不能有头晕现象。

七、周频率

每周 3~5 次，最好不要天天走步，每周给自己留 1~2 天的休息时间，更利于调动神经系统和运动系统的兴奋能力，不易疲劳。

第二节 初级走步技术

一、缓步走

两手半握拳，手臂在体侧前后自然摆动，脚跟着地，滚动到前脚掌，小步幅地向前走，如图 7-2-1 所示。

二、踢小腿走

在缓步走动作基础上，先屈膝抬起，接着向前踢出小腿，使大小腿伸直，然后，用脚跟落地，并滚动至前脚掌。采用中小步幅，中速或慢速向前走。此动作有助于加强股四头肌的锻炼，如图 7-2-2 所示。

图 7-2-1 缓步走

图 7-2-2 踢小腿走

三、抬大腿走

在缓步走动作基础上，摆臂幅度加大，当向前迈腿时，屈膝，抬大腿至水平，然后下踩，前脚掌着地。此动作的行进速度属于中偏慢，摆臂动作幅度大，上下肢配合，动作有力，对髂腰肌、臀大肌和下肢肌肉的锻炼效果佳，如图 7-2-3 所示。

图 7-2-3

四、甩手腕走

在缓步走或大步走的动作基础上,曲肘大约 90°,两手小臂放于腰间,掌心向上或向下,随着走步的节奏,把手掌在手腕处上下甩动起来。此动作有利于锻炼屈、伸腕肌。如图 7-2-4 所示。

图 7-2-4 甩手腕走

五、屈伸小臂走

在缓步走和大步走的动作基础上,双臂放在体侧,握拳,拳心朝前,肘关节在腰间基本不动,随着走步节奏,屈伸前臂,迈右腿屈左臂,迈左腿屈右臂。若要加大难度和活动范围,屈小臂之前,前臂先上抬到极限,此时小臂已经处于高于头部的位置,再使劲屈小臂。此动作利于锻炼肱二头肌、肱肌、肱桡肌和肱三头肌,如图 7-2-5 所示。

图 7-2-5　屈伸小臂走

六、小步转走

准备姿势为双臂曲肘放于腰间，小臂成水平，肘关节贴着腰部，双手半握拳或立掌，手臂随躯干一起左右转动。在缓步走基础上，步频慢、步幅小、转体用力小以及转体幅度小。屈肘约 90°、双肘贴于腰间、小臂水平朝前或者置于胸腹之间、手握拳或成掌、拳心（掌心）相对或向下。当左腿向前时，小臂随上体一起向左转；当右腿向前时，小臂随上体一起向右转。如此循环进行。对锻炼腹直肌、腹内外斜肌、竖脊肌、脊间小韧带和肠胃都有较好的效果，适合腰部减脂，如图 7-2-6 所示。

图 7-2-6　小步转走

七、摸肩走

准备姿势和"小步转走"一样，在小步转或者大步转走的基础上，小臂向异侧肩前摆，到位时，手要触摸异侧肩上部，可轻微活动肩关节，利于肩周炎的康复，如图 7-2-7 所示。

图 7-2-7 摸肩走

八、三步走

三步走也叫华尔兹步走。采用"小步转走"的准备姿势，以右脚向前为例，一拍一步，一个循环为六拍。第一拍，迈右脚，手臂和躯干在水平面内绕垂直轴向右转到极限；第二拍和第三拍，分别迈左脚和右脚，手臂和躯干还原到准备姿势；第四拍，迈左脚，手臂和躯干在水平面内绕垂直轴向左转到极限；第五拍和第六拍，手臂和躯干还原到准备姿势。如此重复练习。当迈步转体时，还可以默念"一哒哒、二哒哒"，就像跳华尔兹舞步"蹦擦擦"的节奏一样，因此，也叫华尔兹步走。三步走的锻炼效果同"小步转走"，由于有舞步节奏，走步时很轻松，心情也倍感愉快，如图 7-2-8 所示。

图 7-2-8 三步走

九、后踢腿走

在缓步走和中速走的基础上，先向后勾小腿，再向前迈步。此动作可锻炼大腿后群的腘绳肌和小腿腓肠肌，如图 7-2-9 所示。

图 7-2-9　后踢腿走

第三节　中级走步技术

一、大步走

在缓步走动作的基础上，步幅和摆臂幅度都加大，向前摆臂可至水平位，向后摆臂可至极限，有明显的脚后跟着地动作。

此动作练习，肩关节、髋关节、膝关节和踝关节的活动度大，运动后有酣畅淋漓的感觉，如图 7-3-1 所示。

图 7-3-1　大步走

二、振臂走

在中速度走或大步走的基础上，随着走步节奏，两手臂依次从体侧向前、向上，再向头后做振臂运动，左脚向前振右臂，右脚向前振左臂。脚跟先着地，很快过渡到全脚掌着地，前腿膝关节微屈，身体重心稍微前压。此动作有利于锻炼三角肌、肩袖肌群、胸大肌和背阔肌，如图 7-3-2 所示。

三、倒走

倒走能改善躯干和下肢的用力方式，从而起到一定的治疗作用。因为行走方向有视觉盲区，一定要注意安全，在田径运动场中进行倒走比较好，因为大家都按照逆时针方向运动，不容易发生正面碰撞。在倒走的同时，最好有一位正向行走的带头人一起前行，可以兼顾安全。

技术上，双手在体侧小幅度自然摆臂或曲肘摆臂，也有两手叉腰的练习方式，控制好身体平衡，用前脚掌着地，滚动至全脚着地，小步幅、慢速运动，如图 7-3-3 所示。

图 7-3-2　振臂走

图 7-3-3　倒走

四、上勾拳走

在大步走的基础上，手臂曲肘 90°，放于腰间，小臂向前，拳心向上或相对，随着走步节奏，向前上冲拳，迈左脚冲右拳，迈右脚冲左拳。此动作有利于锻炼三角肌前后束、胸大肌和背阔肌等肌肉，如图 7-3-4 所示。

五、推掌走

两手臂在体侧曲肘，肘关节向下，手指向上，手掌成武术运动中的"鹰爪"形状，随着走步节奏，手掌向体侧推出，使手臂成侧平举，一推一收，推掌同时，内旋小臂到极限，大拇指经前、下、朝后，成掌心朝后上（或朝上）状态，如图 7-3-5 所示。

图 7-3-4 上勾拳走　　　　　　　图 7-3-5 推掌走

六、交叉臂走

在缓步走或中速度走的基础上，随着走步节奏，两手臂向胸前摆臂，成胸前直臂交叉，然后，向身后直臂摆臂，成背后直臂交叉，手臂交叉时，左右臂依次在上方和下方交替交叉。此动作有利于锻炼三角肌、胸大肌、背阔肌和肩袖肌群，如图 7-3-6 所示。

图 7-3-6 交叉臂走

七、钟摆走

在大步走的基础上，双臂在体侧半握拳，同时向前、向后摆，摆动幅度分为小幅度和大幅度两种。小幅度钟摆走，双臂同时向前摆至前平举为止；大幅度钟摆走，双臂同时向前、向上摆至极限为止，如图 7-3-7 所示。

图 7-3-7　钟摆走

八、扩胸走

在缓步走和中速走的基础上，随着走步节奏，平曲手臂或侧平举手臂，做平曲扩胸或直臂扩胸，拳和肘与肩水平面平齐。平曲扩胸手心朝下，直臂扩胸手心朝上。可以一次平曲扩胸和一次直臂扩胸交替进行，也可以连做两次直臂扩胸，再连做两次平曲扩胸。走步时，重心居中。此动作有利于锻炼背阔肌、肩袖肌群、菱形肌、斜方肌、三角肌和胸大肌，如图 7-3-8 所示。

图 7-3-8　扩胸走

九、体侧走

在大步走的基础上，再加大步幅，前腿成弓步，以右脚向前为例，左臂直臂侧上举，达到肩上时，随躯干一起向右侧倒，右臂直臂经体侧向躯干后摆；接着左脚向前，如此反向动作，循环练习，双手握拳或立掌均可。此动作有利于锻炼三角肌、冈上肌、斜方肌上束、竖脊肌、腹直肌、腹内外斜肌和脊椎间小肌肉，如图 7-3-9 所示。

图 7-3-9　体侧走

十、大步转走

步幅很大，向前迈步成弓步，曲肘约 90°、双肘贴于腰间、小臂朝前、拳心相对或向下，或者曲肘、拳心向下、平曲手臂置于胸腹之间。当左腿向前时，小臂随上体一起向左转；当右腿向前时，小臂随上体一起向右转。如此循环进行。由于运动幅度较大，运动强度比"小步转走"大，锻炼效果也更好，所以，不适合饭后或吃得较多时进行运动，如图 7-3-10 所示。

图 7-3-10　大步转走

十一、五步走

三步走是一边转体一次，五步走是一边连续转体两次，五步走的第二次转体用力和幅度可比第一次的稍微大一些。以右脚向前为例，一拍一步，一个循环为十拍：第一拍，迈右脚，手臂和躯干在水平面内绕垂直轴向右转；第二拍，迈左脚，手臂和躯干还原到准备姿势；第三拍，动作同第一拍；第四拍和第五拍，手臂和躯干还原到准备姿势；第六拍至第十拍，按照相反方向迈左脚，向左转。如此重复练习。具体见"三步走"图片。

三步走和五步走的锻炼效果都与"小步转走"相同。五步走的转体用力可大一点，练习

后，酣畅淋漓感会强一点。

十二、竞走

这里所说的竞走，不是普通的走步，而是田径运动专业的比赛项目，普通人多数不会走。有人曾做过对比研究，发现竞走的减脂效果与普通走步相比，效果更佳，因为它对肠胃蠕动的促进更强烈，如图 7-3-11 所示。

图 7-3-11　竞走

竞走是手臂曲肘约 90°，两手半握拳，在体侧向前后大幅摆臂，向前迈腿、脚跟着地、下肢伸直，小腿带动脚底向后拔地，腿向前时同侧髋部也前送，腿在后面时同侧髋部也落后，整个走步过程中，拧腰、送髋动作明显，还要内收大腿和收臀。竞走是走步运动中速度最快的，可达跑步的速度，运动强度也大，所以，此动作特别利于锻炼腰部的腹直肌、腹内外斜肌、髂腰肌以及臀部和下肢的肌肉。

第八章 特殊人群健身指导

第八章　特殊人群健身指导 /249

　　健身运动不仅仅是正常人群的需求，年老、体弱、多病的特殊人群，比如有心血管系统疾病（包括心脏病、高血压、脑卒中）、糖尿病、哮喘、骨质疏松等患者，以及老年人群、少年儿童等，都有健身运动的必要。针对此类非正常人群的健身训练，健身教练必须清楚地掌握服务对象的健康情况，遵照医生的康复建议（健康少年儿童除外），给出正确的健身指导（也可称之为运动疗法），并要求他们运动时随身携带自己所需的急救药物。

　　运动疗法的禁忌症包括：骨折的愈合初期、急性炎症、开放性手术、外伤、哮喘发作期、不稳定的心血管疾病、心肌梗死的急性期、恶性肿瘤、严重血液病变、传染性疾病、严重高血压患者、I型糖尿病或者严重骨质疏松患者等。

　　爱老、敬老，把专业的健身知识和技能传递给老弱病残特殊人群，是中华民族的传统美德，是散播正能量的途径之一。

第一节　体态异常人士的健身运动

　　体态异常分为先天性的、病理性的、不良生活习惯所致的，以及相关肌力薄弱所致的。如果是先天性的和病理性的，首先要经过医生确诊，采用医疗干预（即做手术）的手段，然后才能采用健身手段来发展相关肌力，这部分人群最好是在医生的监督下进行康复锻炼。采用物理手段（健身锻炼）使异常体态得以矫正的方法即为运动疗法，主要针对的是体态异常的术后康复、不良生活习惯和肌力薄弱所致的异常体态。

　　下面分析一些比较常见的异常体态，并给出通过健身锻炼手段给予校正的建议。图 8-1-1 是男性体态对照图，图 8-1-2 是女性体态对照图。

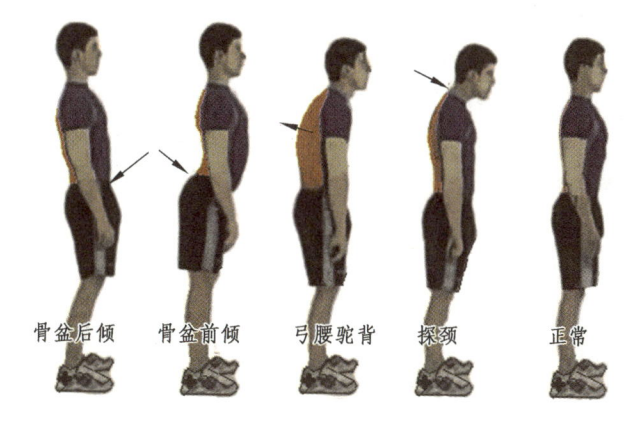

骨盆后倾　骨盆前倾　弓腰驼背　探颈　正常

图 8-1-1

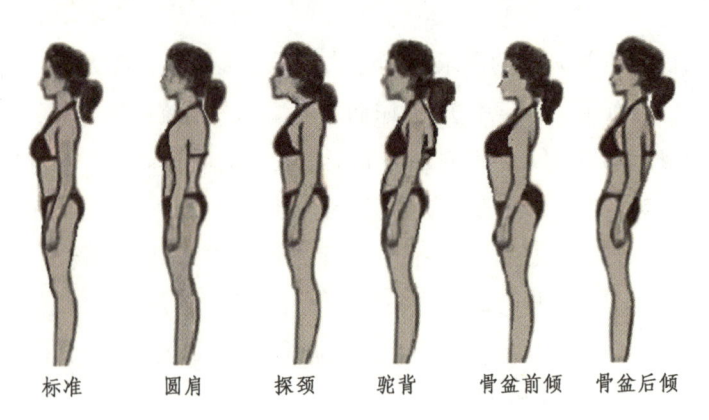

标准　　圆肩　　探颈　　驼背　　骨盆前倾　　骨盆后倾

图 8-1-2

一、驼背

（一）驼背的原因

生活中，当长期伏案工作或者习惯性地含胸时，就会导致弯腰驼背的出现。尤其是在青少年的发育时期，如果任其发展，会使胸椎的正常生理弯曲变形、胸廓畸形、肺功能下降、影响身高以及造成心理健康问题。驼背的出现还可能伴随圆肩。

（二）矫正方法

（1）发展使脊柱胸段后伸肌肉的力量，主要是发展斜方肌中束，其次是发展斜方肌下束，最后是发展竖脊肌。采用增肌和增加肌力的训练方法时，运动量的设计比常人要低一个档次。

（2）靠墙站立，双臂自然下垂（手心向前）放于体侧、双脚并拢（前脚掌可适度垫高 2～3 cm）、脚后跟、腿的后部、臀部、腰部、背部和头后部贴着竖直的墙面、双肩端平、端正头部、目视前方，每次练习时保持该姿势至不能坚持为止，休息几分钟后又重复练习，每天进行多次练习，可以用此方法站着看书学习。坐着也可以进行靠墙练习，方法是坐在独凳上，使臀后部、腰部、背部和头后部贴着竖直的墙面，可以把书桌桌面抬高到接近眼水平面（保持适度距离）并向内倾斜，端坐学习也方便阅读和写字，可谓一举两得。

（3）"负荆请罪"，方法是在背后中间竖直捆绑一根直的木棍或 10～20 cm 宽的木板，木棍（木板）下端在臀部以下一点、上端高出头顶一点，用软的布带把木棍（木板）在臀部和肩后部（两肩后部连线）绑定，要求练习者在生活工作中，时刻保持臀、腰、背、头在一条竖直线上，长久坚持，校正习惯性驼背效果较好。

（4）拉伸、放松肩关节，可以多练习压肩，拉伸胸大肌和胸小肌，柔韧拉开，利于矫正驼背。

（5）肩部绕环，采用坐姿或站姿，躯干直、端正头部、双臂自然放于体侧，肩部在矢状面内，绕额状轴做逆时针和顺时针绕环运动。当肩部向后时，有意识地加强斜方肌中束用力（肩胛骨内收）。每次练习至肩部有微微发软的感觉为止。

二、圆肩

（一）圆肩的原因

圆肩常见于女性，出现原因比较简单，通常是习惯性含胸、胸小肌紧张、前锯肌紧张（使肩胛骨前伸）、背部肌肉（斜方肌中束、菱形肌、背阔肌）太丰厚、背部肌肉的肌力很弱而使肩胛骨前伸、肱骨头旋前所致。从肩背处的外形上看，圆肩时的肩关节左右连线成圆弧状。

（二）矫正方法

（1）从肢体习惯上解决问题，不含胸，适度挺胸一点，注意肩胛骨内收。
（2）拉伸、放松胸小肌和前锯肌。
（3）如果背部肌肉太发达，则加强胸大肌和胸小肌的锻炼；如果是背部肌力很弱所致，则加强斜方肌中束、菱形肌的训练。
（4）加强外旋大臂肌肉群（三角肌后束、冈下肌和小圆肌）的肌力训练。
（5）做上述矫正驼背的肩部绕环练习。

三、探颈

（一）探颈的原因

探颈多是生活习惯所致，常见于使用电脑工作人员，长期下巴前伸（也可以说头部前探）所致，如果任其发展，会造成颈椎变形，出现头痛、头痛、手臂麻木等症状，严重者可能导致高位瘫痪。

（二）矫正方法

（1）应先从习惯上解决问题。保持端正头部，把电脑的显示屏放置于眼睛等高的位置；还可以通过在桌上设置一个支架（以安全可靠为前提）来限制前额过度前移，保证眼睛与显示屏之间有 50 cm 以上的间距。
（2）拉伸、放松胸锁乳突肌和胸骨舌骨肌，方法是左右转头和向后仰头。
（3）加强斜方肌上束和竖脊肌颈段的肌力训练。

四、耸肩

（一）耸肩的原因

耸肩多数是斜方肌上束肌肉紧张或者斜方肌上束肌肉过于丰厚，使肩胛骨上回旋致肩关节偏高所致。

（二）矫正方法

（1）拉伸、放松斜方肌上束。
（2）加强斜方肌下束和菱形肌的肌力训练。

五、溜肩

（一）溜肩的原因

溜肩是斜方肌上束的肌力不足所致，或者是由于胸小肌、肩胛提肌和菱形肌过于紧张致肩关节下垂。溜肩时，从前后方向看，肩膀没有"台阶"，颈部与肩部形成一个斜下坡。

（二）矫正方法

（1）加强斜方肌上束的肌力锻炼，比如徒手耸肩练习。
（2）拉伸、放松胸小肌、肩胛提肌和菱形肌。

六、高低肩

高低肩是一侧肩高一侧肩低的现象，这种情况多数是生活习惯所致。先观察清楚哪侧肩高，哪侧肩低，肩高的那侧按照上述耸肩的方法进行矫正，肩低的那侧按照溜肩的方法矫正。高低肩时常会伴随脊柱侧凸（或脊柱侧弯），要引起重视，尽早到医院检查。

补充说明：由于胸部和背部的肌肉力量不平衡，会导致驼背、圆肩和探颈等症状，胸部和背部的肌力线在身体侧面延伸会产生交叉。使肩胛骨上提或上回旋和使肩胛骨下降或下回旋的肌肉力量不平衡，会导致耸肩、溜肩或高低肩的症状出现，使肩胛骨上提或上回旋和使肩胛骨下降或下回旋的肌力线的延长线产生交叉。所以，驼背、圆肩、探颈、耸肩、溜肩以及高低肩这些症状又被称为上交叉综合征。

七、骨盆前倾

（一）骨盆前倾的原因

骨盆是连接腰以上和下肢的重要骨结构，因像盆子一样而得名。出现骨盆前倾较普遍的原因是腰部肌肉（竖脊肌腰段和髂腰肌）、股四头肌的长头（股直肌）和缝匠肌紧张以及腹部肌力不足，其症状是臀部后翘、腰部前塌、腹部微凸。

（二）矫正方法

（1）拉伸、放松竖脊肌（腰段）、髂腰肌、股四头肌长头和缝匠肌。
（2）主要加强腹直肌的锻炼，其次是加强腹外斜肌、半腱半膜肌和股二头肌长头的肌力锻炼。

八、骨盆后倾

（一）骨盆后倾的原因

骨盆后倾的发生比较少见，常与脊柱腰段变直有关，或者是髂腰肌、股四头肌长头和缝匠肌的肌力不足以及半腱肌半膜肌和股二头肌长头比较紧张所致。

（二）矫正方法

（1）拉伸、放松半腱肌半膜肌和股二头肌长头。
（2）加强髂腰肌、股四头肌长头、缝匠肌和腹内斜肌的肌力锻炼。

补充说明：在额状轴方向观看，由于使骨盆前倾或后倾肌肉（腹直肌与竖脊肌，髂腰肌、股四头肌长头与半腱半膜肌、股二头肌长头）的肌力线，向下延伸会出现交叉现象。所以，在临床上，把骨盆前倾和后倾又被称为下交叉综合征。

九、O形腿（也叫罗圈腿）

（一）O形腿的原因

除去病理原因的O形腿，多数情况是走步习惯养成的。导致不良走步习惯产生的因素多种多样，久而久之，就形成O形走步姿势。O形腿走步时膝关节的间距过大，从正前方看，两条腿已经不是两条竖直的直线，而是两条中间向外凸的弧线。

（二）矫正的方法

（1）夹书，采用立正姿势，双脚并拢，在膝关节内侧夹一本2 cm左右厚度的书，持续坚持，直至力竭，休息两三分钟又开始夹书，每天练习多次。
（2）夹软垫，走步时，在膝关节上方夹一个靠垫（坐车时或坐在家里沙发上用于支撑腰部的软垫），步幅小一点，力争控制靠垫不掉落；如果落了，捡起夹在腿内侧继续走步。每天坚持，一定时间后就可以纠正O形腿。

十、八字脚

（一）八字脚的原因

八字脚有内八字脚和外八字脚两种。外八字脚是走路时脚尖指向斜前方，脚底中线与前进方向有夹角，夹角越大说明越严重，病理原因除外，习惯性的外八字脚多是大腿、或小腿、或脚产生了外旋所致；内八字脚正好相反。足球运动员中常见的为外八字脚。

（二）矫正方法

（1）练习正步走，就像阅兵式那样的正步走，要求注意脚尖应领先向前踢腿。
（2）按直线目标迈步，平常走步时，有意沿着地面的直线，双脚在直线两侧落步。
（3）外八字脚的矫正方法是按摩、拉伸使腿外旋的肌肉，如臀大肌、臀中肌后部、臀小肌后部以及缝匠肌、耻骨肌、大收肌、长收肌，并锻炼使腿内旋的肌肉力量，如臀中肌前部、臀小肌前部、半腱肌、半膜肌、阔筋膜张肌。内八字脚的矫正方法与外八字脚正好相反，应锻炼使腿外旋的肌肉力量，按摩、拉伸使腿内旋的肌肉部位。

第二节 高血压患者的健身运动

血压的形成是血液在动脉血管内流动对血管壁产生的压力。通常以收缩压和舒张压来表示，收缩压是心脏收缩时血液对血管壁产生的压力，舒张压是心跳间隙血液对血管壁产生的压力，度量单位是 mmHg（毫米汞柱），血压的等级如表 8-2-1 所示。

表 8-2-1

血压级别	收缩压/mmHg 低值	收缩压/mmHg 高值	舒张压/mmHg 低值	舒张压/mmHg 高值
正常值	120	139	80	89
1 级高血压	140	159	90	99
2 级高血压	160	179	100	109
3 级高血压	180		110	

肥胖是高血压病症的诱发因素之一。高血压可能产生脑卒中、心肌梗死、心力衰竭、肾脏损伤等并发症。研究表明，高血压患者进行合理的运动，不仅可以预防高血压，而且具有减压作用，运动是高血压患者重要的辅助治疗手段。低强度（40%～70%）有氧运动，能当作降低高血压患者血压的非药物治疗手段，美国运动医学会主张将耐力性锻炼作为降低高血压患者血压的非药物性治疗手段。

（1）运动方式：步行、慢跑、骑健身车、椭圆机上走步、游泳、打太极拳、练太极剑、练八段锦、休闲式旅行、拉伸，等等。

（2）运动强度：40%～70% 的有氧运动，或者保持 HRR（Heart Rate Recovery，即心率恢复的缩写）的运动强度。强度高点的主观感受为心跳轻快、呼吸顺畅、体感舒适、体表微热或微微出汗，不影响一边运动一边交谈的程度。HRR 是指人的心率从工作心率恢复到安静心率的过程，在同等运动负荷下，这段时间（恢复心率的时间）越短越好。运动强度大了，恢复心率的时间就会延长，对于高血压患者是不利的。

（3）运动时间：20～30 min。

（4）运动频率：每周 3～6 次。

（5）注意事项：不可爆发式用力和进行强度较高的静力性练习。

第三节 心脏病患者的健身运动

心脏病（Heart Disease）的种类很多，有风湿性心脏病、先天性心脏病、高血压性心脏病、冠心病、心肌炎、心动过速，心肌梗塞等各种心脏病。

（1）运动方式：主要以有氧运动、轻抗阻练习、拉伸和医生提供的医疗体操（简单的肢体动作）为主，比如步行，慢跑，游泳，骑健身车，低海拔地区登山等。

（2）运动强度：绝对不能剧烈运动！应低强度、以活动为主。比如：缓步步行（椭圆机）1～5 km，慢跑（速度控制为 4～6 km/h）1～2 km，在浅水中低速游 50 m 以内的距离，间歇式中低速地骑健身车（总时间在 1 h 以内，骑一会休息一会），不影响一边运动一边交谈。

（3）轻抗阻练习：低运动量，阻力值为 1 RM 的 40%～50% 或者更低，每组做 8～10 次，每次练 2～4 个肌肉部位，每个部位 1～2 组。

（4）其他运动项目

① 在低海拔地区，采用分段式、低难度的登山（台阶练习）活动。

② 做肋木瑜伽或低难度瑜伽，每个部位拉伸一次（勿做普拉提练习）。

③ 在医生的嘱咐下做医疗体操。

（5）运动时机：只在身体感觉良好时运动。

（6）运动时间：每次运动，根据个体情况，运动总时间控制在 60 min 内（严重患者为 30 min 内，包含热身、练习、组间休息和放松）；在抗阻练习中，延长组间休息时间至呼吸、心率接近平常状态；步行、慢跑、游泳和骑健身车之类的运动，可以变速进行或者中间间插休息；登山运动必须间插休息。

（7）运动频率：每周 2～3 次。

（8）注意事项：

① 不单独运动。

② 不做对抗性运动。

③ 运动时必须随身携带相关药物。

④ 运动时和运动后 2～3 天内，一旦身体有酸痛、烧灼感、紧缩感、胀痛、无力、气短等不适症状，要立即就医。

⑤ 一旦发生病情，首先立即拨打 120 急救电话。

⑥ 准备好氧气袋，病情发生时使用；必要时立即进行心肺复苏。

第四节 脑卒中患者的健身运动

脑卒中是急性脑血管系统疾病的统称，又叫脑中风，分为缺血性脑卒中和出血性脑卒中两大类。其症状多为突然晕倒、口眼歪斜、语言不清、口吐白沫、四肢抽搐等。脑卒中的病因多样，由遗传、肥胖、糖尿病、高血压等因素诱发，脑部外伤也可能产生脑卒中的症状，治疗不好会造成瘫痪、半边瘫痪或者出现语言障碍等后遗症。

脑卒中是比较专业的医学病例，必须先由医院给出治疗和康复方案，再进入漫长的后期功能性恢复锻炼，健身教练的工作只能围绕脑卒中的后期功能性恢复训练展开。

（1）运动方式：极低难度、极低负荷的抗阻练习、协调反应，椭圆机练习，台阶练习，骑健身车、略带协调性的、原地或二三步之内的简单徒手操、单个、简单的瑜伽动作，或肋木拉伸。

（2）运动强度：采用极低运动量（不影响一边运动一边交谈的程度），训练有效果之后慢慢地增加运动量；应间歇式训练，组间间隔 3~5 min，或更长，至呼吸、心率接近平常状态。

（3）运动时间：每天都练 3~6 h。

（4）运动频率：每周 4~6 天。

（5）注意事项：

① 防跌倒。

② 不可急功近利，不能锻炼过度。

③ 病情发作的处理方式同哮喘患者病情发生时的处理方式基本一样。

第五节 哮喘患者的健身运动

早期或轻症哮喘的症状表现有咳嗽、胸闷，较为严重的症状表现有喘息，呼吸困难，咳痰，伴有哮鸣音的呼气性呼吸困难。

哮喘患者通常运动较少，因此，健康状况都不太好。平时多做加深、加长的呼吸练习，无论是站着、坐着、还是躺着都可以练习深呼吸，以及通过吹气球等练习，提升呼吸肌和膈肌的运动能力。运动时一旦病情发生，不可背着病人转送医院（这样会压迫胸腹部而限制呼吸），首先立即拨打 120 急救电话；然后让患者采取坐位或半卧位，并解开衣服领口、宽腰松带，避免胸腹受压和不必要的搬动，及时清除口鼻分泌物（保证呼吸道通畅）；如果呼吸停止，要立即做心肺复苏。其他事项参照"心脏病患者"的运动条款，并采用间歇法进行锻炼。

第六节 糖尿病患者的健身运动

人体血液中的葡萄糖，简称血糖，如果长期血糖含量过高，称为糖尿病，是一种以高血糖为特征的代谢性疾病，有 1 型糖尿病（运动风险较大）和 2 型糖尿病（占 90% 以上），肥胖是 2 型糖尿病最主要的环境因素。患糖尿病一定时间后会产生诸多并发症，因此应在患病初期进行治疗和参与运动来改善体质。

成年人一般空腹全血血糖为 3.9~6.1 mmol/L（70~110 mg/dL），血浆血糖为 3.9~6.9 mmol/L（70~125 mg/dL）。空腹全血血糖 ≥ 6.7 mmol/L（120 mg/dL）、血浆血糖 ≥ 7.8 mmol/L（140 mg/dL），两次重复测定均超标可诊断为糖尿病。

适度运动有利于降低血糖浓度，从而改善血脂水平，降低血压、控制体重、增强体力、改善心境。

（1）运动方式：以有氧耐力和中低阻力值进行抗阻练习（参照高血压患者的运动方式）。

（2）运动强度：有氧运动参照高血压患者的运动强度；抗阻运动的强度为中低强度（相当于减脂运动量，即低强度多次数，练习 15～20 RM）。

（3）运动时间：午餐或晚餐后，初始运动在 15 min 以内，适应后在 30 min 左右，在身体感觉能承受的情况下可延长到 60 min。

（4）运动频率：隔天一次有氧运动（每周 3～4 次），两天一次抗阻运动。

（5）注意事项：

① 低血糖患者，严禁空腹运动，并控制好运动量，运动中一旦出现心慌、大汗、饥饿感，要立即停止运动并及时补充糖分（准备好软管葡萄糖备用）。低血糖患者参加运动是比较危险的，发作时轻则昏迷，重则有生命危险。

② 运动可诱发低血糖或高血糖，所以，运动前或运动中以及日常生活中，感觉饿了要及时补充糖（碳水化合物），比如硬的水果糖；运动前，将胰岛素注射在活动幅度较小的腹部皮下组织（减少运动诱发低血糖）。

③ 晚餐后运动，适当增加碳水化合物的摄入量，以防夜间发生低血糖。

④ 勿独自运动，勿在寒冷和高热的环境中运动。

⑤ 勿爆发式用力或做冲击性运动，如跑步、跳跃、登山等。

（6）在医务监督下运动，运动前、中、后都要做好血糖检测，便于控制运动强度，保证安全运动。

第七节 骨质疏松患者的健身运动

骨质疏松是正常人体骨含量降低、骨微机构损坏，导致骨脆性增强，易发生骨折为特征的全身性、代谢性骨病。其症状为腰痛、（无缘无故）四肢疼痛、乏力、易疲劳、易骨折、脊柱变形（如身高缩短、驼背）等。骨质疏松病症常发于老年人，女性在绝经后的 5～10 年、男性在 70 岁以后、青少年以及久坐不动人群都容易出现骨质疏松。

骨质疏松的治疗方法有改善饮食结构（多吃钙含量高的食物）、药物治疗（补钙和加强钙吸收）、多晒太阳（夏季太阳除外）和适当运动。研究表明，适度的外界机械应力可使骨产生骨应力，从而刺激成骨细胞以增加骨量，减缓骨质疏松的状况。

（1）运动方式：轻度有氧运动，轻抗阻练习和中低难度的自重练习。如健步走、（在软垫或沙地上）轻微跳跃、慢跑、游泳、轻负重练习、简易徒手体操、打太极拳等。

（2）运动强度：中、低强度有氧运动，或做 15～20 RM（1 RM 的 60%～70%）的抗阻练习；年龄较大者，选择低强度的有氧运动和低重量抗阻练习（20 RM 以上），使运动心率保持在靶心率以下，次日主观感受应不累。

（3）运动时间：每次在 60 min 之内。年龄较大者，可缩短时间到 30 min 或 15 min 之内。

（4）运动频率：每周 3~4 次（每次能达 60 min 的训练时间）或 4~5 次（每次为 30 min 以下的训练时间）。

（5）注意事项：

① 务必了解清楚病情程度。

② 勿爆发式用力。

③ 少做躯干屈曲和旋转动作。

④ 最好有医务监督。

⑤ 严重骨质疏松患者不宜做健身运动。

第八节 肥胖患者的健身运动

高肥胖率已经是当今时代的一大社会问题，肥胖人群比例居高不下。这部分人群的生活和工作都会受到较大甚至非常大的影响。事实证明，肥胖之后的几大问题凸显，第一是自身生活不便，第二是人际交往不畅，第三是影响工作，第四是衍生病多、缩短寿命。

一、什么是肥胖

肥胖是人体体内脂肪积聚过多，外形与正常体形相比偏大，体重增加过多，BMI 指数大于或等于 30（健身人群除外）。过去的研究显示，BMI 指数在 25~29.9 为Ⅰ度肥胖，BMI 指数大于或等于 30 为Ⅱ度肥胖。事实证明，人体是需要一定的脂肪比例的，当脂肪比例过低时，御寒和抗病能力都会下降。从当今时代的生活条件和健康人群的调查统计分析，BMI 指数大于或等于 30 才被认为是肥胖，BMI 指数在 35 以上为严重肥胖。

用体脂率也可显示人体肥胖程度，体脂率是指人体体内脂肪重量在人体总体重中所占的比例，又称体脂百分比，正常成年人的体脂率分别为男性的 15%~18% 和女性的 25%~28%。

二、肥胖的原因

肥胖属于人体代谢性疾病，造成肥胖的原因有三种：一是遗传因素，二是生活方式，三是病理因素。根据研究，肥胖基因也是有遗传的；生活中，贪吃、贪睡以及活动少，都是造成肥胖的原因；先天或后天患有不能剧烈运动的疾病，会导致患者不敢运动，甚至不能快步走，不能干略微偏重的劳动，引起的后果就是容易致人肥胖。

三、如何对待肥胖

（1）分析肥胖的原因，对症下药，是病理因素的必须先行就医。

（2）针对非病理因素的肥胖患者，做好思想工作，使其明白肥胖的发展会给自己的健康造成不可挽回的严重后果，明白运动、健身的益处，使患者本人从思想根源上出发，立志减肥。通过健身、运动减肥是最科学的物理减肥方法，对身体的器官、组织无损伤，能加速体内脂肪代谢，能提高肌肉、韧带的活性和强度，能促进神经系统的指挥能力，能提高人体呼吸系统和血液循环系统的工作能力，能塑形，最终使患者回归正常的生活轨迹。

（3）制定科学、合理的减肥健身运动方案（详见第五章第二节）。

（4）做好后期的跟进和随访。减肥行动分初期、中期和后期这三个阶段，每个阶段患者的情况都不一样，需要健身教练做好后期的跟进工作。减肥初期，累的体感和饥饿感占据上风，有时体重不降反升，需要教练进行仔细分析，修正减肥计划，做好思想工作；减肥中期，效果开始显现，这时的思想也容易滑坡，可能会懈怠减肥行动，需要健身教练做好监督工作；减肥后期，成功实现减肥目标后，为防止反弹，健身教练要进行（电话）随访，提醒他（她）务必要坚持运动和保持严格的生活自律性，确保健康永存。

第九节 女性的健身运动

健身运动已成为女性保持身材和活力的重要选择。适合女性的运动项目很多，如健身房的有氧操舞类、柔韧形体练习类等。由于女性的生理特点，有月经期、妊娠期、产后康复和更年期等四个明显的生理特征时段，因此，女性特殊时期的健身运动需要特别考究。

一、女性生理期如何运动

在生理期的女性应适度进行轻量运动，无跳跃、无屏气、勿深蹲和避免腰腹部用力的静力性练习，如不宜游泳、跑步、跳远、跳高和平板支撑等，适度进行慢走、柔韧练习等，柔韧练习要减轻腰腹部的过度拉伸，避免髋部练习。

二、女性妊娠期间的健身运动

妊娠期是指女性从受孕开始到分娩前的时期，正常情况是从末次月经第一天开始计算为280天，分为妊娠前期（前三个月内）、妊娠中期和妊娠后期（分娩之前的三个月）。一般情况，妊娠前期胚胎正处于发育阶段，不适合运动；妊娠中期内分泌趋于稳定、流产的危险性减低，可以进行适度的运动；妊娠后期胎儿发育成熟、孕妇体态发胖、活动受限，不适合运动。整个怀孕期间，都不能做剧烈运动。

（一）运动方式

散步（饭后、有家人陪伴）、跳舞（参与不剧烈的广场舞、交谊舞运动）、瑜伽（避免腰腹部的过度拉伸）、柔韧练习（勿做正压腿）、骨盆拉伸（利于分娩）、徒手操并配合轻度的转

体运动、游泳（勿自由泳、蛙泳和蝶泳）、骑健身车、稍蹲（开腿站）、抗阻运动（以上肢、肩带和下肢为主）、"四脚爬"练习。

（二）运动强度

整个怀孕期间，都不能做剧烈运动，以中低强度的有氧运动为主。

（三）运动时间

每次运动 15~45 min。

（四）运动频率

每周 3~5 次。

（五）注意事项：

（1）妊娠运动要求专业和精细，未进行过专业培训的教练员勿开展妊娠健身指导。
（2）在医生的指导下开展运动，不具备运动条件的就要保持休养。
（3）避免孕期体重增加过大，使血糖升高过快，从而降低患妊娠糖尿病和"巨大儿"的风险。
（4）若运动中出现头痛、头晕、胸痛、腰痛、腹痛、视觉模糊、呼吸困难以及阴道出血和有液体流出等情况，要立即停止运动，并及时就医。
（5）不做对抗性、跑步和跳跃类动作。
（6）避免在过冷或过热的环境中运动。
（7）避免仰卧和腹部着地的俯卧姿势进行运动。
（8）衣服要宽松。
（9）及时补充水分。
（10）最好是女教练指导孕妇健身。
（11）"四脚爬"动作要领：

准备姿势：跪姿、躯干与地面平行，双臂在肩的正下方直臂支撑、虎口朝前（头的方向），双膝间距与髋同宽；可以做单腿的伸腿或举腿练习（即锻炼臀大肌的动作"跪姿伸腿"和"跪姿举腿"），可以做单臂的水平伸或矢状面伸，还可以是异侧手臂和腿同步练习伸的动作。

三、女性产后的健身运动

不管是自然分娩，还是剖腹产，刚生产后的住院期间，需要在医生的指导下，进行一些轻度的肢体活动。

产后出院，先进行一些轻微运动，如家中漫步、徒手操、广播体操、柔韧练习、伸展练习。待自我感觉身体机能逐步恢复，2~3周后就可以做一些局部的健身动作了，一个月左右就可以进行正常的健身活动。出院后的前一个月，要继续坚持盆底肌的锻炼（即上厕所提肛、憋尿的感觉）。

产后健身务必遵循以下三个原则：伤口部位不做过多用力和拉伸、运动量要循序渐进、持之以恒。

产后健身多以围绕腰部的减脂、塑形为主，因此，动作设计需要围绕腰腹部，多做一些腹直肌、竖脊肌、腹内外斜肌和髋关节运动的动作。运动设计参照第五章第二节的"减脂训练原则和方法"。

第十节 少年儿童和老年人的健身运动

一、少年儿童的训练

（1）年龄在十四、十五岁以下的少年儿童，正处于生长发育早期，其生理特点有：

① 软骨成分较成人多，容易弯曲变形。

② 关节的柔韧性好，但牢固性差、易于脱落。

③ 神经系统易兴奋，也易扩散。

④ 肌肉中含水量较高、蛋白质、脂肪和无机盐较少，与成人相比，肌纤维较细、肌力不足、肌耐力差、易于疲劳，但恢复疲劳的速度比成人快。

（2）针对少年儿童的生理特点，运动方案设计需要注意以下几个方面：

① 运动方式：不宜进行较重的抗阻练习，只适合进行一些自重练习、伸展练习和动作的技术练习，比如跑步、跳跃、球类运动、游泳、体操、轮滑、冰上运动、悬吊、自重抗阻、轻负重运动和爆发力练习等。多设计一些生动、有趣的运动内容，并不断变换内容，以维持孩子们兴奋的状态。

② 运动强度：中等偏大。

③ 运动时间不宜过长，每次训练时间为 60～90 min。

④ 运动频率：非专业每周 2～3 次，专业 4～6 次。

二、老年人的健身运动

随着老年人的运动系统、心血管系统、呼吸系统和神经系统的功能减弱、老年人的代谢速度也会变慢、运动后乳酸容易堆积、肌肉和骨质开始萎缩、骨质疏松、肌力下降明显、关节的灵活性降低、韧带的弹性减弱、大脑反应速度减慢且易疲劳、运动后恢复时间延长、血管老化变脆等。所以，老年人不能爆发式用力和做轻重量以上的抗阻练习，适合做徒手运动、伸展活动、慢走、适度快走、无身体接触的有氧运动。

（1）运动方式：不宜进行速度类和力量性的运动项目，可以参加有氧运动、轻抗阻运动、肋木拉伸和伸展活动类的运动项目，如骑健身车、漫步机走步、使用户外健身器械健身（如健骑机、太极推揉器、漫步机、坐推坐拉训练器、划船器、椭圆机、平步机等）、健步走、慢跑、游泳、打乒乓球、打门球、打太极、练八段锦和五禽戏等。

（2）运动强度：低强度，运动心率在靶心率范围的低点，运动后 5～10 min 内脉搏恢复到接近安静时的水平，主观感受为不累、微微出汗。老年人群虽然总体上采用低强度运动、以活动为主，但也要根据个体情况，量力安排锻炼。有的老年人长期坚持锻炼，身体素质基础比很多年轻人都要好，这类人群的运动量可以适度加强。

（3）运动时间：每次 5～30 min。

（4）运动频率：视个人情况，每天均可。

（5）注意事项：

① 勿倒立，勿大憋气，勿在猎犬周围运动（因为犬类有攻击运动活体的属性），身体不适勿运动。

② 延长组间休息时间，待心率接近安静时心率水平才开始下一组练习。

③ 佩戴心率监测手环，时刻监测自己的心率变化，把控安全风险。

第九章

放松

体育运动后，肌肉分泌物的增加和堆积会使肌肉紧张，肌肉通过放松后，不仅可以减少局部乳酸的堆积，而且还会起到舒筋活络、促进血液循环、增强关节韧带的弹性和韧性、加快肌肉的疲劳恢复速度、较快地提高运动成绩的作用。长期在运动后坚持做放松练习的肌肉会显得有活性而不死板。

放松练习，是体育运动之后必不可少的部分，我们一定要加强对放松运动的练习，特别是在竞技体育和健身运动后。

第一节　自我放松

没有他人帮助，通过自己做一些动作，就能达到放松肌肉的目的，称为自我放松。其动作多样，下面列举几个。

一、慢跑

动作要领：缓步慢跑，全脚掌着地，手臂在体侧自然下垂，利用跑步的振动来抖动肩部，手臂也随之抖动；也可小幅度地踢腿跑，跑步距离为 200～400 m。慢跑是可以放松全身各部肌肉的简单而有效的方法。

二、甩腕

动作要领：微屈肘，手心或手背向上，上、下轻微摆动小臂，甩动手腕。甩腕，可放松前臂屈肌群和伸腕肌群。

三、原地跳

动作要领：膝微屈，手臂自然下垂，单腿或双腿小跳，并随着跳动节奏上下抖动全身。原地跳，可使全身肌肉随之放松。

四、抖肩

动作要领：双脚开立与肩同宽，膝微屈，手臂在体侧自然下垂，以膝关节为中心，下肢弹振式上下发力，全身开始上下抖动，肩部的上下抖动幅度最明显。抖肩，尤其对背部、胸部、肩部和上肢肌肉的放松效果很好，如图 9-1-1 所示。

五、肩上摆臂

动作要领：站姿，手臂在体侧，手心向前，向前上方摆动手臂到极限，此时曲肘，手可触及肩背，然后，手臂原路回落到体侧、体后。如此重复练习。肩上摆臂，可放松肱二头肌和肱三头肌，如图 9-1-2 和 9-1-3 所示。

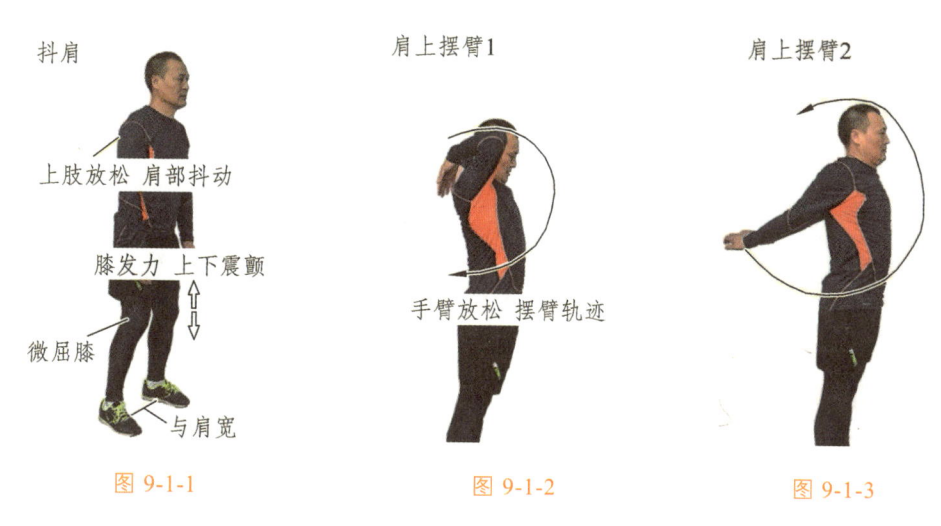

图 9-1-1

图 9-1-2

图 9-1-3

六、前后交叉摆臂

动作要领：站姿，摆动双臂，使双臂在体前和体后斜下方直臂交叉。前后交叉摆臂，可放松肩关节周围相关的肌群，如三角肌、胸大肌、斜方肌等，如图 9-1-4 和 9-1-5 所示。

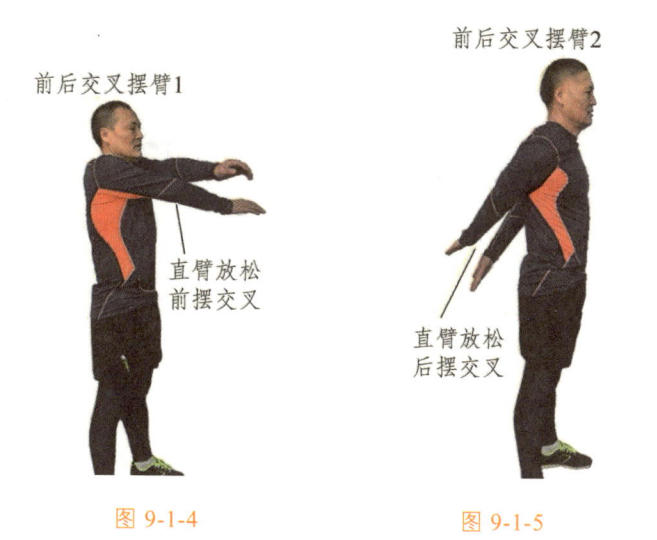

图 9-1-4

图 9-1-5

七、交叉踢腿

动作要领：站姿，两脚开立与肩宽，双臂自然下垂，左右腿交换、放松向异侧踢腿，配

合转体摆臂，手脚协调就像走路一样。交叉踢腿，可放松腰部、髋部和腿部肌肉，如图 9-1-6 和 9-1-7 所示。

图 9-1-6

图 9-1-7

八、抖小腿

动作要领：小幅度抬起一只腿，然后放松"抖"下去，左右腿交替进行。抖小腿，可放松下肢肌肉，如图 9-1-8 和 9-1-9 所示。

图 9-1-8

图 9-1-9

九、摇大腿

动作要领：双脚开立与肩同宽，直膝站立，上体前俯，双手抱住股四头肌并摇动它（注意，必须是直膝，股四头肌才能处于放松状态）。摇大腿，可放松股四头肌，如图 9-1-10 所示。

图 9-1-10

十、捶、捏小腿

动作要领：坐姿，屈膝，双手从腿的两侧同时轻捶小腿后群肌或者单手抖动、摇动小腿后群肌。捶、捏小腿后群肌，使之放松，坐矮

板凳或垫上进行最好，如图 9-1-11 和 9-1-12 所示。

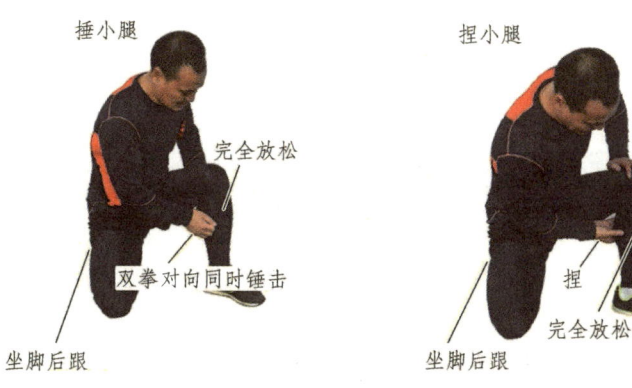

图 9-1-11

图 9-1-12

第二节 按摩放松

按摩放松是运用中医的推拿手法，由同伴或者专门的按摩师对运动后的肌肉、关节和韧带，实施各种按摩手法，从而达到放松肌肉的目的。

一、按摩的基本常识

（1）按摩的时间：每个部位的肌肉、关节或韧带，按摩用时 3～5 min。

（2）按摩的力度：轻柔或中度用力，整个按摩过程的力度先轻后重，最后用轻手法结束。被按摩肌肉的生理感受以有舒服的微胀痛感且能够承受为宜；如果被按摩者叫"痛"，说明力度大了，就要适度减力。

（3）按摩的路线：从远离心脏的地方，向靠近心脏的方向进行按摩。

（4）按摩的体位：让被按摩的肌肉部位处于完全放松的状态，根据按摩不同肌肉部位的需要，采用站姿、坐姿、仰卧或俯卧，不要直接躺在地上，最好是躺在垫子上进行按摩放松。

（5）按摩动作的频率：每分钟 100～160 次，应根据手法的不同而有快有慢，整个按摩的开始阶段和其中某个手法的开始时段，动作频率宜慢。

二、按摩的基本手法

（一）摩法

用手指或手掌附着在体表，连续、有节奏地做环状摩动。分为指摩法、掌摩法和大、小鱼际摩法。

动作要领如下。

（1）指摩法：手掌自然伸直，食指、中指、无名指和小指并拢，大拇指指面贴着施术部位，做环形摩动，此手法适用于面积较小的部位。

（2）掌摩法：五指并拢，手掌平置贴着施术部位，做环形摩动。

（3）大、小鱼际摩法：大鱼际或小鱼际贴着施术部位，做环形摩动。

如图 9-2-1～9-2-4 所示。

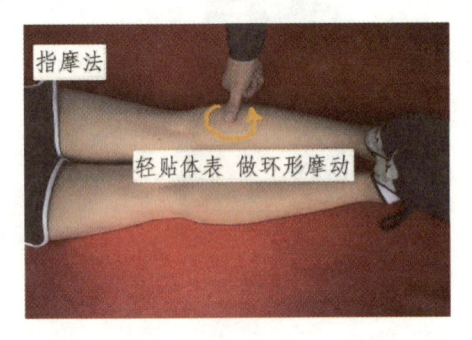

图 9-2-1

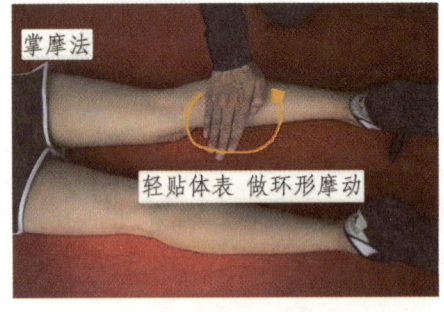

图 9-2-2

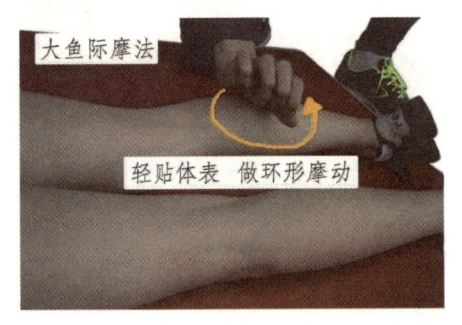

图 9-2-3

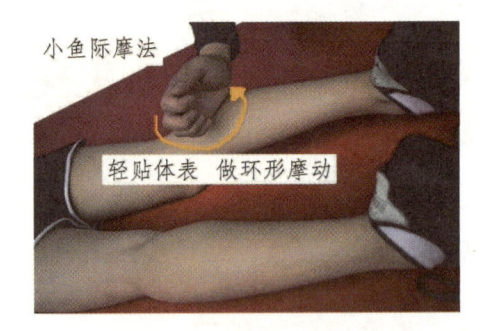

图 9-2-4

（二）擦法

用手指和掌心贴附于施术部位，较快地做直线往返运动。擦法同样也分指擦法、掌擦法和小鱼际擦法，手型与摩法中的手型相同。

摩法和擦法通常会混合使用，有时也被称为摩擦法，是摩法和擦法的合称，是放松按摩时最先使用的手法。掌摩法和掌擦法适用于放松大的肌肉部位，如图 9-2-5～9-2-7 所示。

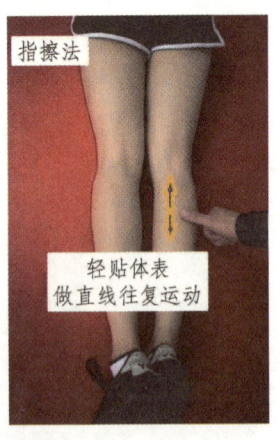

图 9-2-5

图 9-2-6

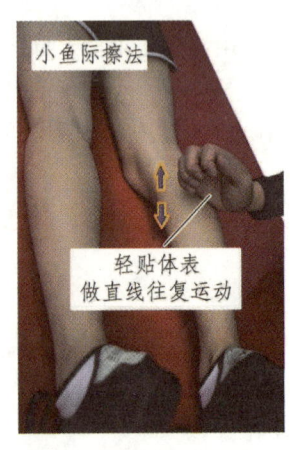

图 9-2-7

（三）揉法

用手指或手掌的某一部位，在施术部位上做轻柔灵活的上下、左右、环旋或螺旋揉动，此手法运用较多。针对小的肌肉部位用指揉法，针对大的肌肉部位用大、小鱼际揉法和掌根揉法。揉法的力量要通过皮肤，渗达皮下的肌肉，揉法频率为120～160次/min。

螺旋揉动时，要尽量减小施术者的手对施术部位皮肤的摩擦，防止皮肤擦伤或把施术部位皮肤揉得发红、发紫。

动作要领如下。

（1）大鱼际揉法：手掌大鱼际部位贴着施术部位揉动。

（2）小鱼际揉法：半握拳，手掌小鱼际部位贴着施术部位揉动。

（3）掌根揉法：腕关节略背伸，并适度紧张，手掌掌根部位贴着施术部位揉动。

进行上述三种揉法时，做到沉肩、曲肘、腕关节适度紧张，前臂做主动运动，带动腕、掌揉动。

掌根揉法可以变化为全掌揉，即把全掌贴着施术部位揉动。全掌揉法适合放松大的肌肉部位，比如臀大肌、腘绳肌和股四头肌，单手力量不足时，可以用另外一只手重叠施压，或者是手臂伸直，借助身体重量，通过手臂传力到手掌。

（4）拇指揉法：拇指螺纹面贴着施术部位，腕部适度紧张，小臂发力带动拇指做环转运动。当拇指疲劳时，可用中指代劳，方法是中指伸直或略带弯曲，其余四指合拢，用中指螺纹面贴着施术部位揉动。此法适合对关节、小肌肉和肌腱进行按摩。

如图9-2-8～9-2-11所示。

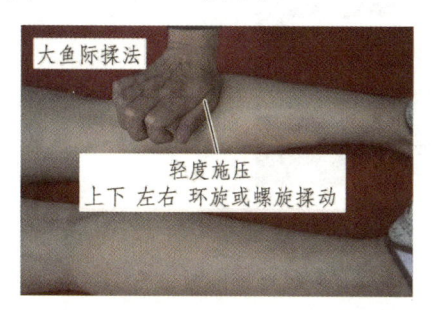

图 9-2-8

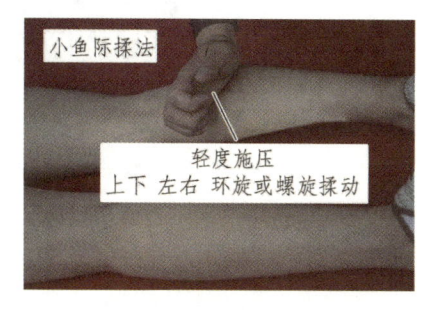

图 9-2-9

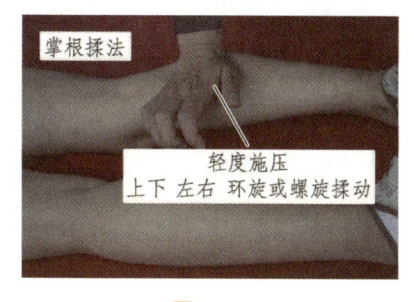

图 9-2-10

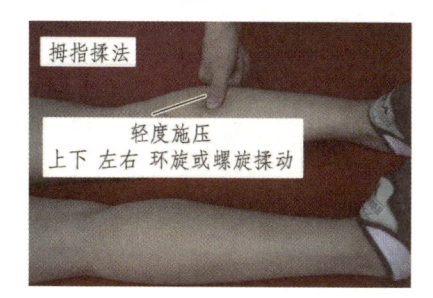

图 9-2-11

（四）捏法

拇指和其余四指对称地向内挤压施术部位，一挤一松，形成捏法。捏法可单手或双手同

时操作，适合按摩大小适中的部位。

动作要领：手心尽可能地贴着施术部位的皮肤，用拇指和其余四指的指腹面贴着施术部位，相对用力挤压，如图 9-2-12 和 9-2-13 所示。

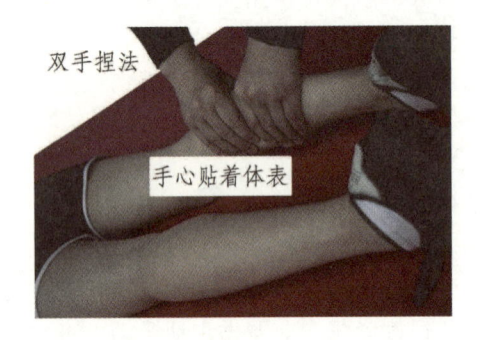

图 9-2-12

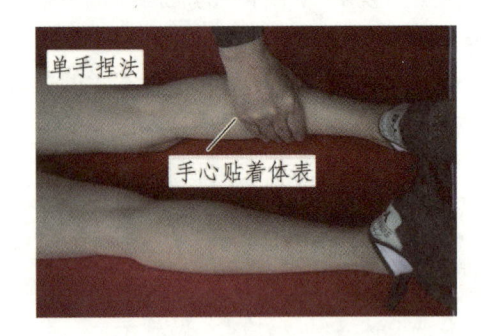

图 9-2-13

（五）揉捏法

揉捏法是揉法和捏法的组合，手掌和五指指腹面紧贴着施术部位，五指用力先把肌肉捏起来，再做环周揉动，如图 9-2-14 所示。

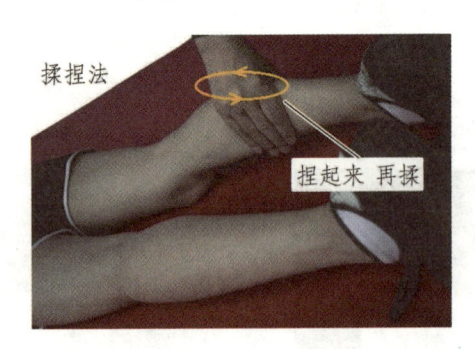

图 9-2-14

（六）按压法

用手指、手掌或脚底贴着施术部位，有节奏地、柔和地施加压力，可以垂直向下或斜下用力，以垂直向下手法居多。

动作要领如下。

（1）指按压法：用拇指的螺纹面贴着施术部位，腕部适度紧张，小臂发力带动手指按压施术部位。

（2）掌按压法：直臂，五指并拢，单手或重叠双手，手心贴于施术部位，以肩关节为支点，利用身体的重量，通过手臂传达手掌，按压施术部位。

（3）脚底按压法：受术者取仰卧或俯卧姿势，施术者站着，一条腿支撑全身的重量，另一条腿屈膝并用脚踏在施术部位的上部进行按压。脚底按压适合放松腰部以下的大肌肉群，如图 9-2-15 ~ 9-2-17 所示。

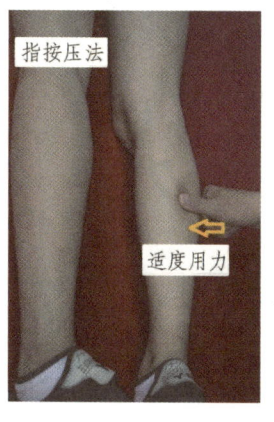

图 9-2-15 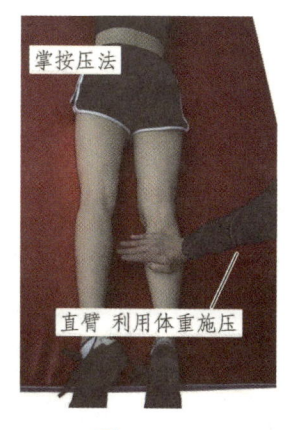　　　　　　　图 9-2-16 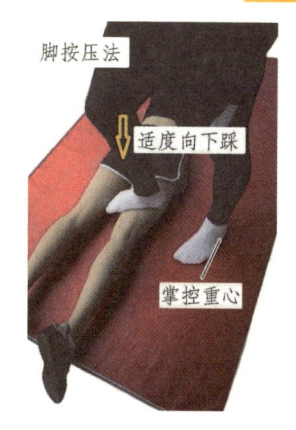　　　　　　　图 9-2-17

（七）推法

用拇指指腹或掌根贴压于施术部位，从肢体远端向心脏方向推进。手法分为指推法和掌推法。

动作要领如下。

（1）指推法：用拇指指腹靠指尖的部位贴于施术部位，拇指和腕部适度紧张，大臂发力带动拇指推进。

（2）掌推法：直臂，手掌根部贴压于施术部位，以肩部为支点，躯干上部向前下发力，或大臂发力带动掌根推进，如图 9-2-18 和 9-2-19 所示。

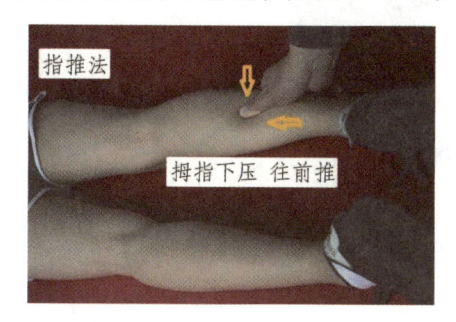

图 9-2-18 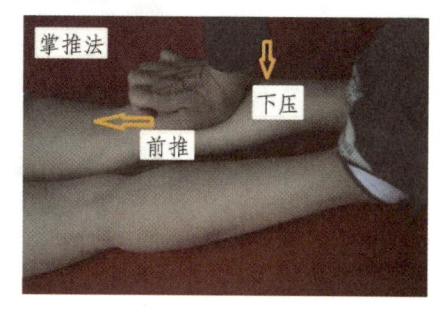　　　　　　　图 9-2-19

（八）搓法

双手掌面夹住施术部位，做往返搓动，此手法很适合用于放松上肢，如图 9-2-20 所示。

图 9-2-20

(九）拍法

五指并拢，掌指关节微屈，掌心空虚，腕关节适度紧张，前臂发力，双掌或单掌有节奏地、快速拍打施术部位。此手法主要适用于放松表浅肌肉。如图 9-2-21 所示。

图 9-2-21

（十）捶法（又叫叩击法）

半握拳，单拳或双拳，用拳轮击打施术部位。此手法适用于放松肌肉丰厚的部位。如图 9-2-22 所示。

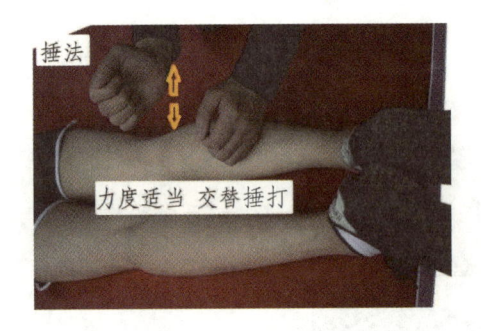

图 9-2-22

（十一）抖法

双手或单手握住受术者肢体远端，适度用力拉紧，做小幅度连续抖动。抖动上肢，双手握住尺桡骨远端，把力量传递到肩部；抖动下肢，双手握住踝关节，如图 9-2-23 和 9-2-24 所示。

图 9-2-23

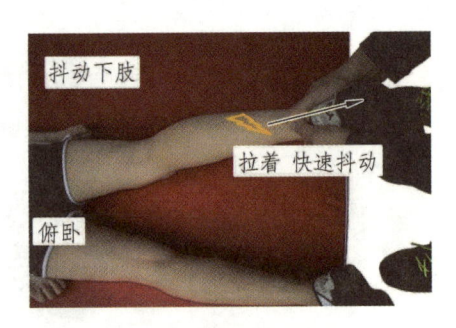

图 9-2-24

（十二）振法

在按压法的基础上，用手掌或脚底贴着施术部位，适度用力压住施术部位，做快速、高频的振动。振法分为掌振法和脚振法。

动作要领如下。

1. 掌振法

手掌全部贴压着施术部位，屈肘，小臂发力，带动手掌垂直向下或斜前下方用力，并快速振动。此手法可略加变化，手掌抱着肌肉部位，腕部适度紧张，小臂发力左右摇摆，使肌肉在肌纤维的垂直方向做快速的振动。如图9-2-25所示。

2. 脚振法

受术者取仰卧或俯卧，施术者用脚底轻踏施术部位，屈膝，小腿和踝关节适度紧张，大腿发力带动脚底做快速的振动。此法适合放松臀部和下肢大的肌肉部位。如图9-2-26所示。

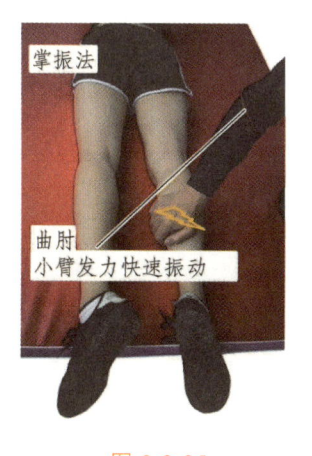

图 9-2-25 　　　　　　　　　　图 9-2-26

对以上内容进行归纳总结，适合按摩、放松肌肉最常用的手法有摩擦法、揉法、捏法、揉捏法、按压法、搓法、拍法、捶法、抖动法和脚振法等。针对大肌肉群如臀大肌、腘绳肌、股四头肌的常用手法有双手捏法、揉捏法、拍法、捶法、压法和脚振法等。

第三节　伸展练习

伸展练习是通过对肌肉和韧带进行活动和牵拉，减小肌纤维之间的黏滞性，使肌纤维能顺畅地收缩和拉长，其包含了冲击式伸展练习、静力性伸展练习和PNF练习。

一、冲击式伸展练习

冲击式伸展练习也叫振动式伸展练习，通常是在口令的指挥下，有节奏地对肌肉和韧带进行活动和牵拉。体育课或运动训练中，在老师或教练的口令指挥下，一拍一动地做徒手操，就是冲击式伸展练习。

二、静力性伸展练习

静力性伸展练习是对肌肉和韧带进行静力性拉伸，使目标肌肉在一定时间内、保持特定长度下，被等张、持续地牵拉。分为练习者自己一个人就能独立完成的静力性主动拉伸和需要在同伴帮助下才能完成的静力性被动拉伸两种方式。进行静力性伸展练习，既可以热身，又可以放松肌肉和韧带。

（一）静力性伸展练习原则

1. 拉伸强度

目标肌群有因牵拉而引起的能够承受的微痛感。

2. 拉伸持续时间

当牵拉的目标肌群出现微痛时开始计时，持续 10～30 s，通常根据自己的体质和训练水平，掌控 20 s 左右；如果体质好、训练水平高，拉伸时间可偏长一点。

3. 练习组数

每次放松练习，每个部位 1～2 组。

4. 练习时间

每天训练结束，出汗基本消失、心率趋于正常时进行。

（二）静力性主动拉伸

1. 屈腕肌拉伸

屈腕肌拉伸如图 9-3-1～9-3-5 所示。

图 9-3-1 　　　　图 9-3-2 　　　　图 9-3-3

第九章 放 松 / 275

图 9-3-4 （拉屈腕肌，左手掌根推右手指根，向左推）

图 9-3-5 （拉屈腕肌，直臂，向后拉，掌心朝前指尖向下）

2. 肱二头肌拉伸

肱二头肌拉伸如图 9-3-6～9-3-8 所示。

图 9-3-6 （拉肱二头肌，直臂内旋抓住，躯干下沉到底）

图 9-3-7 （拉肱二头肌，抓住，直臂，内旋，躯干下沉）

图 9-3-8 （拉肱二头肌，直臂内旋抓住，躯干下沉到底）

3. 肱三头肌拉伸

肱三头肌拉伸如图 9-3-9 所示。

图 9-3-9 （拉肱三头肌，靠住，用力下压）

4. 三角肌（前、中、后束）拉伸

拉伸三角肌前束：如图 9-3-10 和 9-3-11 所示。
拉伸三角肌中束：如图 9-3-12 所示。
拉伸三角肌后束：如图 9-3-13 和 9-3-14 所示。

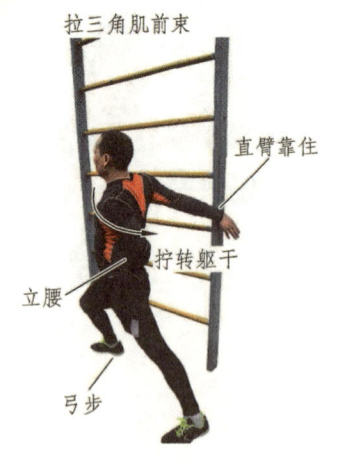

图 9-3-10 　　　　　图 9-3-11 　　　　　图 9-3-12

图 9-3-13 　　　　　图 9-3-14

5. 斜方肌上束拉伸

斜方肌上束拉伸如图 9-3-15 ~ 9-3-17 所示。

图 9-3-15 　　　　　图 9-3-16 　　　　　图 9-3-17

6. 斜方肌中束和菱形肌拉伸

斜方肌中束和菱形肌拉伸如图 9-3-18 所示。

图 9-3-18

7. 竖脊肌拉伸

竖脊肌拉伸如图 9-3-19 ~ 9-3-21 所示。

图 9-3-19　　　图 9-3-20 　　　图 9-3-21

8. 背阔肌（及斜方肌下束）拉伸

背阔肌（及斜方肌下束）拉伸如图 9-3-22 ~ 9-3-24 所示。

图 9-3-22 　　　图 9-3-23 　　　图 9-3-24

9. 胸大肌拉伸

胸大肌拉伸如图 9-3-25 ~ 9-3-27 所示。

图 9-3-25 　　　　　　图 9-3-26 　　　　　　图 9-3-27

10. 腹直肌拉伸

腹直肌拉伸如图 9-3-28～9-3-30 所示。

图 9-3-28 　　　　　　图 9-3-29 　　　　　　图 9-3-30

11. 腹内外斜肌拉伸

腹内外斜肌拉伸如图 9-3-31～9-3-36 所示。

图 9-3-31 　　　　　　图 9-3-32 　　　　　　图 9-3-33

图 9-3-34 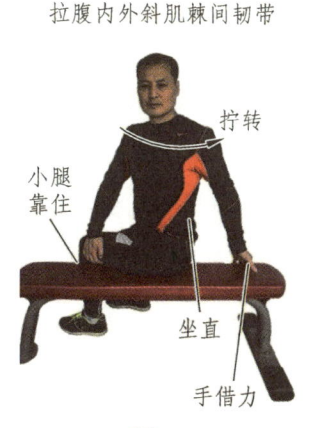　　　　　图 9-3-35 　　　　　图 9-3-36

12. 臀大肌拉伸

臀大肌拉伸如图 9-3-37 和 9-3-38 所示。

图 9-3-37 　　　　　图 9-3-38

13. 臀中肌臀小肌拉伸

臀中肌臀小肌拉伸如图 9-3-39 所示。

图 9-3-39

14. 腘绳肌拉伸

腘绳肌拉伸如图 9-3-40 ~ 9-3-46 所示。

图 9-3-40 　　　　　图 9-3-41 　　　　　图 9-3-42

图 9-3-43 　　　　　图 9-3-44

图 9-3-45 　　　　　图 9-3-46

15. 股四头肌拉伸

股四头肌拉伸如图 9-3-47 ~ 9-3-51 所示。

图 9-3-47 　　　　　图 9-3-48 　　　　　图 9-3-49

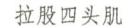

图 9-3-50　　　　　　　　　　　图 9-3-51

16. 髂腰肌拉伸

髂腰肌拉伸如图 9-3-52 和 9-3-53 所示。

图 9-3-52　　　　　　　　　　　图 9-3-53

17. 腹股沟韧带

腹股沟韧带如图 9-3-54 所示。

图 9-3-54

18. 大腿内收肌拉伸

大腿内收肌拉伸如图 9-3-55 ~ 9-3-57 所示。

图 9-3-55 　　　　　　　图 9-3-56 　　　　　　　图 9-3-57

19. 肩关节拉伸

肩关节拉伸如图 9-3-58～9-3-64 所示。

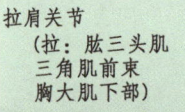

图 9-3-58 　　　　　　　图 9-3-59 　　　　　　　图 9-3-60

图 9-3-61 　　　　　　　图 9-3-62

图 9-3-63 　　　　　　　图 9-3-64

20. 小腿后群肌拉伸

小腿后群肌拉伸如图 9-3-65 和 9-3-66 所示。

图 9-3-65 　　　　　图 9-3-66

21. 踝关节拉伸

踝关节拉伸如图 9-3-67 和 9-3-68 所示。

图 9-3-67 　　　　　图 9-3-68

22. 综合拉伸

综合拉伸如图 9-3-69 和 9-3-70 所示。

图 9-3-69 　　　　　图 9-3-70

（三）静力性被动拉伸

1. 拉伸部位

肱二头肌、肱三头肌、三角肌前束、三角肌中束、三角肌后束、斜方肌上束、竖脊肌（斜方肌中束和菱形肌）、背阔肌、胸大肌、腹直肌、腹内外斜肌、臀大肌、腘绳肌、股四头肌、髂腰肌、大腿内收肌群、棘间韧带、小腿后肌群。

2. 动作示范

如图 9-3-71 ~ 9-3-89 所示。

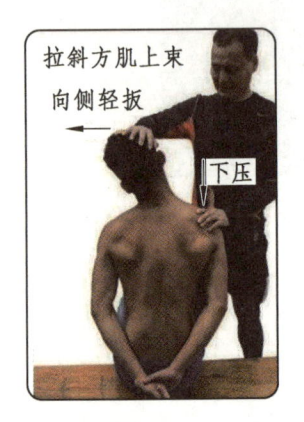

图 9-3-71

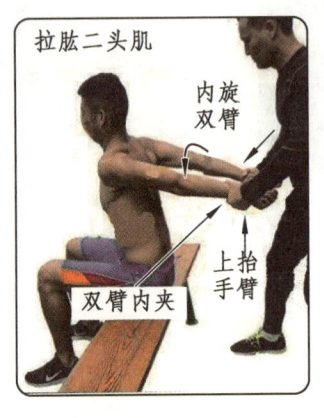

图 9-3-72

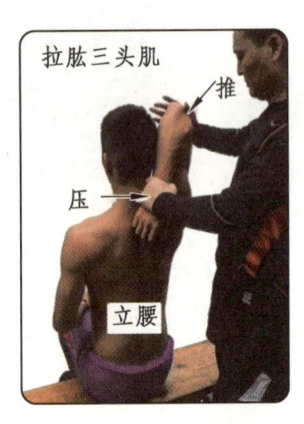

图 9-3-73

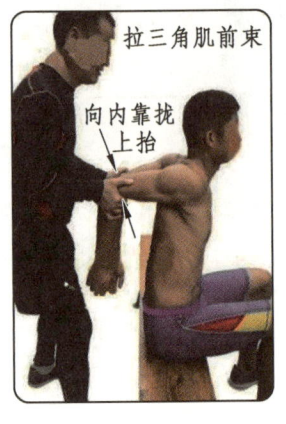

图 9-3-74

图 9-3-75

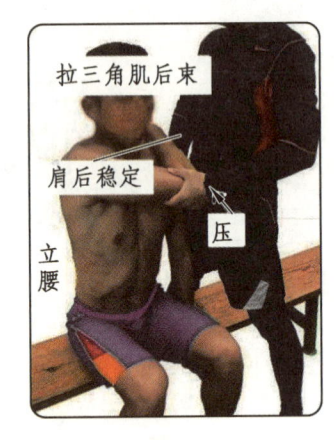

图 9-3-76

图 9-3-77

图 9-3-78

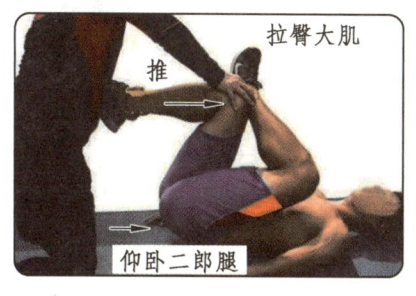

第九章 放松

图 9-3-79　仰卧二郎腿（拉臀大肌，推）

图 9-3-80　拉臀大肌（同侧下压，直腿）

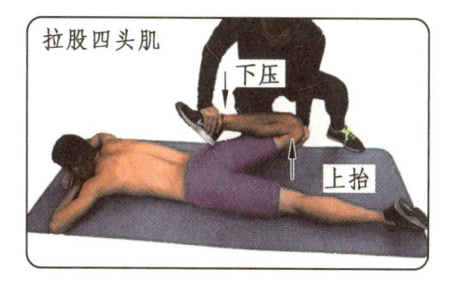

图 9-3-81　拉股四头肌（下压，上抬）

图 9-3-82　拉腹直肌（肘放腿上支撑，拉起，半蹲）

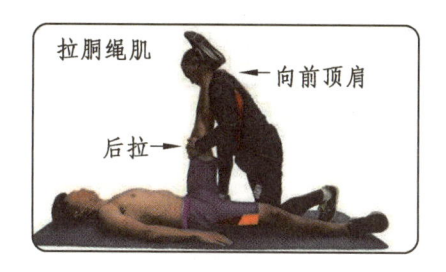

图 9-3-83　拉腘绳肌（向前顶肩，后拉）

图 9-3-84　拉大腿内收肌群（下压）

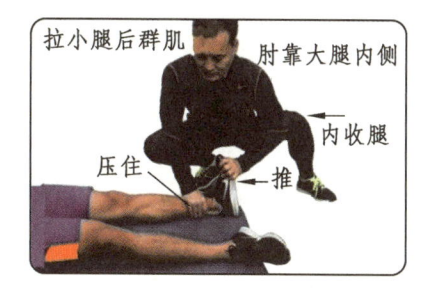

图 9-3-85　拉小腿后群肌（肘靠大腿内侧，内收腿，压住，推）

图 9-3-86　拉小腿后群肌（双手下拉前脚掌，直腿）

图 9-3-87 　　　　　　　　图 9-3-88 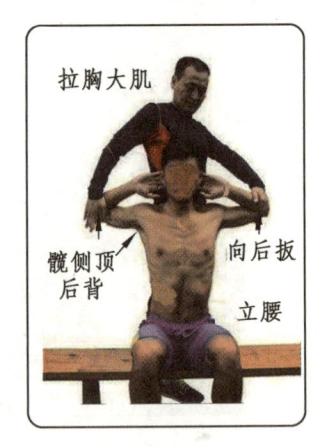　　　　　　　　图 9-3-89

三、PNF 练习

PNF 练习，全名叫本体神经肌肉促进技术（Proprioceptive Neuromuscular Facilitation），可有效地提高肌肉和韧带的柔韧性。分为自己一个人就能独立完成的主动 PNF 和需要在同伴帮助下才能完成的被动 PNF 两种方法。

（一）方法

被牵拉的目标肌肉，首先静力性主动收缩持续 5～6 s，接着保持身体姿势不动（被牵拉的目标肌肉不发力）5～6 s，再被动拉伸 15～30 s。如此进行 3～5 个循环。

（二）牵拉强度

目标肌群有因牵拉而引起的能够承受的微痛感。

（三）举例

拉伸腘绳肌。

1. 被动 PNF 拉伸

如图 9-3-90 所示。

（1）练习者仰卧，左腿静力性用力对抗施术者肩部，持续 5～6 s。

（2）保持图中身体姿势不变，练习者和施术者都停止用力，持续 5～6 s。

（3）施术者身体前压，至练习者左腿腘绳肌出现能够承受的微痛感为止，持续控制 20 s 左右。

2. 主动 PNF 拉伸

如图 9-3-91 所示。

（1）左腿适度抬高放置，左腿静力性向下用力，持续 5～6 s。

（2）保持图中身体姿势不变，左腿停止向下用力，持续 5～6 s。

（3）练习者身体前压，至左腿腘绳肌出现能够承受的微痛感为止，持续控制 20 s 左右。

以上（1）至（3）为一组 PNF 练习，每个肌肉部位重复 3～5 组，每周做 3～5 次。

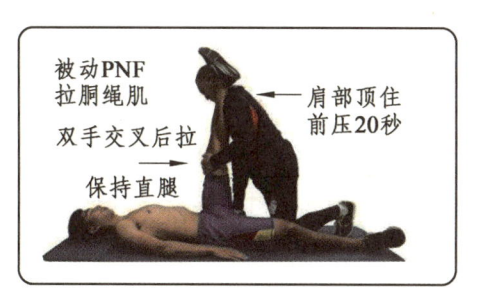

图 9-3-90

图 9-3-91

其他部位的被动 PNF 拉伸和主动 PNF 拉伸，分别参照静力性被动拉伸和静力性主动拉伸部分的动作；有些没有示范的部位，需要做主动或被动 PNF 练习，参照"拉伸腘绳肌"（见图 9-3-90 和图 9-3-91）的动作要领，举一反三，即可实现。

第四节 意念放松

意念放松综合是我国道家修身法中的静功、放松功和意功而成，本书作者通过多年的练习，体会到它对放松身心有很好的帮助，在此做特别推荐。

一、放松常识

（一）准备姿势

站姿、坐姿、睡姿均可。

1. 站姿

两脚开立与肩同宽，两脚平行或脚尖朝膝盖前方，双臂自然垂放于体侧，肩部放松，头部端正，重心前压至脚弓处。

2. 坐姿

双腿"八"字分开，坐下时大腿与地面成水平最佳，双手放于大腿上，手心朝上、朝下均可，挺胸立腰，肩部放松，头部端正。

3. 睡姿

仰卧、身体伸直、双臂自然放置于体侧。

（二）练习前的准备

松衣解带，思想集中，双目微闭。

（三）呼吸

闭合双唇，用鼻子均匀呼吸。

（四）放松时机

当呼气时，意念（自己用大脑去想象宇宙万物及其运动变化）所到的部位，大脑默念"松"字，能帮助该部位出现"松"的状态。

（五）练习时间、地点

任何时间、地点都可以练习，选择空气清新、安静的环境最好。体育运动的放松活动之后、体育竞赛开始之前、进入考场马上就要考试之前、在聚精会神地工作之前、激烈活动后马上要平静心情时、工作疲劳时、心情烦躁时、晚上失眠时等，都是较好的练习时间。

二、放松路线

（一）第一条路线：上肢

顺序如下：（1）头顶的百会穴，（2）头顶两侧，（3）两耳，（4）脖颈两侧，（5）肩上部（斜方肌上束），（6）肩部（三角肌），（7）大臂，（8）肘关节，（9）小臂，（10）腕关节，（11）手掌，（12）手指，（13）中指末梢。如图9-4-1所示。

手臂放松路线

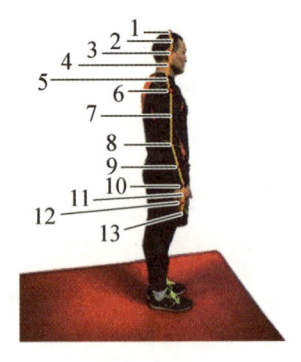

图9-4-1

（二）第二条路线：体前

顺序如下：（1）头顶的百会穴，（2）前额，（3）眉，（4）眼，（5）面颊，（6）下颚，（7）脖颈前部，（8）胸部，（9）腹部，（10）腹股沟，（11）大腿前部，（12）膝关节前部，

(13)小腿前面,(14)踝关节上部,(15)脚背,(16)踇趾。如图9-4-2所示。

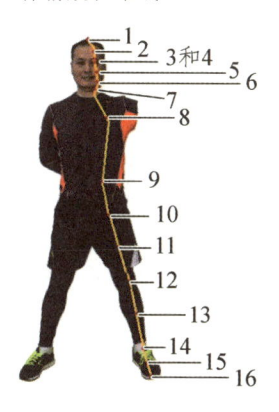

图 9-4-2

(三)第三条路线:体后

顺序如下:(1)头顶的百会穴,(2)头后部,(3)脖颈后部,(4)后背部,(5)后腰部,(6)臀部,(7)大腿后部,(8)膝关节后部(腘窝处),(9)小腿后部,(10)踝关节后部(跟腱),(11)脚底(涌泉穴位)。如图9-4-3所示。

图 9-4-3

三、放松方法

首先进行心脏放松,然后依次放松上肢、体前和体后,最后回到心脏放松。

(一)心脏放松(1)

准备姿势做好了,先把意念集中在心脏处(胸部偏左一点),做三至五吸(一次连续呼气和吸气称为一吸)的心脏放松练习。

（二）上肢、体前和体后三条路线的放松

每条都是从头顶的百会穴开始，按照各条路线的放松顺序依次进行，首先放松上肢路线，然后放松体前路线，最后放松体后路线。意念每到一个部位，在呼气的同时，都要放松该部位，意念到达每条路线的最后一个部位时，稍做停留，做二吸放松。

（三）心脏放松（2）

三条路线放松完后，把意念集中停留在心脏处，做二、三吸的心脏放松练习。

开始练习时，需要逐个部位地进行练习，熟练后，用一吸完成从头顶开始到末端的放松，用三吸做完三条（上肢、体前、体后）路线的放松，更有甚者，用一吸同时放松三条路线，此时的感觉就像一盆水从头顶倒下一样。

四、意念放松的运用

通过一组意念放松练习后，练习者的心率很快恢复到接近安静心率的状态，情绪稳定后，也能更好地投入新的工作中。此方法不仅适合运动后的放松，还适合运动员赛前的情绪调整，警务人员在特殊情况下做心情调整等。

比如狙击手在执行任务时，通常是紧张、快速地奔跑到达目的地，此时的心率跳动很快，情绪也不安定。当身体姿势摆好，枪械准备妥当，就可以立刻做意念放松。先集中意念放松心脏二三吸，然后用一吸完成从头顶开始到末端的放松，用三吸分别做完三条（上肢、体前、体后）路线的放松；如果时间紧迫，用一吸做完三条路线的放松。

第十章

健康体适能

第一节 健康体适能的概念

世界卫生组织给健康的定义为人在生理、心理、社会交往和道德健康这四个方面处于安静、平和的状态。

亚洲医学会给健康的定义为有目的、有意义的生活，以及以主动、负责、最大限度地提高躯体、精神和心灵的健康为特征的生活方式。

健康的构成要素（或影响健康的因素）包括躯体健康、智力健康、心理健康、心灵健康、环境健康、社会健康和职业健康。

体适能是个人所拥有的适应或完成各种体力活动的能力，它包含健康体适能和竞技体适能。

一、健康体适能的概念

健康体适能是与人体健康水平有密切关系的体适能，由心肺耐力、肌肉力量和耐力、柔韧性和身体成分这四要素组成。竞技体适能是与人的运动竞技能力有关的体适能，包括爆发力、灵敏性、平衡性、协调性、反应时和速度等身体素质。

二、健康体适能测评的意义（或目的）

（1）了解客户的锻炼目标与基础身体状况。
（2）评估客户参加运动时的风险水平。
（3）评价客户的健康体适能水平。
（4）为制订健身计划获得数据上的支持。

三、健康体适能测评内容（或要素）

健康体适能测评内容包括健康调查和基础指标测评。

（一）健康调查的内容

（1）个人信息：姓名、性别、住址、身份证号码等。
（2）个人病史：包括确诊病史、潜在疾病、伤痛表现（疾病症状）、之前影响健康的生活方式和习惯等。
（3）目前的生活状况。
（4）健身目的。

（二）基础指标测评

基础指标测评是必不可少的，它包括体型测评、体质测评和体能测评。

第二节 如何进行健康体适能测评

一、健康体适能测评前的准备工作

（1）电话预约：确定时间、提醒注意（检测前一天保持良好休息，检测前一个半小时内不要吃饭，检测前不要大量饮水及饮用刺激性的饮料，检测前不要进行运动，检测前准备好运动鞋、运动体恤及运动短裤，等等）。

（2）器材准备：能夹 A4 纸的夹板、笔、踏板、皮尺、人体成分分析仪（或皮脂夹）、秒表、记录表、体重秤、血压计、计算器、瑜伽垫、健康问卷（可参考附表十一的"健康状况问卷调查表"）。

二、如何进行健康体适能测评

（一）体型测评

体型测评包括围度测量和体态评估等。参考附表十二的"体型测量登记表"。

1. 体态评估

（1）什么是体态评估。

体态评估包括静态评估法和动态评估法（动态评估法常在医学康复领域使用），健身领域通常采用静态评估法对人体进行评估。体态评估是通过从正面、侧面和背面观察自然站立人体的体表标志并与其正常状态进行对比，得出本人的体态健康状况结果。

（2）体态评估的意义。

体态评估可以帮助人们了解自身体态存在的问题，以及发现潜在的健康风险，为纠正不良体态和习惯、改善身体姿势，提供可靠的参考依据。

（3）体态评估的内容。

① 正面观：观察测试对象站姿的竖直和对称性，如头颈是否居中、头部有无侧倾和旋转、有无高低肩、有无 O 形腿或 X 形腿（膝内翻或外翻）、有无内外八字脚、手臂有无内旋或外旋、有无骨盆侧倾等特征。

② 背面观：观察测试对象身体的竖直和对称性，如有无脊柱侧屈或弯曲、头部有无侧屈和旋转、有无高低肩、有无 O 形腿或 X 形腿（膝内翻或外翻）、有无内外八字脚、扁平足、有无骨盆侧倾和旋转等特征。

③ 侧面观：观察测试对象身体各部位在矢状面方向的排列是否合理，如有无探颈、有无驼背、有无鸡胸、有无胸椎曲度过直、有无含胸和圆肩、有无大臂内旋或外旋、有无骨盆前倾或后倾、有无膝过伸、耳孔—肩峰—股骨大转子—膝关节前面—外踝前约 2 cm 是否在一条垂直线上等。

随着科技的发展，已经有了相关仪器代替人工做体态评估工作，使主观的评估数据变得更加公正、客观。

（4）如何进行体态评估（体态评估的步骤）。

正确的体态评估步骤如下：

① 在竖直平整的墙面上张贴"体姿体态评估系统表"，如图 10-2-1 所示。张贴体姿体态评估系统表的房间要求：光照明亮、光线柔和，房间尺寸不少于 5 m（长）×4 m（宽）。

② 准备一些专用工具，以便对特定部位的角度和位置进行测量。

③ 让测试对象在体姿体态评估系统表的正前方中间（有高度尺的地方）靠墙成自然站立，从正面、侧面和背面进行观察、拍照、测量、问询，并做好记录。

④ 分析所得信息、数据，得出当前的体态结论。

⑤ 给出体态矫正的建议。

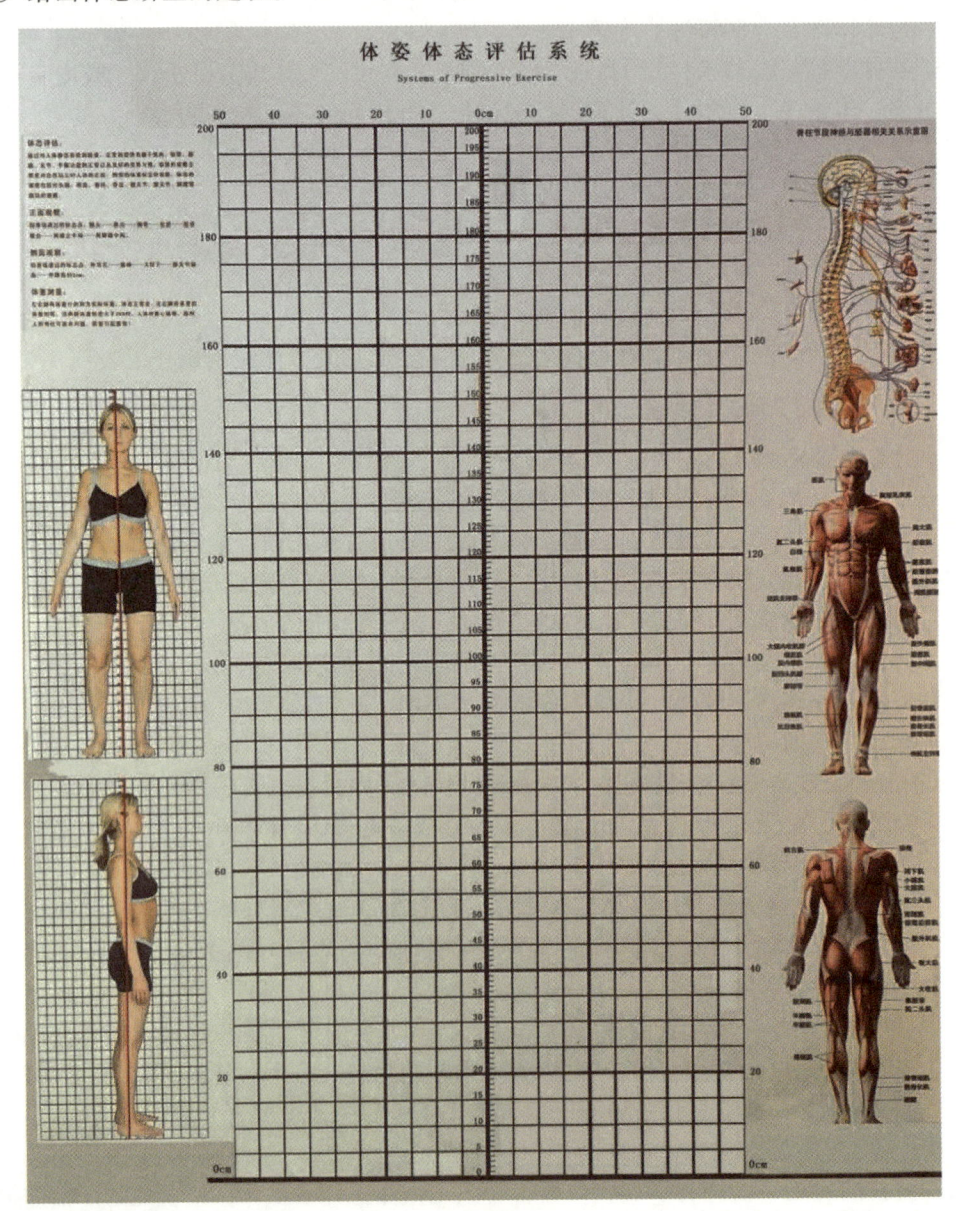

图 10-2-1

2. 维度测量

（1）大臂围：手臂侧平举时大臂最粗位置的周长。

（2）胸围：胸部隆起最大位置的（水平）周长。

（3）腰围：腰部最细地方的（水平）周长（男子脐上1寸，女子脐上4寸，此处的"寸"是被测量者本人拇指的一横指宽度。一横指的宽度为1寸，即同身寸法）。

（4）臀围：臀部最大地方的（水平）周长。

（5）大腿围：臀围线位置的（水平）周长。

（6）小腿围：小腿隆起最高位置的（水平）周长。

3. 体型测评的注意事项

（1）健身教练站位：站在客户侧面。

（2）测量尺的使用：平行、不紧拉。

（3）对客户的要求：测量腰围时不能故意收腹或凸起；穿紧身运动装。

（4）如有身体接触，必须先征得客户同意。

（5）如果健身教练有口臭，佩戴口罩或者更换他人来测量。

（二）体质测评

体质测评的指标包括身高体重、身体成分、体脂率、血压和健康状况等。

体重测评时，如果是健康体态，左右脚的重量显示是基本一样的；如果左右脚的重量误差超过2 kg，说明人体重心产生了偏移，有可能是脊柱侧屈造成的，要引起重视，最好是到医院做检查。

身体成分通过人体成分分析仪或者皮脂钳这两种设备进行测试。皮脂钳比较简单，测试方法是用手把表皮捏住提起来，测试皮脂的厚度，男士测试腹部、胸部侧面和大腿中部，女生测试上臂后侧、髂骨和大腿中部。人体成分分析仪比较准确，赤脚站在人体成分分析仪上、双手手心握住人体成分分析仪的测试手柄，就可以轻松完成测试，获得许多相关数据，比如体重、体脂率、安静心率、血压等指标，与正常指标进行对比，即可诊断出体质健康状况，详见附表十三的"体质测量登记表"以及附表十五的"人体成分分析报告样表"。体脂率又叫体脂百分比，是人体脂肪组织重量占人体体重的百分比。参考表详见附表十三的"体质测量登记表"。

体脂百分比参照表如表10-2-1所示。

表 10-2-1

性别	优秀	一般	较胖	肥胖
男	6%～13%	12%～18%	25%～30%	30%以上
女	14%～20%	18%～25%	32%～35%	35%以上

（三）体能测评

体能测评又叫运动测评，包括心肺耐力、肌肉力量、肌肉耐力、柔韧性、灵活性和平衡能力测试。详见附表十四的"体能测量登记表"。

1. 心肺耐力

心肺耐力又称有氧耐力，是指人体长时间进行有氧工作的能力。心肺耐力的水平主要与心血管系统和呼吸系统的功能有关。心肺耐力越好，人体保持长时间工作的能力也越强、消除疲劳速度越快、恢复机能更有效。

通过有氧运动来提高心肺耐力。有氧运动可以使心脏的泵血机能和工作效率得到提高，使肺通气量增强，从而改进肺功能，增加最大摄氧量。

测试心肺耐力的目的是对客户进行一次最大强度心肺耐力测试，从而推测客户的心肺耐力水平。测试方式通常采用（3 min）台阶实验，也有采用 1 mile 步行测试、12 min 跑测试 800/1 000 m 跑测试以及吹肺活量测试。

（1）三分钟台阶实验。

台阶实验是在 3 min 之内，按照规定的节拍（120 次/min），原地上下台阶（男子台阶高度 30 cm，女子台阶高度 25 cm）之后测量 1 min 30 s、2 min 30 s 和 3 min 30 s 这三个时段的脉搏次数。

台阶指数的计算公式：

$$台阶指数 = \{持续运动的时间（180）÷ 三次脉搏数之和\} \times 100$$

台阶指数测试水平等级参考表如表 10-2-2 所示（单位：无）。

表 10-2-2

年龄	性别	差	一般	好	优秀
20～29	男子	42 以下	42～52	52～58	58 以上
	女子	41 以下	41～52	52～58	58 以上
30～39	男子	41 以下	41～52	52～59	59 以上
	女子	37 以下	37～54	54～60	60 以上
40～49	男子	36 以下	36～54	54～60	60 以上
	女子	30 以下	30～55	55～62	62 以上
50～59	男子	30 以下	30～53	53～60	60 以上
	女子	27 以下	27～53	53～61	61 以上

（2）肺活量。

肺活量是指一次最大用力吸气后，再最大用力连续呼出的气体总量。反映一个人呼吸机能的潜在能力。在体育运动中，通过肺活量的大小可以看出一个人心肺有氧耐力的强弱。

由于人们不经常进行吹气练习，连续用力吹二次就会乏力，所以要掌握正确的测试要领，以确保第一次或第二次就获得测试者的最大肺活量。

吹肺活量测试要领：先用手拿着吹嘴并贴紧罩住嘴唇，试试用多大的力度才不会使吹嘴变形（吹嘴变形要漏风）。使用时，吹嘴下端牢固插入吹管大孔，把吹嘴靠近后对着嘴唇；测试开始，先用力吸气（扩展胸囊、使胸腔充分吸满空气）、吸足之后（整个胸腔完全充满空气）暂时闭气；接着，把吹嘴罩住嘴唇并以中等速度持续呼气直至力竭。

注意事项：一旦开始呼气，中途不得停止或减力；接近呼气极限时，可以使躯干前屈，尽可能地呼出更多气体；整个吹气过程中始终保持吹管下端的小孔通畅。

肺活量测试数据及评分表详见附表十七。

2. 肌肉力量和耐力测评

（1）肌肉力量测评。

肌肉力量测评的目的是通过测试肌肉的最大用力，反映被测肌肉的力量水平。

测试方法是用一只有力的手握着握力计，采用爆发力发力的方式使劲握紧握力器，连续测试三次，取其中数据最大一次的测试结果作为肌肉力量测试结果。

握力测试水平等级参考表如表 10-2-3 所示（单位：kg）。

表 10-2-3

年龄	性别	差	一般	好	优秀
20～29	男子	30 以下	30～43	43～49	49 以上
	女子	18 以下	18～26	26～30	30 以上
30～39	男子	32 以下	32～45	45～50	50 以上
	女子	20 以下	20～27	27～31	31 以上
40～49	男子	30 以下	30～43	43～49	49 以上
	女子	18 以下	18～26	26～30	30 以上
50～59	男子	25 以下	25～38	38～44	44 以上
	女子	16 以下	16～25	25～29	29 以上

（2）肌肉耐力测试。

肌耐力测试的目的是测试被测肌肉部位的肌肉耐力水平。比如，采用宽距俯卧撑测试男士肌耐力，采用跪姿宽距俯卧撑或者 1 min 仰卧起坐测试女士肌耐力。

① 仰卧起坐。

仰卧起坐测试的动作要领：受测者仰卧在测试垫上、屈膝（大小腿约成 90°）、双手摸头侧或耳朵；同伴帮助按压脚背，采用"骑坐"方式（见图 10-2-2），双手拉住其小腿（这样可以防止测试过程中练习者的大小腿角度发生变化）。动作开始，受测者的腹部肌肉收缩，躯干直体抬起至双侧肘部接触到自己同侧的膝关节为完成一次仰卧起坐，然后躯干回落至背部接触垫面（此时方可连接下一次动作）。

仰卧起坐的帮助方法

搂住小腿　骑坐脚背

图 10-2-2

女子 1 min 仰卧起坐测试水平等级参考如表 10-2-4 所示（单位：次）。

表 10-2-4

年龄	差	一般	好	优秀
15～24	15 以下	15～19	20～25	25 以上
25～34	10 以下	10～14	15～19	19 以上
35～44	6 以下	6～10	11～15	15 以上
45～54	4 以下	4～6	7～10	10 以上
55 以上		1～2	3～5	5 以上

② 俯卧两头起。

俯卧两头起测试的动作要领：俯卧在体操垫子上，并腿、绷脚尖，双手在头后交叉并抱头，头部、躯干和下肢保持一条直线。准备姿势做好后，腹部在垫上支撑不动，腰部发力（竖脊肌的腰段）把躯干和髋部向上拉起，使身体形成反弓状态，然后还原动作使身体至准备姿势（方可连接下一次动作）。如此重复练习，一鼓作气连续完成，中途不能有停顿休息，练习过程中始终保持伸直双腿。俯卧两头起测试水平等级参考如表 10-2-5 所示（单位：次）。

表 10-2-5

年龄	性别	差	一般	好	优秀
20～29	男子	20 以下	20～24	25～29	29 以上
	女子	20 以下	20～24	25～29	29 以上
30～39	男子	20 以下	20～24	25～29	29 以上
	女子	15 以下	15～19	20～24	24 以上
40～49	男子	15 以下	15～19	20～24	24 以上
	女子	10 以下	10～14	15～19	19 以上
50～59	男子	10 以下	10～14	15～19	19 以上
	女子	5 以下	5～9	10～14	14 以上

③ 引体向上。

引体向上测试的动作要领：在高单杠下方原地跳起正握、闭握（拇指和食指形成环状）单杠、握距与肩宽或略比肩宽。身体从悬垂静止开始（肘关节伸直），双臂用力向上拉躯干使下巴越过单杠上沿为完成一次引体向上；然后还原动作，躯干下落至肘关节伸直（方可连接下一次动作）。杠子的高度以测试者直臂悬垂静止时脚离地距离在 10-15 cm 为宜。练习过程中，要求躯干没有前后摆荡和明显借助腰腹力量来完成动作的情况。男子引体向上测试水平等级参考如表 10-2-6 所示（单位：次）。

表 10-2-6

年龄	差	一般	好	优秀
15～24	6 以下	6～9	10～14	14 以上
25～34	5 以下	5～7	8～11	11 以上
35～44	4 以下	4～6	7～10	10 以上
45～54	3 以下	3～5	6～7	7 以上
55 以上		1～2	3～4	4 以上

④ 俯卧撑。

男子的测试动作为宽距俯卧撑,女子的测试动作为跪姿宽距俯卧撑。

俯卧撑测试的动作要领参见第六章的相关内容。俯卧撑测试水平等级参考如表10-2-7所示(单位:次)。

表 10-2-7

年龄	性别	差	一般	好	优秀
20~29	男子	15以下	15~24	25~34	34以上
	女子	5以下	5~9	10~14	14以上
30~39	男子	12以下	12~18	19~24	24以上
	女子	3以下	3~6	7~10	10以上
40~49	男子	10以下	10~15	16~20	20以上
	女子	1以下	1~3	4~6	6以上
50-59	男子	6以下	6~10	11~15	15以上
	女子		1~2	3~4	4以上

⑤ 下蹲运动。

下蹲运动测试的动作要领:采用站姿做准备,双脚开立与肩同宽,双臂自然下垂于体侧。动作开始,重心下降至大腿与地面成水平、同时双臂直臂前摆至前水平,最后还原成准备姿势为完成一次动作。练习过程中,要求保持膝关节的垂直投影点不能超过脚尖,伸直躯干,一鼓作气连续完成(中途不能有停顿休息)。测试时教练站在受测者的侧边并面对受测者,与之保持30~50 cm的有效保护距离,当受测者需要保护时,能及时伸出双手抓住其大臂(防止跌倒、确保安全)。下蹲运动测试水平等级参考如表10-2-8所示(单位:次)。

表 10-2-8

年龄	性别	差	一般	好	优秀
20~29	男子	40以下	40~59	60~79	79以上
	女子	30以下	30~44	45~59	59以上
30~39	男子	40以下	40~59	60~79	79以上
	女子	20以下	20~29	30~39	39以上
40~49	男子	30以下	30~44	45~59	59以上
	女子	10以下	10~19	20~29	29以上
50~59	男子	20以下	20~29	30~39	39以上
	女子	5以下	5~9	10~14	14以上

⑥ 举杠铃。

举杠铃测试的动作要领:受测者双脚开立与肩宽或略比肩宽、双脚基本平行,双手在体前直臂正握、闭握杠铃杆,握距为本人肩宽的1.5倍左右。准备姿势做好后,双臂同时用力

上举杠铃到头顶至手臂完全伸直，然后原路还原杠铃为完成一次。在上举和下降（还原动作）的过程中，要求杠铃杆经过胸前时都要略微停顿。

器械要求，杠铃杆长为 1.2~1.5 m，女生的器械总重量为 10 kg，男生器械的总重量为 20 kg。练习过程中，要求受测者的双脚脚底不能离开地面、双腿不能弯曲、躯干不能有明显的前倾、手臂在最上和最下端时均要伸直，杠铃杆从胸前向上时要同步抬头使双眼目视杠铃杆并随同杠铃杆下降至胸部时还原头部（目视正前方）。为确保安全，教练要在受测者的身后给予（头顶以上）保护，最好不要戴眼镜进行举杠铃练习（以防杠铃杆碰到眼镜后造成更严重的伤害）。举杠铃测试水平等级参考如表 10-2-9 所示（单位：次）。

表 10-2-9

年龄	性别	差	一般	好	优秀
20~29	男子	6 以下	6~12	13~19	19 以上
	女子	6 以下	6~12	13~19	19 以上
30~39	男子	6 以下	6~12	13~19	19 以上
	女子	5 以下	5~10	11~15	15 以上
40~49	男子	5 以下	5~10	11~15	15 以上
	女子	3 以下	3~6	7~10	10 以上
50~59	男子	4 以下	4~7	8~12	12 以上
	女子	2 以下	2~4	5~8	8 以上

3. 柔韧性测评

通常采用测试坐位体前屈的方式来测试柔韧性。通过测试，可以掌握客户的肩部、腰以下、臀部、（尤其是）大腿后群肌肉和韧带的柔韧性。

动作要领是：坐姿、两腿并拢伸直、双脚成倒"八"字蹬住底板，以髋为折叠点前俯上体，双手中指同步缓慢推动测试仪器滑块两侧到达极限并停留约 3 s，查看刻度尺上滑块停留的位置数据就是坐位体前屈的测试结果，动作示范如图 10-2-3 所示。

图 10-2-3

坐位体前屈测试水平等级参考表如表 10-2-10 所示（单位：cm）。

表 10-2-10

年龄	性别	差	一般	好	优秀
20~29	男子	-5.5 以下	-5.5~8	8~14	14 以上
	女子	-3.5 以下	-3.5~8	8~14	14 以上
30~39	男子	-9 以下	-9~5	5~11	11 以上
	女子	-9 以下	-9~5	5~11	11 以上
40~49	男子	-10 以下	-10~3	3~9	9 以上
	女子	-6 以下	-6~6	6~12	12 以上
50~59	男子	-11 以下	-11~2	2~7	7 以上
	女子	-7 以下	-7~6	6~11	11 以上

以上数据是根据我国国民大众体质测试数据统计所得。

各类测试项目请参考经国家体育总局批准、由国家国民体质监测中心发布《国民体质测定标准》最新版本。

第三节 竞技体适能

竞技体适能是专门针对各类运动员而设计的体能训练方案，其目的是尽可能地激发运动员的身体潜能，使个人运动能力最大化。专业运动项目不同、人员不同，体能训练方案也有差异，整体来看，专业运动员需要发展的身体素质有爆发力、肌肉力量、肌肉耐力、有氧耐力、速度、灵敏、协调、平衡等。相关训练计划的设计详见本书第四章的相关内容。

第十一章

健身计划与私教

健身计划，也被称为运动处方。在实际生活中，人们生病了到医院请医生给自己看病，医生则会给病人开一个处方，病人根据处方拿药、服药。早在20世纪50年代，有一位叫卡波维奇的美国生理学家，提出了用"运动处方"来给病人进行康复训练，后来这个词语得到了社会的认可，被用到运动、健身和康复医学领域。然而，参与健身或其他运动的人群本身就没有病（或许是处于亚健康状态，或许是病后体弱的身体需要通过运动使自己变得健康起来），因此本书作者认为带有病意的"处方"二字不适合健身人群，故在本书中不用"运动处方"，而是用"健身计划"取而代之。

私教是健身计划的制定者和实施者，私教的相关活动是在健身计划的框架下进行的；在实施健身计划的同时，要做好记录、小结训练情况、回访客户以及返回修改、调整和完善健身计划等。

第一节　健身计划的概念

一、健身（运动）计划的概念

健身计划是依据个人的健康体适能所制订的一系列科学的促进个人健康的方案，具有个性化的特点。健身计划的四要素指个人基本情况（即健康体适能）、预期目的、具体实施方案、训练日记和总结。

1. 个人基本情况（健康体适能）

（1）职业信息（或学业、专业等）：如教师、公务员、领导、普通职员、文字工作者、体力工作者（含体力需求特点）、运动员（含运动项目）等。

（2）生活方式与习惯等信息：如"朝九晚五""早八点—晚六点""夜班""上一天休息一天""长期在外出差"等。

（3）练习保障：可用于健身锻炼的时间、器械条件、营养供给、休息与恢复（放松手段）等。

（4）身体情况：

① 性别、年龄（年龄段，如少年、青少年、青年、中年、中老年、老年）。

② 身高、体重。

③ 体型、体质（体型有瘦长型、运动型和肥胖型）。

④ 健康状况：强健、良好、一般、较差、疾病（具体病种）、机能指标（心率、血压、肺活量、最大吸氧量）。

⑤ 体格发展水平：肢体和身体相关部位的维度、宽度和形态。有颈围、肩围、肩宽（肩缝间距、最大肩宽）、胸围（常态、收缩和扩张）、腰围（肚脐水平、最小腰围）、骨盆宽、上臂围（弯曲、伸直）、前臂围（弯曲、伸直）、大腿围、膝围、小腿围、踝围，还有胸深、胸厚、腰厚、腹厚、臀厚，以及是否是正常体态或者是否圆肩、驼背、脊柱侧屈等。

⑥ 身体成分：如瘦体重、体脂（脂肪）重、体脂率（体脂百分比）等。

（5）训练基础水平。

① 健美健身训练水平：空白、初级、中级、高级前期、高级后水平。

② 前一周期的练习情况及效果。

③ 其他运动项目及水平。

④ 意志品质：自律性的强弱、是否怕苦怕累。

2. 训练预期目的

参与健身训练的目的是多种多样的，如增肌、减脂、提高力量、增强爆发力、提升肌肉耐力、凸显肌肉线条、矫形、增强体质、康复、备赛、休整等，以及通过一段时间的训练后，计划达成什么样的目标。

3. 健身训练方案

制订具体的健身训练方案，需要依据前面的第1条和第2条，根据采用的健身手段，按照健身计划的类型，逐级编写训练计划。

4. 训练日记和总结

训练过程中，检查原计划是否能够恰到好处地对号入座，有没有需要增减的、增减的理由以及如何增减的；训练周期结束，通过测试是否达到预期目标，分析下一个训练阶段如何调整训练计划；等等。

二、健身计划分类

（1）按性质分类有：增强体质、增长体力、改善形体、发达肌肉、减肥、健身与休闲娱乐、机体功能性恢复与康复等。

（2）按年龄分类有：少年、青年、成年、中年、中老年、老年。

（3）按性别分类有：男子和女子。

（4）按训练进度分类有：初级入门阶段、初级成熟阶段、中级阶段、高级阶段、高级后阶段暨竞技和赛前阶段。

（5）按训练方法分类有：循环训练、多组数训练、优先训练、优质训练、综合训练、预热训练、交换角度训练、复合组训练、分化训练等。

三、健身计划的类型

健身计划有多年训练计划、年度训练计划、阶段训练（季度）计划、月训练计划、周训练计划和单元（即每次课）训练计划。

第二节 如何制订健身计划

由于人们的个体情况不一样、个人的工作和生活环境不一样、经济基础不一样、训练目标不一样等差异的存在，制订健身计划时要有所针对。

一、制订健身计划的原则

（一）区别对待原则

有人把区别对待原则称为个体化（或个性化）原则，实质意义都一样，是针对参加锻炼个体的年龄、性别、身体条件、运动技术的水平、运动项目、条件和目标等因素，制订不同的锻炼计划。

比如，少年儿童的骨质柔软，身体正在发育成长，适宜练习柔韧、利用自身重量和轻阻力的爆发力训练、灵敏训练、技术动作训练；老年人由于骨质疏松、韧带柔韧性差、韧带脆性增大、肌肉的肌力小等特性，所以，老年人健身不能做爆发力练习，只宜做轻器械的抗阻练习、利用自身体重的轻抗阻练习和低运动量的有氧运动。

（二）因地制宜原则

根据自己的经济、工作、生活和环境的条件，制订适合自己的健身计划。时间紧张的，可选择在家里、办公区域做一些轻器械运动，或者做徒手操、广播体操等；中青年人，有条件的可以选择到健身房健身、打羽毛球、打乒乓球、水上运动、冰上运动等；老年人可以选择走步运动、打太极拳、练五禽戏、社区舞蹈、打乒乓球等。

（三）安全原则

不管参加什么运动，首先要把安全因素放在首位。引起安全问题的因素很多，有器材、场地、天气、路况、技术和外界影响等多种原因，需要高度重视，只要有了安全防范意识，就能尽可能地避免安全事故的发生。比如，对于需要使用器械的运动，要检查器械是否牢固、是否规范使用器械和有无超龄使用器械等；对于走步运动，是否选择道路平坦、光照充足、无交通安全影响和空气环境良好的路段；对于羽毛球运动，要检查拍杆是否与拍柄连接牢固；对于冰上运动，要检查冰层厚度是否达标、护具是否质量可靠以及佩戴物是否牢固等。

（四）循序渐进原则

任何运动项目，成绩和技术水平的提高都是逐步实现的。制订计划时也一定要把目标、任务从低到高逐步提升，打好基础、稳步提升，才能有出色的发挥，最终实现既定的目标。比如跳高运动，一定是先练习跳越低横杆，再跳越高横杆。

有人会说"跑步易伤膝盖",这是因其不遵循循序渐进原则,直接开展过量运动,或者是热身活动不到位以及膝关节已经有轻伤从而造成的个别案例,我们不能以点概面。

(五)可调性原则

一套完整的年度、季度、月、周或者天计划,从实施开始到结束,不能按部就班地进行到底,中途发现问题要及时调整。目标定得太高,训练任务很难完成,此时要适度降低目标、减少任务量;训练中发现任务完成得太容易,就要适度提高目标、增加任务量。

比如,某天训练时,受自身的生理、情绪、睡眠、健康等临时因素的影响,运动量可以适当减小;另一天训练时,精神状态很好,运动情绪很高,体力充沛,就可以适当增加运动量。

(六)超负荷原则

超负荷原则是人体完成超过之前的运动负荷,使机体的承受能力和运动水平超过当前的最高值。竞技健美运动常常采用此原则来获得提升。

二、健身计划训练内容的分配方法

(一)全程多年训练计划的时长(阶段划分)

(1)初级入门:0~3月。
(2)初级成熟:3~6月。
(3)中级水平:6~12月。
(4)高级水平:12~36月。
(5)高级后水平:36月以上。
(6)最高竞技水平保持:36月以上。
健康锻炼,则介于中级和高级之间。

(二)周训练三次(周间三分化)部位分配

周	目标肌肉部位及顺序
1(2)	胸、肩、肱二头肌、肱三头肌、大腿、臀、小腿、腰腹
3(4)	胸、背、肱二头肌、肱三头肌、大腿、臀、前臂、腹
5(6)	胸、背、肱三头肌、肱二头肌、前臂、小腿、腹
备注	适合初级水平

(三)周训练四次(四天双分化)部位分配

周	目标肌肉部位及顺序
1	胸、背、肩
2	臂、腿、臀、腹
4	背、胸、肩
5	臂、腿、臀、腹
备注	适合初级后及中级水平

（四）周训练五次（五天双分化）部位分配

周	目标肌肉部位及顺序
1	胸、肩、颈、臂、腰
2	腿、臀、背、腰、腹
3	胸、臂、肩、颈、臀
5	背、肩、腰、腹、腿
6	胸、臂、腿、背、腹
备注	适合高级水平

（五）周训练六次（六天双分化）部位分配

周	目标肌肉部位及顺序
1	胸、肩、颈、臂、腰
2	腿、臀、背、腰、腹
3	胸、臂、肩、颈、臀
4	背、肩、腰、腹、腿
5	胸、臂、腿、背、腹
6	背、肩、腰、腹、腿
备注	适合高级、高级后、竞技水平，要有良好的营养补给

（六）训练部位及负荷分配

肌肉部位	负荷
上臂、肩、胸、背、臀、大腿	8～12 RM
腰、腹、	12～15 RM
小腿、前臂、颈	20～25 RM
自重	力竭

三、健身计划的具体内容

健身计划的具体内容，又叫健身计划的组成，应按照制订个人健身计划的原则，根据自己的目标，制订具体的锻炼计划，包括以下几方面的内容。

（一）选择运动形式（方式）

青少年可根据学生体质测试内容，选择对应的锻炼项目；不同职业的成年人则可以根据职业特点，选择对自己职业劳动有帮助的运动项目。比如导游需要徒步能力，可选择步行健身；营业员需要站得久，可选择发展下肢和躯干部位的耐力；老年人可选择慢步、徒手操、地掷球、门球、柔力球、陀螺、气功、太极拳、太极剑；等等。

（二）合理安排运动量

运动量也称运动负荷，运动强度乘以运动时间即为运动量。运动强度是指单位时间内从

事的运动所消耗能量的大小。运动量由运动的时间、次数、组数、距离、密度（动作或组间间隔时间）、速度、负重量等因素组成。

健康青少年的运动强度可以偏大，靶心率控制在最大心率的 80%～90%，强度高点的自我感受为心跳很快、呼吸量大、呼吸急促；健康中青年人的运动强度适中，靶心率控制在最大心率的 70%～80%，强度高点的自我感受为心跳有力、呼吸舒畅、精力充沛；老年人和身体患病者的运动强度要小，不宜有爆发性用力，靶心率控制在最大心率的 60%～70%，强度高点的自我感受为心跳轻松、呼吸顺畅、体感舒适、体表微热或微微出汗。

青年人的体力好，运动时间在 2 h 以内，过长则会影响身体健康，曾有报道称有人在健身房连续高强度运动接近 4 h，结果患上了可怕的"横纹肌溶解"症；中年人的运动时间为 30～60 min；老年人和身体患病者的运动时间在 20～30 min 为宜。

（三）运动频率

大运动量的训练每周 3 次，如果是专业运动员，其间安排 2～3 次中和小运动量的训练；中等运动量的训练每周练习 3～6 次；小运动量的训练每周练习 4～6 次。

（四）安全注意事项

影响健康安全的因素很多，有运动场地、运动器材、着装、运动量、空腹运动、带病运动、过度运动等，要时常注意、检查、处理。

四、高级健美运动体能训练标准参考

（一）男子高级健美体能训练标准

分数	项目				
	50 m 跑用时	1 000 m 跑用时	立定跳远/m	推铅球/m	引体向上/次
100	6″3	3′15″	2.65	10.2	17
95	6″4	3′20″	2.61	9.9	17
90	6″5	3′25″	2.57	9.6	16
85	6″6	3′30″	2.53	9.3	15
备注					

（二）女子高级健美体能训练标准

分数	项目				
	50 m 跑用时	800 m 跑用时	立定跳远/m	推铅球/m	1′仰卧起坐/次
100	7″8	3′10″	2.06	7.2	43
95	7″9	3′15″	2.02	7.0	41
90	8″0	3′20″	1.93	6.8	39
85	8″1	3′25″	1.94	6.6	37
备注					

（三）男子高级健美专项力量标准

项目	体重级别						
	48~54 /kg	55~61 /kg	62~70 /kg	71~77 /kg	78~84 /kg	85~93 /kg
平卧双手持铃推举	119	130	141	152	164	175
站姿持铃向上推举	77	86	95	105	115	120
站姿双手持铃反握弯举	32	40	49	55	61	70
站姿双手持铃直腿硬拉	164	177	191	205	219	232
站姿双肩负重深蹲起	141	155	169	181	195	210

（四）女子高级健美专项力量标准

项目	体重级别		
	48~54/kg	55~61/kg	62~70/kg
平卧双手持铃推举	66	72	82
站姿持铃向上推举	44	49	54
站姿双手持铃反握弯举	19	22	27
站姿双手持铃直腿硬拉	117	127	137
站姿双肩负重深蹲起	103	111	121

总之，对于普通健身者而言，通过设计多种多样的动作组合，让每节课都有不同的变化，使练习者不会觉得枯燥，更容易提升练习效果。高水平专业健美运动员训练计划的编制原则是每周练4~5次，每次锻炼2~3个部位，每个部位做3~4个动作，每个动作练4~5组。而对于业余高水平健身者和竞技健美运动员来说，制订一份多年系统训练计划则是有必要的。贯彻多年系统训练原则的措施包括健全多级训练体制、强化正确训练动机和制定科学训练计划等。训练的连续性和连贯性是贯彻多年系统训练原则的重要保证。

第三节 健身计划举例

一、每天一小时健身计划

该计划适合在校读书的学生，具体方法如下。

（一）二十分钟晨练

起床、着装后，先用 3~5 min 时间轻微热身踝关节、膝关节、大腿前后肌群、腰、髋、肩和腕关节，再慢跑热身，接着快跑或做拉伸练习，最后放松结束，总时间约 20 min。

（二）四十分钟锻炼

下午五点左右、晚餐半小时后、学生晚自习后，都适合通过参与自己喜欢的运动项目来锻炼身体。如跑步、单杠引体向上、单杠悬垂收腹举腿、双杠屈臂伸、俯卧撑、俯卧抬体、俯卧两头起、俯卧平板支撑、仰卧平板支撑、侧卧平板支撑、立定跳远、原地收腹跳、纵跳摸高、下蹲运动等。如在晚餐后或学生晚自习后开展锻炼，运动量需要逐步增加，如果刚开始就用大运动量锻炼，会影响晚上入睡。建议每天练 3~5 个动作，每个动作做 1~3 组，每周做 3~5 次。

二、工间操健身计划

该计划适合上班族利用办公休息间隙进行健身活动，具体方法如下。

（一）广播体操

到目前为止，国家体育总局颁布了九套广播体操，可在网上自行学习任何一套广播体操，利用工作休息间隙，按照标准动作，每天上午、下午各做一次，每次把广播体操连续做 2~3 遍。

（二）徒手操

原地高抬腿大摆臂走步、体侧运动、体转运动、腹背运动、弓步压腿、正压腿、侧压腿等，每天上午、下午各练一次。

三、家庭健身计划

该计划适合喜欢"宅"在家里的，只有回家休息前有时间的群体进行健身活动。先做一些热身活动，比如徒手操热身、广播体操热身和原地小步跑热身等，然后利用自身重量或轻器械做一些运动，周频率、组数、次数和总时间应根据个人情况而定，周频率最少两次，最多则不要超过六次。具体如下。

（一）无器械健身计划

利用自身重量锻炼的动作有原地跑步、原地高抬腿跑、原地前踢腿跑、原地后踢腿跑、原地侧踢腿跑、伸展练习、下蹲运动、减重宽距俯卧撑、宽距俯卧撑、单臂俯卧撑、俯卧推掌、减重窄距俯卧撑、窄距俯卧撑、加重俯卧撑、仰卧挺髋、仰卧举腿、侧卧举腿、仰卧起坐、仰卧屈膝转髋、仰卧两头起、俯卧两头起、俯卧抬体、仰卧交叉起坐、卷腹、卷腹转体、直角支撑、俯卧平板支撑、俯卧平板提膝、仰卧平板支撑、侧卧平板支撑、侧卧起、坐姿曲臂伸、跪姿伸腿、跪姿举腿、箭步蹲、箭步走、靠墙手倒立、靠墙推手倒立、前踢腿、侧踢腿、直腿后摆、勾腿后蹬、站姿起踵等。

（二）轻器械健身计划

在家里准备哑铃、壶铃、弹力带、小杠铃等轻健身器械，适当位置安装简易单杠，就能轻松健身。健身动作有正握引体向上、反握引体向上、单臂引体向上、悬垂举腿、悬垂扇形举腿、悬垂翻身、换手悬垂以及利用哑铃和弹力带的各种健身动作等。

四、步行上下班健身计划

该计划适合家庭到上班地点距离在 3 km 以内的上班族，用快步走的方式上下班，既完成了工作，也达到了健身的目的，还节约了经费，可以说是一举多得。当然，走步途中要注意交通安全和环境卫生，如果车辆较多和灰尘扬起的情况较严重，不建议采用步行上下班的方式。

五、五千克减肥计划实际案例

某男，45 岁，因工作繁忙而缺乏运动，体重增加了 5 kg，腰围也增长了几厘米，体力也下降，肌肉力量减弱，生活中很容易拉伤肌肉，伏案工作的持久能力也差，现计划不花任何费用，用两个月时间，去掉腹部多余的脂肪、减重 5 kg，恢复体能。制订的具体计划如下：

（1）季节：冬季。

（2）时间：晚饭后 40～60 min 开始运动。

（3）着装：每次训练着运动装、运动鞋。

（4）练习频率：隔天一次，如果体力状况良好，可以连续两天进行，如果某天运动量过大，也可以连续休息两天。

（5）地点：选择宽敞、有灯光的沿河（或者其他环境好、空气清新的）道路。

（6）运动内容：步行 30 min、伸展练习 30 min、使用户外健身器械利用自重锻炼 30 min、放松练习 10 min。

（7）饮食控制：晚餐食量，在原来的基础上减少 10%。

（8）健身过程：分两阶段进行，第一阶段是恢复体能，第二阶段是开展体能和力量训练。

第一阶段：通过走步和伸展练习来达到目标，计划用两至三周时间，每周练习 4～5 次。先用 5 min 简单活动踝关节、膝关节、大腿前后群肌肉、腰部、髋关节、肩关节等；然后开始走步，按照本书第七章走步技术要领的相关内容，先慢后快、快慢结合、走跑交替，完成 2 000～3 000 m 距离，此时全身会出汗；最后进行静力性主动拉伸练习，共计用时 50～60 min。

第二阶段：通过走步、伸展练习和利用户外健身器材、自身重量来锻炼肌肉力量，隔天一次。用 5 min，简单活动踝关节、膝关节、大腿前后群肌肉、腰部、髋关节、肩关节等；开始走步，按照第七章走步技术要领的相关内容，走步完成 3 000 m 左右路程，此时会全身出汗，用时大约 30 min；进行 30 min 的静力性主动拉伸练习，拉伸全身十四个大的肌肉部位，每个部位拉伸一组；练习仰卧起坐（最好是做单杠悬垂举腿或者双杠支撑收腹举腿）、俯卧抬体、引体向上、双杠曲臂伸和下蹲运动，每个动作做 1～2 组，每组做到接近力量极限；用 10 min 做放松练习。

（9）健身结果：第一阶段的第一周，走步速度很慢，第二周的走步速度有些提升。第二阶段第一周的走步速度较快，小跑步能坚持 300～400 m，引体向上能完成一组，每组 4 次；

第二周的小跑步距离增加到 800 m，肌肉充满力量感，引体向上能完成两组，每组 6 次。第四周后，体重减少 2 kg，腰围也有缩小，第七周达到减重 5 kg 的目标。

六、高血压患者健身计划

采用健步走和将小强度、多次数的抗阻训练相结合。具体方法如下：

（1）周二和周四，健步走，每次中低速度走 30 min，完成 2~3 km。

（2）周一、三、五到健身房 3 次，使用健身器械锻炼，每次锻炼 6~12 个大肌肉群，每个部位锻炼 1~2 组，每组运动强度采用 15~20 RM，每组动作练习后，休息到自我感觉心率舒缓时才进行下一组练习。运动时，务必带上自己平时急需的药物。

七、增力训练参考计划

增力训练参考计划模版如下。

姓名：×××	性别：男	本人电话：×××	邮箱或QQ：×××	紧急电话：×××
身份证号码：××××××		身高：170 cm	体重：59 kg	职业：高二学生
当前住址：		通讯地址：	健身可用时间：周 1~5 下午 30 min，周六下午 4:30~9:00，周天上午	
来去健身房的交通方式：步行 10 min				
早中晚三餐习惯：学生餐			饮食喜好：无特别	
运动状况：较少时间运动，没参加学校任何训练队，无参赛获奖				
健身的目的：提升引体向上的数量至 10 个以上			目前能完成引体向上：4 个	
确诊的不能剧烈运动的疾病：无			当前健康状况综合评判：一般	
本人遗传病史：无		父母遗传病史：无	父母健康状况：良好	
本人最近一次体检时间及情况：高一、正常			训练周期：一个月	
其他需要说明的情况：体态观察无驼背、含胸、高低肩、"八"字脚等异常体态				
训练计划				
训练计划安排一：周二和四下午在学校的单杠处，选择高度合适的（双手握杠悬垂时脚离地高度在 10 cm 范围内）高单杆，练习引体向上，运动量安排如下：				
锻炼肌肉部位	动作名称	周频率	组数	次数	组间休息
背阔肌胸大肌等	引体向上	周2和4	5	全力至力竭	2~3 min
备注：先用 10 min 热身活动上肢和肩背肌肉；每组做至力竭，哪怕最后只能做半个也要做；运动之后必须放松上肢和肩背肌肉部位					
训练计划安排二：每周六下午 4:30 在×××健身房准时进行抗阻训练，采用综合力量（发展肌力）训练原则，先热身、后练习、再放松，训练内容如下：					

续表

日程	练习部位	动作名称	运动量	组数	组间休息
第一周六	背阔肌	钢束坐姿拉背	8～15 RM	3	2～3 min
	胸大肌	钢束坐姿推胸			
	肱二头肌	斜托弯举			
	屈腕肌	练习凳哑铃弯举			
第二周六	背阔肌	躬身杠铃划船	8～15 RM	4	2～3 min
	胸大肌	碟机夹胸			
	肱二头肌	站姿杠铃弯举			
	屈腕肌	练习凳哑铃弯举			
第三周六	背阔肌	躬身哑铃提拉	8～15 RM	4	2～3 min
	胸大肌	仰卧哑铃飞鸟			
	肱二头肌	反握引体向上			
	屈腕肌	练习凳哑铃弯举	8～15 RM	5	2～3 min
第四周六	背阔肌	钢束坐姿下拉（后拉）	8～15 RM	5	2～3 min
	胸大肌	仰卧哑铃推举			
	肱二头肌	坐姿哑铃弯举			
	屈腕肌	练习凳哑铃弯举			

备注：第五周周二下午自己在学校测试引体向上成绩，并报告健身教练；以后在学校按照"训练计划安排一"每周练习三次引体向上

第四节 私　教

一、私教的概念

"私教"是私人健身教练的简称，是指在健身俱乐部或健身服务机构，采用有偿服务的方式，一对一指导客户进行身体锻炼的教练。

二、成为私教的条件

在我国境内，凡是年满十八周岁、身体健康、持有健身教练证的人士都可以成为私教。一名优秀的私教要做到练得好、教得会和聊得来，"练得好"就是自身要练就一副好身材，"教得会"就是不仅自己会练、还要把会员教会，"聊得来"就是要具备丰富的知识和恰到好处的表达能力。

三、健身教练证的种类

作为一名的私教，通常要考取一些健身教练证书。目前，健身行业内认知度较高的国外健身教练认证有 IFBB、ACE、NSCA、ACSM、NASM 以及国内的国职健身教练证书和 CBBA 专业健身教练证书。"IFBB"是国际健美联合会（International Federation of Bodybuilding）的缩写；"ACE"是美国运动委员会（American Council on Exercise）的缩写；"NSCA"是美国国家体能协会（National Strength & Conditioning Association）的缩写；"ACSM"是美国运动医学学会（American College of Sports Medicine）的缩写；"NASM"是美国国家运动医学学会（National Academy of Sports Medicine）的缩写；国职健身教练证书和 CBBA 专业健身教练证书的相关内容详见第一章第三节。

四、私教每天的工作内容

私教需要在健身俱乐部、健身房或者私教工作室任职上岗，用饱满的热情、快乐的笑脸开启每天的工作，并在具体的各项健身服务中始终传播正能量。一位私教每天的工作内容大致如下：

（1）每天下午训练开始前，提前 1~2 h，由部长召开会议，总结问题，提出当日的工作要求等。

（2）由私教小组长召集本小组成员召开会议。首先检查本组管辖的场地器械；然后检查小组成员的仪容仪表，小工具箱（各类备用品是否齐备），当日的私教计划，客户的管理表格、预约表格和跟踪调查表的填写情况，当日的工作内容及其数据目标；问询投诉情况、存在的问题和急需解决的问题等。

（3）每位私教根据自己的情况，做好开训准备或者给客户补课等。

（4）每天训练结束的晚上，还要召开例会，进行总结，检查当日的工作内容，并巡查场地器械的归位情况等。

五、私教工作流程

（一）开拓客户

作为一名健身教练，拥有较多的客户是个人能力的标志。获得客户的渠道有很多，比如通过各种广告宣传手段、以往会员的推介和个人品牌形象的影响等渠道来获得客户。当与潜在的客户建立联系后，尽快安排在健身房与其预约见面，洽谈健身相关事宜。

有的健身服务机构将开拓客户和具体的健身执教工作进行了分离，由专人负责开拓客户，私教只负责健身执教工作。

（二）面谈流程及内容

跟客人见面时的流程如下：
（1）主动招呼迎接。
（2）引导客人至洽谈区就坐，给客人递上免费饮品。

（3）教练做自我介绍、询问客人的基本情况。
（4）带领客人参观健身场馆及介绍器械设施。
（5）与客人确立关系，即告知客人"我就是你的责任教练，您今后有什么问题都可以向我咨询"。
（6）讲解本机构的服务特色，如"我们还采用了线上线下相结合的方式，使您学习和运动更加方便"等。
（7）开门见山，直指首要工作内容，参考话术：为了更好地为您服务，我们需要事先跟您做一些体适能测试和体态评估。

跟客人面谈时需要注意就坐位置的选择，不要跟客人形成对坐状态。因为这样的坐向会在教练和客人之间的形成一道屏障，使客人觉得教练高高在上，谈话时像是在谈判一样。所以，要坐在客人的旁边并保持适度的距离，以确保二人之间能轻松谈话即可，这样更能拉近教练和客人的距离，利于促成签单（签订合同）。

（三）填写健康状况问卷表

当谈话进展顺利，客人有购买意向时，即可顺势填写客人的健康状况问卷调查表（详见附表十一）。

（四）参加体验课

填写完毕健康状况问卷表，即刻邀请客人进行一次免费的体验课，客人同意，随即填写"私人健身教练体验课卡片"（见附表十六）。此时，需要征求客人的意见：您是现在进行体验课，还是另外安排时间来体验？

通过体验课，既能使客人了解教练的水平，也能使教练摸底准客人基本体能情况，是一次相互了解的认知课程。

体验课还可以实施第一次私教课的教学内容，即给客人做摸底训练和体态评估，了解客人的体适能和身体基本情况，并当即（20 min 以内）给客人制订训练计划。

（五）签约

通过体验一次私教课之后，教练的服务能力、技术水平以及场馆的器械设施等条件得到了客人的认可，一般都可能与教练达成私教合约。签约之时，有的健身服务机构会在短时间内（20 min 以内）给客人拟定一份约定服务期限内的简略训练计划（需要客人签字）。待客人付费、签定合约之后，客人的身份就转变为了客户。

（六）组建微信群

一般情况下，微信群群主由该客户的教练担任，群成员由本健身服务机构的技术总监、店长、组长、前台等人员和会员（有且只有一个会员）组成。按照常规，一个会员组建一个微信群。

微信群的任务是便于跟客户即时沟通、提前发送下一次课的教学任务以及要求、发布当日训练小结、便于客户或教练因临时有事要调停课能够提前在群里沟通等。

（七）开始第一次私教课

当完成上述步骤之后，就可以跟客户预约进行第一次私教课。第一次私教课的任务是跟客户做摸底训练和体态评估，通过体质与运动基础测评（一般有基础脉搏、血压、身体的各部维度、体脂含量、身体姿势、力量和反应能力），了解客户的实际体能和体态状况。然后，再返回矫正、完善训练计划（也需要得到客户的认可）。

体能测试的内容通常分为力量、柔韧、灵敏、平衡和心肺能力这五大板块。

力量测试的内容通常包含上肢力量（俯卧撑）、下肢力量（半蹲）、腰腹力量（卷腹）。

柔韧测试的内容通常为按照学生体质测试中的坐位体前屈的测试要求来测试客户的体前屈柔韧水平（需要进行举重训练的客户还要检测肩关节的柔韧性）。

平衡能力测试的内容通常采用"闭眼单腿站立二十秒及以上"来测试客户的平衡控制能力。

心肺能力测试的内容通常为"三分钟台阶实验"或者吹肺活量等。

灵敏测试的内容通常是观测测试者完成一系列动作的反应快慢和控制能力。

（八）开训

开训即正式开始私教课程的教学与训练。开训的注意事项如下：

（1）严格按照健身房的服务礼仪、服务标准和服务程序进行训练。

（2）下一次课的训练内容，要提前在微信群里发给客人了解。

（3）每天训练之后，无论多忙，都要把训练总结发到微信群内。

（4）每次训练课结束时，客户要对本次课的训练内容进行签字确认，以及在吧台事先准备好的"点评单"上对本次课进行评价。

（5）客户出现身体不适的情况，必须在课前告知教练；如果客户忘记了告知，在开课前教练要主动问询，以便及时调整训练方案。

（6）客户临时请假，要尽快安排补课。如果客户无法到健身房补课，尽可能地采用现代信息技术，远程指导客户完成该次课的训练任务；如果客户没有时间在本周内补课，或者近期有出差等事由而不能连续训练，所耽误的课程要顺延。

（7）对于高水平的专业客户而言，要根据客户完成该动作的 1RM 值的大小，结合客户的训练目标来设置对应的抗阻重量。

由于测试 1RM 具有一定的安全风险，针对非专业客户（一般健身人群）和非高水平的专业客户（健身爱好者）而言，可以不通过测试 1RM 值来推算其抗阻值的大小，而是在客户做该动作的正式组之前，通过 2 次左右的试举预估重量（从轻重量开始，逐级提升阻力值）来确定完成该动作的阻力值大小。

（8）适时助力。

① 助力启动：阻力值较大时一般启动较难，教练要给予助力帮助客户启动；器材离开原始位置后，从初始位置开始就容易连续完成动作（此时无需助力）。

② 助力完成：在每组练习的最后几次（以 2~3 次为佳）给予一定的助力，更利于达成训练目标。

（9）及时保护。

当客户练习出现危险时，要及时、准确地提供保护，防止伤害事故发生。

（10）建立良好的主客关系。

挑选适宜的时机，跟客户一起开展户外活动，以此建立和谐的主客关系。比如，某一阶段，客人的进步非常明显时，可以邀约客户聚餐庆贺。

六、私教课堂案例

一堂私教课的总时间是 1 h，教练必须按照客户的健身计划编写 1 h 的授课教案，也叫课时教案或者运动处方。以下是三堂私教课实例，仅供参考。

（1）案例一

客户基本信息：XXX，女，身高 1.60 m，体重 52.0 kg，BMI 值为 20.3，体型偏瘦，无任何疾病以及遗传性疾病，是一位拥有十岁孩子的三十多岁的母亲，无运动经验。训练目的是塑型。本次课是所购半年私教课程的第八次课，训练的部位是臀部，课堂教学内容及时序记录如下。

训练时序	训练内容	动作要领及教练活动	次数/时间	备注
14:56	前台刷面打卡入场	教练带领客户入场，帮助客户刷脸通过闸机		客户到达，教练招呼迎接
14:57	主动拉伸臀大肌、腘绳肌，站姿主动拉伸股四头肌	教练准备练习凳，让客户做单腿跪姿前压、坐姿并腿前俯和（自己扶着固定物）站姿拉伸股四头肌；教练单腿蹲坐在客户旁边，近距离但不贴身		开始进行和谐的沟通交流（声音仅限客户和教练之间能听清楚）
15:00	（半蹲位）坐姿蹬腿（第一组）	带领客户直达单功能坐姿蹬腿固定器械，教练侧边站，让客户坐在凳子上、并帮助调正坐姿，客户双脚蹬住踏板，教练调整配重插销的高度来设置配重重量、单手扶着活动的踏板（助力启动）	16 次	中等重量，约 7 片（35 kg）配重，组间休息约 1 min，休息间隙与客户一起聊天
	（半蹲位）坐姿蹬腿（第二组）	教练单手扶着活动踏板（没有给力）	16 次	
	（半蹲位）坐姿蹬腿（第三组）	教练单手扶着活动踏板（没有给力），客户途中双手推自己的双膝予以助力蹬腿	15 次	
	（半蹲位）坐姿蹬腿（第四组）	客户途中双手推自己的双膝予以助力蹬腿，教练单手扶着活动踏板、并轻度助力	16 次	
15:07	臀推（第一组）	教练带领客户转移练习点，教练走前面准备垫子、练习凳和杠铃，让客户屈膝 90°、双脚与肩宽踏在垫子，臀部着地，肩背横躺在练习凳上；教练把杠铃放置在客户的髋上方（杠铃杆外套有海绵筒）；接着教练在客户正前方（脚尖前）单膝跪地，双手轻扶客户双膝（起固定作用，防止膝关节外摆），客户开始挺髋	17 次	杠铃杆长 2.2 m、大头、总重约 25 kg

续表

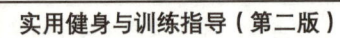

训练时序	训练内容	动作要领及教练活动	次数/时间	备注
15:07	臀推（第二组）	教练的动作同上，客户练习	15次	组间休息约1 min
	臀推（第三组）	增加10 kg配重，再次练习，教练的动作同上	15次	组间休息约2 min
	臀推（第四组）		16次	组间休息约1 min
15:16	收放器械、转移练习地点、更换练习器械	器械的收放和准备都由教练完成		
15:17	杠铃屈腿硬拉	教练采用侧面示范，先讲解蹬直腿以及后伸躯干的错误动作；然后让客户对镜正面徒手练习，教练在客户的侧面取半蹲姿势，用手限制客户的膝关节向前顶膝、以及膝关节过伸		大头杠铃杆重20 kg，杆长2.2 m，此项练习是为下次课做准备
15:21	哑铃负重稍蹲（第一组）	教练先侧面示范：大开腿、胸前双手持哑铃、负重稍蹲。然后，教练把哑铃递到客户手里，客户练习。教练在其侧边取位，单膝跪，双手限制客户膝关节顶膝或过伸。练习完毕从客户手里接过哑铃并放下	12次	哑铃重6 kg，组间休息约1 min，休息间隙跟客户聊天
	哑铃负重稍蹲（第二组）		15次	
	哑铃负重稍蹲（第三组）	教练把哑铃递给客户，客户练习；教练取位和帮助技术同上，练习完毕从客户手里接过哑铃并放下	14次	
	哑铃负重稍蹲（第四组）		15次	
15:29	单侧伸髋（第一组）	教练带领客户转移到"坐姿踢腿单功能固定器械"前，让客户背对器材，练习（臀大肌）一侧的腿微曲支撑体重，另一条腿向后勾小腿、使脚背横放在器材的支撑托上，前俯躯干至放平躯干。教练单膝跪在客户侧边，一只手扶着器材稳定自己身体，另一只手在客户支撑腿的膝盖前方限制顶膝。客户用一只手扶着教练的肩膀以维持自己的身体平衡，做伸髋练习，左臀练完、接着练右臀（中间不休息）为一组	左右各15次	练习时和组间休息时都会与客户进行聊天沟通
	单侧展髋（第二组）		左右各15次	组间休息约1 min；客户可用手推教练的肩膀予以助力
	单侧展髋（第三组）	客户的站姿和动作要领、以及教练取位和帮助的方法同上		
	单侧展髋（第四组）			

续表

训练时序	训练内容	动作要领及教练活动	次数/时间	备注
15:43	交换器材	教练带领客户到"坐姿分腿单功能固定器械"处,教练先示范动作		
15:44	坐姿分腿(第一组)	教练站客户前外侧,一只手扶着器材的固定部件,另一只手握住器材的活动托板上方;教练帮助客户矫正坐姿;要求客户最后一次分腿在动作末端停留2 s	16次	第一组客户能独立完成
15:46	坐姿分腿(第二组)	客户练习的动作要领和教练的帮助方法同上	14次	感觉客户练习费劲时,搬动托板给予助力
15:48	坐姿分腿(第三组)		14次	
15:50	坐姿分腿(第四组)		16次	
15:51	放松练习	教练带领客户到练习凳处,陪同客户做主动拉伸放松臀大肌、腘绳肌和股四头肌		放松方法同热身活动时的拉伸方法
15:54	结束训练	教练带领客户走出健身房,到前台刷脸结束本次课任务		客户需要在训练内容单上签字确认以及对本次课进行评价
15:55	客户自主练习	客户返回健身房,自主进行跑步机的有氧运动,教练跟随帮助开机		结束本次课任务
课后总结:当天晚上,教练必须把本次课的训练总结用文字的方式发到群内,告知客户					
备注:教练要在下次课前把下次课的训练内容发到群里,让客户预先知晓					

(2)案例二

客户基本信息:XXX,中年男性,身高1.70 m,体重73 kg,BMI值为25.3(下课之后测得的数据),体型中等,无任何疾病以及遗传性疾病;是一位事务较忙的公司管理层人士,已经有两年的私教健身辅导经历,自控能力较强,能保证每周到健身房进行三次健身练习;训练的目的是增强身体的力量、提高自身的灵活性与稳定能力。本堂课训练部位是背部,课堂教学内容及时序记录如下。

训练时序	训练内容	动作要领及教练活动	次数/时间	备注
15:30	前台刷面打卡入场	教练在前台迎接客户,帮助客户刷卡入场,带客户前往活动区,教练准备垫子		客户到达,教练招呼迎接
15:32	跪姿拉伸背部	客户双腿并拢绷脚尖跪在垫子上、臀部后座、躯干伸直前俯(头部接近垫子)、双臂紧贴耳朵直臂在头顶前伸出、手心触垫,教练单膝跪在客户胸侧、一只手帮助客户振动压肩20次、最后一次下压肩部时静止约2 s	20次	互相有语言交流
15:33	接听电话	教练等待,客户接听电话完毕,教练帮客户把电话放回原处,	1 min	电话就放在练习场地旁边2 m左右

续表

训练时序	训练内容	动作要领及教练活动	次数/时间	备注
15:34	俯卧 徒手拉背	客户俯卧在垫子上、头部离垫悬空、双臂贴耳在头顶伸直、五指分开，然后双臂向脚的方向"拉背"20次、最后一次拉背到底时静止2 s	20次	就像悬垂做引体向上；拉臂到底时握拳
15:35	跪式侧顶肩	教练先示范：采用跪姿俯身拉伸背部姿势，肩部向左右方向顶肩。然后客户练习，教练辅助客户向侧顶肩、左右各20次，最后一次顶出时静止2 s	20次	使背阔肌和大圆肌等充分拉伸
15:36	俯身 弓步转体	客户自己会做：弓步、躯干前俯至腹部贴大腿、双手在前脚前方撑地，然后弓步的异侧手臂直臂向背后上方摆动至极限、同时配合拧转躯干；左右手交替进行、各做13次，交换腿再各做13次；教练站侧面、用语言控制动作节奏以及一只手置于客户背部上方、让客户的手到位触及	13次	拉伸活动躯干、躯干背面上部肌肉群的轻抗阻（自重）练习
15:37	俯卧 徒手拉背	重复练习，教练语言提示"下拉"极限时强化背阔肌紧张	20次	背阔肌和大圆肌轻抗阻加强练习
15:38	俯卧顶肩	教练语言指挥：俯卧、并腿、双臂头前直臂举起、双腿离地，先"沉肩"、再"顶肩"	15次	教练给出指令，客户自己练习
	仰卧卷腹	客户做仰卧卷腹静止约20 s，教练站侧边、俯身双手顶住客户双膝、对抗客户屈膝	20 s	客户先卷腹静止10 s，教练再接着对抗10 s
15:39	侧卧控腿	客户侧卧、向上方腿举起约10°~15°保持静止不动，教练在其背后半蹲、用一只手摇动其上方的髋部，客户要保持身体姿势的稳定，先控腿后摇髋；约1 min后交换侧卧方向，控另外一条腿	各 1 min	训练客户髋关节的稳定性
15:41	杠铃 躬身划船	客户在原地等待，教练迅速拿取一副10 kg重的大盘杠铃，客户做反握杠铃躬身划船，教练在旁边数数，练习结束，原地放下杠铃	20次	小重量开启背阔肌抗阻训练
15:42	背向抛沙包	客户移步到就近的练习墙前约1米，背对墙站立，同时教练拿取一个沙包（5 kg）递给客户，客户接过沙包后双手经自己的头上方向自己的背后方向快速抛出沙包，沙包碰墙后落地，教练迅速捡起沙包递给客户，客户接过沙包，如此快速重复	15次	动作衔接紧凑，教练动作要快而干练，抛球要有力度（球撞墙和落地会产生咚咚的冲击声）
15:43	单臂 俯卧平板	客户在练习垫上做俯卧单臂平板支撑，每只手臂大约支撑10 s，另一只手在头顶前方前平举，左右手交换练习，每次练习的后段时间（大约5 s）教练侧向推髋几次	10次换手	锻炼平衡控制能力

第十一章 健身计划与私教 /321

续表

训练时序	训练内容	动作要领及教练活动	次数/时间	备注
15:44	杠铃躬身划船	重复练习，教练数数并监督客户拉背的动作质量、用语言提示其矫正	20次	
15:45	背向抛沙包	重复练习	15次	加强力度
15:46	单臂俯卧平板	动作要领与前面相同，客户练习的同时、教练采用弹力带侧向拉着客户的髋部（力度适度）	10次换手	弹力带持续侧拉的目的是提升平衡控制能力
15:47	客户饮水	教练帮助客户递过水杯，客户饮水同时还确认手机信息		水杯和手机放置在一起
15:48	杠铃躬身划船	重复练习，教练数数并监督客户拉背的动作质量、用语言提示其矫正	15次	
15:49	背向抛沙包	重复练习	12次	次数递减
15:50	单臂俯卧平板	客户练习的动作要领同上，教练换方向采用弹力带侧向拉着客户的髋部	各10	提升另一方向的平衡控制能力
15:51	杠铃躬身划船	重复练习	20次	
15:52	俯卧平板	客户采用双臂肘支撑做俯卧平板，教练用手按压客户的背部和摇动髋部；练习结束，教练快速把器械归位	各10次	按压力度以保证躯干不塌腰变形为度
15:53	助力引体向上	教练带领客户移步到器械区，采用助力引体向上练习器做引体向上，第一组用二块配重（减重10 kg），第二组用三块配重（减重15 kg），第三组用四块配重（减重20 kg）	每组8次，共三组	采用助力递增法，休息间隙教练与客户聊天
15:58	坐姿下拉准备	移步到挂片式单功能健身器械区，教练挂片（单侧配重20 kg）、帮助客户调整坐姿高度和固定支撑托		使用单功能健身器械做专门动作
15:59	坐姿下拉（第一组）	客户双臂在前上方举抓住器械拉手，做高位下拉动作，教练有节奏地数数	20次	先独立进行轻抗阻练习
16:01	坐姿下拉（第二组）	重复动作，最后五次给予助力	20次	肌肉疲劳后给与适度助力完成
16:03	纠错	教练先示范客户没有挺胸的不足之处、并纠正动作，然后增加配重（5+5）kg		利用休息间隙纠正动作
16:04	坐姿下拉（第三组）	重复动作，后半程教练给予助力下拉	12次	加重练习增加难度、并助力
16:06	坐姿下拉（第四组）	重复动作，教练口令引导客户放慢拉背速度，后半程给予助力	12次	在阻力值不变的情况下放慢动作也是增加了动作难度
16:07	坐姿下拉（第五组）	重复动作，教练取下添加的重量使配重为第一组的重量配置，要求最末一次拉背尽头时保持静止2 s	16次	减重练习的目的是强化动作的完成质量
16:09	坐姿下拉（第六组）	重复动作	18次	

续表

训练时序	训练内容	动作要领及教练活动	次数/时间	备注
16:10	转换器械	带领客户转移到坐姿拉背器械，教练调整座椅高度、设置重量（两片配重，20 kg）、并做动作示范	2 min	先进行轻抗阻练习
16:12	坐姿拉背（第一组）	拳心相对、坐姿拉背，最后三次拉背尽头停2 s	25次	
16:14	坐姿拉背（第二组）	教练帮助增加一倍重量，客户练习坐姿拉背	12次	提高难度
16:15	饮水	客户坐在器械上，教练帮助递水杯、客户饮水后教练又帮客户把水杯放回原处	1 min	运动中途适度补水
16:16	接听电话	客户手机响起，客户接听电话	2 min	健身和工作两不误
16:18	坐姿拉背（第三组）	重量还是上一次的重量，客户自己练习，教练在旁边用手机拍摄客户的练习视频、接着跟客户一起分析视频动作	16次	拍摄客户运动时的视频是私教工作的一部分
16:20	坐姿拉背（第四组）	重量还是上一次的重量，最后三次教练助力（站器材前方向客户方向推拉手）	20次	此时客户已经比较累了，需要助力完成
16:21	转移场地	转移到开训时做热身活动的地方		
16:22	接听电话	客户最后一次接听电话	2 min	这是一位事物繁忙的客户
16:25	屈腿硬拉（第一组）	教练利用客户接听电话之际拿取一对哑铃，待客户通话完毕，把哑铃递给客户，客户每只手各拿一只15 kg哑铃，做躬身哑铃屈腿硬拉、提拉同时外旋大臂，练习完毕客户自己放下器械	8次	逐渐降低难度、为结束训练起过度作用
16:27	屈腿硬拉（第二组）	重复动作，练习完毕、教练帮客户自己放下器械	14次	
16:29	屈腿硬拉（第三组）	重复动作，练习完毕、教练帮客户自己放下器械	16次	
16:30	结束抗阻	教练把哑铃放回原处		
16:31	放松练习	在开训时的垫子上，帮助客户做各种拉伸放松练习，主要放松肩带、胸部、背部和手臂	4 min	
16:35	结束训练离场	带领客户到前台、签字、做评价、离场		微笑送客户离场

备注：不能因客户电话多而减少授课内容；本次课延时5 min完成训练任务

（3）案例三。

客户基本信息：一位成年健身老手男。本次课是他的增肌训练计划中的某一次课，其主要任务是"下肢推"和"上肢拉"，课堂教学内容及顺序记录如下。

		授课内容	次数/时间	组数	重量	时间
热身板块		软组织放松：全身滚动	4~6次	1		4 min
	静态拉伸	90/90 向前+蜘蛛人式	4次每边	1		3 min
		大腿内侧伸展	4次每边	1		
		跪姿背部伸展+仰卧翻书（选）	4次每边	1		
核心激活		腹式呼吸激活	8次	1	自重	4 min
		平板支撑抬对侧手脚	8次	1	自重	
		迷你带肩外旋	8次	1	轻	
		迷你带蚌式-深蹲	8次	1	轻	
动态伸展		毛毛虫	4次	1	自重	1 min
		侧弓步伸展	4次每边	1	自重	
		燕式平衡	4次每边	1	自重	
神经激活		药球：下坠蹲+下砸	20 s	2	4~6磅	3 min
		跳箱：下蹲跳	20 s	2	中跳箱	
		敏捷梯：剪刀脚	20 s	2	自重	
力量训练		A1 主元素 下肢推：杠铃/六角杠铃深蹲	8次	5	8 RM	15 min
		A2 次元素 上肢垂直推：单跪姿交替推	10次每边	4	10 RM	
		A3 核心： 抗躯干屈伸、拉锯式平板支撑-滑盘	30 s	4	自重	
		休息一下				1 min
		B1 主元素 上肢垂直拉：引体向上/高位下拉	8次	5	自重或 8 RM	15 min
		B2 次元素 下肢拉：壶铃单腿硬拉	10次每边	4	10 RM	
		B3 核心：抗旋转、单跪姿上提	30 s	4	自重	
		休息一下				1 min
		C1 次元素 器械深蹲/高脚杯深蹲	15次	4	15 RM 力竭	3 min 无休 快速连惯 完成
		C2 次元素 器械划船/45°悬挂划船	15次	4	15 RM	
代谢训练		风阻单车	30 s 蹬 + 30 s 休	6	RPM 75	10 min

备注 1：由于是健身老手，懂得放松技巧，自己放松；放松时间在 1 h 之外。

备注 2：动作名称具有个性化（即或许只有教练本人知道该动作的具体做法）。

备注 3：RPM 是指每分钟转速[Revolution（s）Per Minute]，是转动性物体在转动速度上的一种衡量单位，所指的是一个物体在 1 min 内的旋转圈数

第十二章 健身运动与营养

所有生物的生命活动都需要营养，不同的生物所需营养不同。人类属于高等动物，经过长期生存、生活实践，已经生产出了多种多样的食物，总结出了适合不同人群的食品营养方案。本章节先从食材和营养素入手，依次介绍大众营养和健身专业营养知识。

第一节 营养基础知识

一、中国居民平衡膳食八条准则

（1）食物多样，合理搭配。

专业建议人均每天摄入12种食物，每周摄入25种以上食物。以谷类为主是平衡膳食模式的重要特征。

（2）吃动平衡，健康体重。

运动和膳食平衡是保持健康体重的关键。

（3）多吃蔬果、奶类、全谷、大豆。

蔬菜和水果是维生素、矿物质、膳食纤维和植物化学物的重要来源，奶类和大豆富含钙、优质蛋白质和维生素B，对降低慢性病的发病风险具有重要作用。日常生活中要经常吃全谷物、豆制品和适量坚果。

（4）适量吃鱼肉、禽肉、蛋类和瘦肉。

（5）少盐少油，控糖限酒。

（6）规律进餐，足量饮水。

（7）会烹会选，会看标签。

通过食品标签，挑选新鲜、高营养的食物；拒绝食用过期变质食品；掌握烹饪技巧，尽量保留食材最佳营养成分。

（8）公筷分餐，杜绝浪费。

二、中国居民平衡膳食宝塔

中国居民平衡膳食宝塔如图12-1-1所示。

中国居民平衡膳食宝塔(2022)

盐<5g 油25~30g
奶及奶制品300~500g 大豆及坚果类25~35g
动物性食物120~200g
每周至少2次水产品 每天一个鸡蛋
蔬菜类300~500g 水果类200~350g
谷类200~300g 薯类50~150g
全谷物和杂豆50~150g
水1500~1700mL（毫升）
每天活动6000步

图 12-1-1

三、常见食物能量参考表

详见附表九。

四、常见食物的蛋白质和氨基酸排名

常见食物的蛋白质和氨基酸排名如表 12-1-1 所示。

表 12-1-1

排名	名称	氨基酸评分（代表值）	每百克蛋白质含量/g（平均值）
1	鸡蛋	106	13.1
2	牛奶（液态）	98	3.3
3	鱼肉	98	18
4	虾肉	91	16.8
5	鸡肉	91	20.3
6	鸭肉	90	15.5
7	瘦牛肉	94	22.6
8	瘦羊肉	91	20.5
9	瘦猪肉	92	20.7
10	大豆（干）	63（浓缩大豆蛋白评分为104）	35

五、健身运动常见营养物质介绍

（一）蛋白质

蛋白质主要由碳、氢、氧、氮等元素组成。由于蛋白质是由氨基酸串联而成的，氨基酸的不同串联方式，就构成了具有三维结构的多种类型的蛋白质。所以，讲蛋白质就必须讲氨基酸。在众多的氨基酸中，有 20 种氨基酸对维持人体的新陈代谢起着重要的作用，其中有 11 种是非必需氨基酸，它们是丙氨酸、天冬氨酸、天冬酰胺、谷氨基酸、丝氨酸、精氨酸、半胱氨酸、甘氨酸、谷氨酰胺、脯氨酸、酪氨酸，这些氨基酸可以由人体自身合成，所以叫非必需氨基酸；有 9 种氨基酸是人体自身无法合成的，所以叫必需氨基酸，必须通过食物获取，它们是亮氨酸、异亮氨酸、缬氨酸、苯基丙氨酸、苏氨酸、赖氨酸、蛋氨酸、组氨酸、色氨酸。

由于氨基酸的种类多，组成方式各异，所以，有的蛋白质中很容易缺乏某些必需氨基酸，叫作不完全蛋白质。如果长期食用此类食物（缺乏必需氨基酸的蛋白质），就会造成某种必需氨基酸的缺乏，影响健康。因此，饮食结构要多样化，不要偏食。

1. **蛋白质的功能**

（1）是人体重要的基本组成成分。

（2）在人体的各种生理功能中起着重要的作用。比如，维持酸碱平衡，维持免疫系统的正常功能，维持体液平衡（预防水肿），运输氧气、脂肪和部分微量元素。

（3）提供能量。

2. **蛋白质对健身者的作用**

（1）修复肌肉细胞，防止肌肉分解。

（2）增肌、增力，提高运动水平。

（3）抑制食欲，增加胃部的饱腹感。

（4）促进脂肪燃烧（分解），提高新陈代谢。

3. **普通人群的蛋白质需求**

根据《中国居民膳食指南》（2022）的建议，对于一般正常成年人而言，每人每日应摄入 55～65 g 蛋白质，年轻人偏多，老年人偏少。

4. **健身者和运动员的蛋白质需求**

根据美国营养和饮食学会和美国运动医学会的建议，一般运动员每千克体重每日摄入 1.2～1.7 g 蛋白质；不同运动项目的运动员每千克体重每日摄入的蛋白质需求略有差异：

（1）力量型运动员（肌肉维持阶段）：1.0～1.2 g。

（2）力量型运动员（增肌阶段）：1.5～1.7 g。

（3）耐力运动员（中等强度）：1.2～1.4 g。

（4）耐力运动员（高强度）：1.7 g。

健美运动员在减脂期间，适当增加蛋白质摄入量（建议每千克体重 1.8～3.0 g），可以有效防止肌肉流失，以便在减脂的同时还能增肌。

5. **蛋白质过量对人体健康的影响**

（1）增加肝、肾的负担，导致肝肾肥大且容易疲劳。

（2）导致机体脱水、脱钙。

（3）引发痛风和骨质疏松。

（4）不利于水和无机盐代谢，有可能引起泌尿系统产生结石或便秘。

（5）增加摄入高脂肪和高胆固醇，增加出现动脉粥样硬化和高脂血症的概率。

6. 优质蛋白质的获取方式

见本章第二节"常见营养物质来源表"。

（二）脂肪

脂肪存在于人体的皮下组织和腹腔内，由碳、氢和氧元素组成，是由甘油和脂肪酸组成的三酰甘油酯，其中甘油的分子比较简单，而脂肪酸的种类和长短却各不相同。根据不同的分类方法，脂肪酸分为短链脂肪酸、中链脂肪酸和长链脂肪酸；也可分为饱和脂肪酸、单不饱和脂肪酸、多不饱和脂肪酸。脂肪可溶于多数有机溶剂，但不溶解于水。食物中未被吸收的能量物质（脂肪、蛋白质、糖等）大部分转变为脂肪，主要分布在人体皮下组织、大网膜、肠系膜和肾脏周围等处。脂肪既是燃料，是能量储备的形式，也是构成身体的基本物质。1 g 富含长链脂肪酸的脂肪能够产生 9.3 kcal 的能量，是每克蛋白质和碳水化合物产能的两倍多。这就是体内多余能量会以脂肪储存方式的原因，即能量大、占用空间小。（在第三章第四节中已经对脂肪的功能做了介绍，此处不再重复讲述）

1. 脂肪的来源

脂质是维持人体健康必需的营养素，具有多种无可替代的作用，存在于多种食物中，不同的食材提供不同的脂质种类。甘油三酯约占人体总脂质的 95%，主要来自动物脂肪，甘油三酯含量最低的食材有蔬菜、水果、瘦肉、脱脂食品和部分谷物。

2. 合理的脂肪摄入量

（1）根据《中国居民膳食指南》（2022）的建议，对于健康正常人来说，每日脂肪的摄入量是总摄入热量的 20%~30%。如果每日脂肪摄入量长期低于总摄入量的 20%，可能会影响脂溶性维生素（A、D、E、K）和必需脂肪酸的吸收，损害健康；如果每日脂肪摄入量长期高于总摄入量的 30%，可能会引发肥胖、心血管疾病和Ⅱ型糖尿病等多种疾病。

（2）健身者和运动员的脂肪摄入量。

根据美国营养和饮食学会和美国运动医学会的建议，健身者和运动员每日应摄入全天总热量的 20%~35%；脂肪摄入量低于 20%，可能会影响运动水平。另一种简单计算方法为：按每千克体重每日脂肪摄入量 0.5~1 g 进行计算。

3. 脂肪摄入过量对人体健康的影响

（1）因脂肪代谢物的堆积，会降低耐久力并引起疲劳。

（2）降低蛋白质、铁等其他营养物质的吸收率。

（3）带入外源性的食物胆固醇，引起高脂血症。

4. 脂肪的获取方式

见本章第二节"常见营养物质的来源表"。

（三）碳水化合物

1. 什么是碳水化合物

碳水化合物由碳、氢、氧三种元素组成，由于它含有和水一样的氢氧比例，因此叫作碳水化合物，即各种糖类（单糖、多糖、双糖），是生物界三大基础物质之一，为生物的生存活动提供了主要能源。葡萄糖属于单糖。

2. 碳水化合物的功能

碳水化合物是构成机体的重要物质，可储存和提供热能，是维持大脑功能所必需的能源，能调节脂肪代谢，提供膳食纤维，节约蛋白质，具有抗生酮和解毒作用，能增强肠道蠕动功能。

3. 碳水化合物的供能方式

碳水化合物的供能方式分为有氧呼吸和无氧呼吸两种，通过呼吸作用产生 ATP，ATP 水解放出能量供人体细胞使用。在供氧充足、运动强度低的情况下，碳水化合物主要利用有氧呼吸产生 ATP，其产能总量是无氧呼吸 ATP 产量的 15~16 倍，所以，有氧运动的持续时间更长。当供氧不足、运动强度又较大时，碳水化合物通过无氧呼吸产生 ATP，同时会产生乳酸、释放氢离子，肌肉感到酸痛和疲劳，通常情况下，无氧呼吸能持续 30~120 s。

4. 为什么运动中要补充碳水化合物

葡萄糖储存在人体的肝脏（肝糖原）和肌肉（肌糖原）中，肝糖原为全身提供能量，肌糖原只给肌肉提供能量。在短于 30 min 的运动中，由肌糖原分解产生 ATP 给肌肉供能；运动时间延长，肌糖原的储备下降，肝糖原就会开始分解产生 ATP 给肌肉供能；当肌糖原和肝糖原都耗尽时，人体的运动水平就会大幅度下降，此时就需要及时补糖，才能保证运动水平的正常发挥。

5. 碳水化合物的补充时机

（1）运动前补充：赛前 15 min 左右补充适量葡萄糖（液），一般口服 1~2 瓶 20 mL（10 g）葡萄糖针剂。因为葡萄糖进入胃部后 5~10 min 开始被吸收，然后进入血液循环，葡萄糖就会快速到达肌肉部位的细胞组织发挥作用。

（2）运动中补充：运动时间在 1 h 以上的耐力运动项目以及运动时间在 40~120 min 的高强度间歇性运动，比如马拉松、公路自行车运动、足球、高水平健身健美运动等，每隔 30~60 min 适量补充含糖食物，比如含糖饮料，应采用少量多次的方法饮用。

（3）运动后补充：一般是运动后 6 h 以内分段补充，运动后即刻和运动后 2 h 补充 50 g 糖，之后每隔 1~2 h 补一次糖。每千克体重补糖 0.75~1.0 g。

6. 碳水化合物的获取方式

见本章第二节"常见营养物质的来源表"。

（四）矿物质

矿物质是人体所需的微量元素，由于人体自身不能合成，只能通过食物摄取。人体内常见的矿物质有钙、磷、镁、钠、钾、氯、铁、锌、碘等十多种。竞技健美运动员的微量元素需求比一般人群要大些，运动出汗和尿液会带走一些铁元素。

1. 钙

钙在人体中起着重要的作用，主要集中在骨骼和牙齿中，约有 99% 的钙都储存在骨骼和

牙齿中。钙的作用有维持神经和肌肉细胞的兴奋性、骨骼肌收缩、维持骨骼结构的稳定性和骨骼发育、传递神经信号、保持运动能力等。缺钙会引起肌肉抽筋，长期缺钙会导致骨密度下降、骨质疏松和应激性骨折。

2. 铁

人体内的铁元素属于微量元素，一个正常成年人体内含铁 3~5 g，铁参与血红蛋白、肌红蛋白、细胞色素和各种酶的合成。如果缺少铁元素，会造成缺铁性贫血，导致免疫力下降、新陈代谢紊乱，影响运动训练和运动水平；如果铁元素补充过量，则会造成铁中毒等不良症状，影响健康。

3. 锌

锌能提高人体免疫能力、维持正常食欲、促进生长发育、参与人体内许多金属酶的合成。锌在少年儿童的生长发育中起着重要的作用，它有助于少年儿童的智力发育和增强免疫力。

4. 碘

碘是人体新陈代谢和生长发育必需的微量元素，是合成甲状腺素的主要原料。如果碘缺乏，特别是胎儿期和婴幼儿时期，会影响大脑发育。对于中国人来说，补碘已经不是一个问题，不仅有加碘食盐，我们也会常吃一些海产品，如海带。

5. 钠

钠元素不是微量元素，是常量元素，我们吃的食盐就含有钠（钠离子）。汗液和尿液会排出钠，出汗后，汗毛会发白、衣服被汗水浸湿再干之后的白色"地图"就是结晶的钠。

钠有维持体液、体内酸碱平衡，支持肌肉运动、保证心血管和能量代谢等功能；当钠不足时，能量的生成和利用效果较差，以至于神经肌肉传导迟钝，具体表现为肌无力、神志模糊，感到口渴，足量饮水后就可以解决这一问题。所以，当运动大量出汗之后，适当补充一些盐水（开水稀释一两勺食盐并喝下），会使机体迅速恢复活力。

6. 硒

硒在人体必需的微量元素家族中起着重要的作用，近些年的科学研究发现，硒具有"人体清道夫"的作用，可以增强人体的免疫能力、排毒解毒，在治疗帕金森综合征、肠胃疾病、眼部疾病、生殖疾病以及美容养颜等方面都有很好的效果。

人体必需的矿物质、微量元素对人体的健康极其重要，但我们也无须为此感到担忧，只要不是长时间地偏食，做到了均衡膳食，这都不是问题。需注意的是，高水平的健美人群，较易出现碘、铁、锌和硒供给不足的问题。

应注意，无论需要补充哪种矿物质，都务必在专业医生的指导下进行。

（五）维生素

人体必需的维生素有十多种，分为可溶于水的水溶性维生素（维生素 B1、维生素 B2、维生素 B6、维生素 B12、维生素 C、烟酸、泛酸、生物素和叶酸）和只能溶于脂肪和有机溶剂的脂溶性维生素（维生素 A、维生素 D、维生素 E 和维生素 K）。

（1）维生素：具有维持心脏正常功能、促进生长发育、促进新陈代谢、预防疾病等作用。

（2）维生素 B1：能促进碳水化合物的新陈代谢，维护神经系统的健康、保证心脏正常

活动、保持良好的肌肉状况等。可在糙米、豆类、牛奶、家禽肉中获取。

（3）维生素 B2：促进碳水化合物、脂肪与蛋白质的新陈代谢。可在绿叶蔬菜、大豆、米糠、动物肝脏、瘦肉和酵母中获取。

（4）维生素 B5：辅助糖类、脂肪和蛋白质产生人体所需的能量。可在糙米、动物肝脏、蛋类和肉类中获得。

（5）维生素 B6：调节体液、促进神经和骨骼肌肉系统的正常工作，是天然的利尿剂。可在绿叶蔬菜、糙米、果仁、香蕉和瘦肉中获取。

（6）维生素 B15：协助心脏和其他肌肉在缺氧状态下尽快供氧。

（7）维生素 D：协助钙离子的运输，有助于补钙，利于青少年长高和预防老年人骨质疏松。

（8）维生素 E：保护人体正常生殖功能，具有抗氧化作用，能够减轻或预防自由基对身体带来的伤害。一般训练不需要补给，可在植物油、深绿色蔬菜、牛奶、蛋类、肝脏、麦、及果仁中获取（有的高原训练把它作为提高运动能力的补充剂）。

（9）如何补充维生素：通常情况下，注意食材的多样性，不要长时间的偏食，就能满足人体所需。过量补充维生素也会影响健康，比如过量补充维生素 A 和 D，会引起中毒；过量补充维生素 C，会引起胃肠道不适等症状。

（六）水

水是生命之源，任何动物都离不开水，水是生物体最重要的组成部分。运动会出汗，汗液的主要成分就是水、盐以及电解质等。我国中医基础理论认为，出汗可以通经活络、活动全身器官、调节神经的功能、改善循环系统，具有调节体温、排毒等作用。健身运动会出汗，因此需要合理补充水分。

补水量的大小取决于个人情况、运动项目以及出汗量。健身运动前 15～20 min，补水 200 mL 左右；健身运动中，遵循少量多次的原则，根据具体情况，每 20 min 左右补水 50～100 mL；健身运动后 2 h 内及时补足水。健身运动时间长于 1 h，建议在饮料中加入适量的糖和电解质，或者选用功能性运动饮料。运动饮料的成分主要是视运动需要而设定不同比例的能源物质、电解质、维生素以及一些微量元素。理想的运动饮料必须符合促进饮用、迅速恢复和维持体液平衡、提供能量等要求。

第二节　大众健身营养

大众健身营养与健身专业的营养相比就简单了许多，不需要根据运动量和比赛赛程来精确计算每种食材都有什么营养和有多少含量，每天身体需要补充多少营养物质以及是否需要补充专门的运动营养补给（精确到以克为单位）。实际上，普通人群，包括一般健身爱好者，都不会去称量、计算自己所消耗和要补充的能量，所以，我们需要采用一种简单、明了的方式给自己进行营养搭配。

一、人体每日所需的营养物质结构简图

人体每日所需的营养物质结构简图如图 12-2-1 所示。

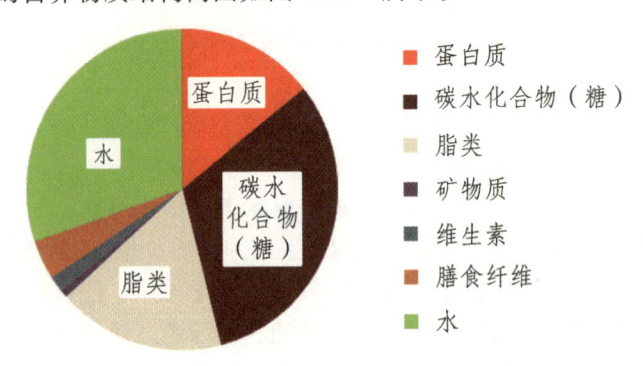

图 12-2-1

依据个体、生理状况、工作环境的不同，人体需要营养物质的比例也会有所变化。

二、营养物质的来源

常见营养物质的来源如表 12-2-1 所示。

表 12-2-1

分 类	来 源
蛋白质	畜禽类（牛、羊、猪、鸡、鸭等）的瘦肉、鱼类、蛋类、干酪、坚果、豆类、大豆
碳水化合物	面包、面食、土豆（马铃薯）、稻米、谷类、豆类
脂类	动物性脂肪（牛奶、猪油、牛油、鸡油等），植物性脂肪（大豆、芝麻、花生、菜籽、玉米等）
矿物质	奶、奶制品、乳制品、豆类、豆腐、蛋、奶酪、干酪、干果、坚果、芝麻、花生酱、全麦、南瓜子、栗子、芥末、海产食物、深色蔬菜、酵母、谷类、动物肝脏、啤酒、肉类、带骨小鱼、沙丁鱼等
维生素	各类蔬菜、动物肝脏、鱼肝油、胡萝卜、甘薯、柑橘、黄色水果、鲱鱼、鲭鱼、沙丁鱼、鲑鱼、金枪鱼、人造黄油、干酪、小麦胚芽油、葵花籽油、葵花籽、杏仁、松子、花生酱、芦笋
膳食纤维	水果、蔬菜、豆类、坚果、谷类
水	各类食材中基本都含有水，清洁水源

三、营养的供需平衡

人体摄入的营养物质，在体内经过消化吸收后，再排到体外，用天平原理来直观展示如图 12-2-2 所示。

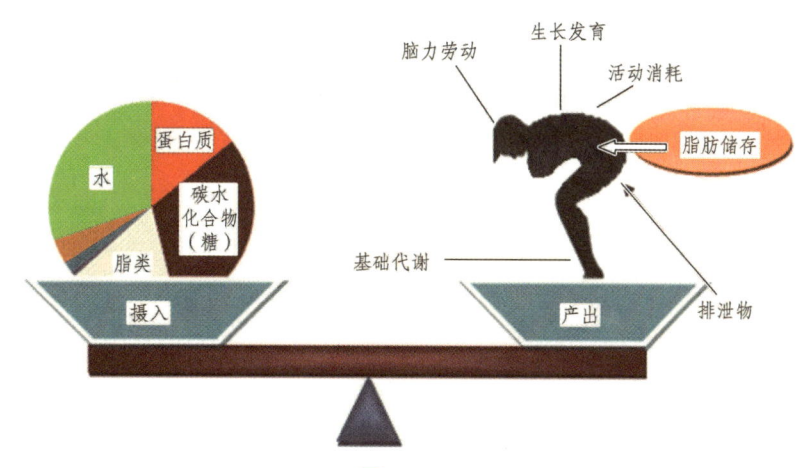

图 12-2-2

　　人体的摄入和产出始终是保持平衡的。从图 12-2-2 可以看出，天平两端任何一边有变化都会引起另外一端相应的变化。基础代谢、脑力劳动、生长发育、（生产活动和体育运动共同形成的）活动消耗、脂肪以及排泄物都有一定合理的比例。当摄入营养过多，超过了基础代谢、脑力劳动、生长发育、生产活动和体育运动共同形成的活动消耗所需，多余的部分就会形成排泄物和脂肪储存，如果不是腹泻，排泄物的分量不会增加太多，因此脂肪储存会增多。脂肪储存过多，外表显现为胖或肥胖。适度的脂肪储存是有益的，过多的脂肪储存则是有害的。在人体的各种消耗增加，而摄入不变的情况下，人体这个有机体则会自动消耗体内的脂肪来作为能量来源。所以，控制食材摄入量和增加活动消耗，是减脂（肥）的必选途径。

四、基础代谢

　　基础代谢（BM）是人体在 18~25 ℃室温下，空腹、平卧并处于清醒、安静的状态，维持人体最基本的新陈代谢所需要的能量。世界卫生组织公布的男性的基础代谢大概范围为 1 600~1 800 kcal，女性的基础代谢大概范围为 1 200~1 400 kcal。基础代谢量与其体表面积成正比。人在出生时的基础代谢量最低，5 岁时达最高值，20~40 岁基本保持恒定值，之后开始缓慢降低。男子的基础代谢率平均比女子高，幼年比成年高；年龄越大，基础代谢量越低。基础代谢率（BMR）的计算公式如下。

（1）世界卫生组织采用的计算公式：

男性 BMR = 66.5 +（13.8×体重）+（5×身高）−（6.8×年龄）
女性 BMR = 665.1 +（9.6×体重）+（1.8×身高）−（4.7×年龄）

（BMR 的单位是 kcal，体重的单位是 kg，身高的单位是 cm）

（2）比较常见的计算公式：

男性 BMR = 10×体重 + 6.25×身高 − 5×年龄 + 5
女性 BMR = 10×体重 + 6.25×身高 − 5×年龄 + 5 − 161

（BMR 的单位是 kcal，体重的单位是 kg，身高的单位是 cm）

（3）最简单的计算公式：

$$男性 BMR = 体重（斤）\times 12，女性 BMR = 体重（斤）\times 11$$

五、常见身体活动能量消耗参考表

详见附表十。

六、平衡膳食方法

通过上面第一至五条的分析，结合本章第一节的内容，平衡膳食（吃动平衡）的计算公式是：

$$食物摄入量 = 基础代谢 + 脑力劳动 + 活动消耗 + 生长发育$$

依据上面的公式可估算出食物摄入的分量。

生长发育期间（男性 28 岁以下，女性 25 岁以下），食物摄入量要略大于基础代谢、脑力劳动和活动消耗的总和，才能促进生长，过多则会造成少儿肥胖。生长发育结束，食物的摄入量与基础代谢、脑力劳动和活动消耗的总和相等，即可达成吃动平衡。

对于普通人群，可采用"比例控制法"来控制食物的摄入。比例控制法是通过粗略分析自己的能量消耗供需平衡，先确定饮食、营养基础参数，在此参数基础上，按百分比进行增加或者减少。具体步骤如下。

（1）评估自己的 BMI 值是否处于合适的范围。

（2）分析 BMI 值异常的原因。根据营养供需平衡的原理，计算自己的基础代谢量，参考"常见身体活动能量消耗参考表"，确定自己属于什么类型的需求：是生长需求、脑力劳动过大产生的需求，还是生产活动或体育运动的活动消耗过大，从而进行的合理补充。摄入过多，活动消耗太少，就要控制摄入，增加活动消耗。

（3）比例控制法。

① 生长发育所需（主要指儿童和青少年）各种营养物都要摄入，不要偏食，荤素搭配比例为 3∶7 或者 4∶6。

② 中老年人的健康保健饮食，荤素搭配比例为 2∶8 或者 3∶7。

③ 脑力和体力活动过大，多补充 10%~20% 的蛋白质、脂类和碳水化合物。

④ 运动活动消耗过大，多补充 10%~30% 的蛋白质和碳水化合物，也可在运动前 30~60 min，补充少许碳水化合物（糖类），比如吃一颗硬糖。

⑤ 业余健美爱好者，最好不服用蛋白粉，需多补 10%~20% 的蛋白质，在食物中获取；这类人群由于经验不足，会过量服用蛋白粉，自我检查是否过量服用的办法是服用一段时间后，观察身体皮肤，尤其是面部皮肤是否发亮，发亮则说明蛋白粉补充过度，要减少蛋白粉的补充。

⑥ 偏瘦者，增加 10%~20% 的脂肪、碳水化合物和蛋白质的摄入比例，达到增重目标后，要适度控制脂肪和碳水化合物摄入量，防止出现惯性式增长。

⑦ 减肥者，减少或拒绝脂肪摄入，根据自己的肥胖程度，减肥开始的 1~2 个月内，食

材摄入量减少10%；经过2~3个月适应后，食材摄入量再减少到20%；比较肥胖和非常肥胖者，减少食材摄入量半年后，再继续减少到原来摄入量的30%~40%，然后进入一个长时间的稳定保持期，这期间的肉类食材，以瘦肉型为主、肥肉型为辅。

第三节 健身运动营养

对于一般健身运动者而言，不需要单独补充营养补剂，只需在平常的饮食中做到均衡、多样化膳食就能满足人体所需。但是，对于业余高水平健身者、职业健美运动员和其他专业运动员而言，因为超大量的运动训练会导致身体对营养需求量增大，就需要适当补充一些营养补剂。

一、健美训练疲劳

指在健美训练过程中，训练本身引起机体工作能力降低而难以维持运动输出功率的需要，但经过适当的休息后又可以恢复的现象，称为健美训练疲劳。健美训练疲劳又分为"显性疲劳"和"隐性疲劳"。疲劳也是对肌细胞和神经细胞的一种保护。

1. **显性疲劳**

健美训练中，肌糖原在无氧条件下被分解为乳酸，使肌肉中乳酸堆积，严重时，其浓度可增加约30倍；同时还增加了肌肉中的含水量，水分向肌纤维内渗入，这两种因素形成的物理性压力压迫了肌肉中的痛觉神经，随着程度的加重，肌肉越来越僵硬，酸痛越来越严重，甚至导致部分肌肉痉挛，这种现象称之为显性疲劳。显性疲劳的恢复时间短、易于恢复。

2. **隐性疲劳**

健美训练后，神经系统出现的比较隐蔽的、深沉的、不易很快发现的深层疲劳，称为隐性疲劳。隐性疲劳的恢复时间长、较难恢复，严重的会导致运动员退出训练或赛场。

3. **健美训练疲劳恢复**

健美运动疲劳恢复包括两个基本过程：训练课中的恢复过程、训练和比赛后的恢复过程。恢复过程有三个阶段：第一阶段是训练时，能量物质消耗大于恢复；第二阶段是训练结束后，消耗停止，各器官能量物质开始恢复到原来水平；第三阶段是被消耗的能量恢复到超过原来的水平（即"超量恢复"）。人体超量恢复的特点是健美运动科学的大运动量训练的理论依据，即：训练—提高—再训练—再提高，没有恢复就没有再训练。

4. **健美训练疲劳恢复的内容**

（1）能源物质的恢复。
（2）神经系统功能的恢复。

（3）心血管系统功能的恢复。
（4）呼吸系统功能的恢复。
（5）肌肉组织功能的恢复。

二、健美运动员的营养

在健美界有一种说法叫作"三分练七分吃"，足见营养对于高水平健美训练的重要性。在营养补给方面应注意以下几方面的内容。

1. 择时营养

选择合适的时间、补充合适的营养物。运动中和运动后，骨骼肌的生物化学过程及其调节，存在严格的顺序和协调性，ATP 的产生、消耗和恢复，受神经、内分泌等因素的影响。

美国 John Lvy 博士研究发现运动后约 2 h 内，骨骼肌代谢对激素调节十分敏感，这段时间被命名为"合成代谢窗口"，在此期间进行营养补充，是最有利于促进恢复的；如果在这段时间内机体不能获得营养物资，随着"合成代谢窗口"的关闭，机体的恢复会受到影响。综上，John Lvy 博士得出了"三时相"学说，指机体代谢、生理生化过程存在三个时相，即耗能时相、合成代谢时相和骨骼肌生长修复时相，这三个时相构成了择时营养的原理。

（1）耗能时相：健美运动开始前 10 min 至运动结束的一段时间。运动中，肌肉活动需要的 ATP 不断被消耗，由于原始的 ATP 储备有限，则由糖、脂肪和蛋白质等不断氧化分解、释放能量，再合成 ATP。因此，此时段被称为耗能时段。

这个时段内，应补充适量的营养物资，如碳水化合物、蛋白质、特殊氨基酸（如支链氨基酸等）、维生素、电解质以及充足的液体。补充营养物质的目的是使骨骼肌的蛋白质代谢朝正平衡转化，缓解肌糖原储备的耗竭。

（2）合成代谢时相：运动结束后 45 min 之内的时段，即"合成代谢窗口"，这是择时营养的关键时段。此时段骨骼肌代谢的主要方式是分解代谢，如果补充合适的营养物资，分解代谢将转化为合成代谢；如缺乏适当的营养物资，合成代谢窗会关闭，骨骼肌仍然处于分解代谢中。

运动结束 45 min 以后的数小时（4 h）内，骨骼肌细胞对胰岛素的敏感性很快开始减低，并出现胰岛素抵抗，即肌糖原恢复、肌肉蛋白合成、肌肉生长和修复显著减慢的现象。因此，在这个时间段补充营养物质对促进骨骼肌恢复和修复是非常有益的，应分别补充糖、蛋白质，或者糖和蛋白联合补充（糖:蛋白质 = 3：1 或者 4：1）。

（3）骨骼肌生长、修复时相：从合成代谢时相结束，到下一次运动开始之间的时段，摄入高蛋白饮食、亮氨酸。研究表明亮氨酸配合碳水化合物有利于骨骼肌的恢复速度。骨骼肌生长、修复时相的择时营养见表 12-3-1。

表 12-3-1

时间	目的	补充的营养物质	补充量/g
运动后开始 4 h	增敏胰岛素维持合成代谢	乳清蛋白	14
		络蛋白	2
运动后 4 h 之后的 16~18 h	维持正氮平衡促进蛋白周转肌肉生长	亮氨酸	3
		谷氨酰胺	1
		高胰岛素指数的碳水化合物	2~4

2. 运动中

适宜的刺激强度，收缩肌中的糖原消耗，随刺激强度的增加而增加；骨骼肌的生化过程以分解代谢占优势。

3. 运动后的恢复期

某一时段，被消耗的肌糖原的恢复水平超过了收缩前的水平，骨骼肌的生化过程中合成代谢超过分解代谢（即"超量恢复"）。

4. 蛋白质的摄入量

研究发现，运动后蛋白质合成代谢可持续 48 h。2003 年，国际奥委会达成一致观点：开展力量型（健美运动）和高强度剧烈运动时，运动员的蛋白质需求量为每千克体重 2.0 g 左右。

健美运动员的食谱要求饮食结构做到"一高三低"，即高蛋白、低糖、低脂、低盐。健美运动员食谱中肉类食材推荐采用水煮或清蒸的方法烹饪；每日摄入营养素的比例为：

蛋白质∶碳水化合物∶脂肪=（30～35）∶（50～60）∶（10～15）。

5. 常用营养补剂品（以国内某健身补剂品牌为例）

有增肌作用的营养补剂品一般可分为能量补充、蛋白质补充、肌酸、合成促进、刺激激素分泌、维生素和矿物质、抗氧化剂等类型。运动营养补剂品中，谷氨酰胺和支链氨基酸有促进肌肉蛋白合成、抵抗肌肉蛋白分解的作用；肌酸可以增加肌纤维体积、瘦体重和力量。

（1）乳清蛋白：维持和提高运动员身体机能、提高运动能力。是大负荷训练期间常用的补剂品，一般健身者服用可以快速增肌。应在运动后 30～45 min 内服用，非运动日在两餐之间或睡前服用。

（2）增肌粉：对于一些初级健身或者身体偏瘦的健身者，可以适当服用，应在运动后 30～45 min 内服用，非运动日则在两餐之间或睡前服用。

（3）3D 左旋：具有减少脂肪合成、抑制脂肪吸收、促进消耗、提高耐力的作用。适合于运动控制体重的人群，应在运动前 30 min 配合碳水化合物饮用。

（4）锌镁肌酸：促进睾酮分泌，提升肌肉兴奋性，促进肌酸吸收，提升爆发力。适合中高阶段和增肌遇瓶颈类健身人群。在运动前 30 min 或运动后服用。

（5）增力增肌粉：具有增肌增力的作用。适合高强度健身者和专业健美运动员服用，应于每日早晚服用。

对于健身补剂品，应选择品质和口碑都较好的品牌，并严格按照产品说明书服用。

三、健美运动竞赛营养

（一）健美运动竞赛体脂要求

（1）男子：通常的体脂含量为 12%～16%，比赛要求体脂含量为 6%～8%。

（2）女子：通常的体脂含量为 22%～26%，比赛要求体脂含量为 10%～12%。

应注意的是，女子体脂率在 10% 以下，会引起月经紊乱甚至闭经或其他健康问题；男子体脂率在 5% 以下，会出现多筋、肌肉萎缩和体态憔悴等。

（二）健美运动员减重

（1）人体体重 = 瘦体重（LBM）+ 脂肪重量。

LBM = 肌肉、肌腱、骨骼、器官、体液和皮肤等非脂肪组织。

（2）控制体重：普通人控制好热量的摄入与消耗的平衡；健美运动员，在增加肌肉体积、肌肉力量、围度和肌肉的清晰度的同时，尽量保持体重不变。

（3）健美运动员减重的原则：保证健康原则和取得最佳成绩原则。

（4）健美运动员控制体重的措施：

① 节食（限制饮食、半饥饿、全饥饿）并限制摄水量（部分或全部）。

② 增加运动量以加大能量消耗。

③ 脱水法（蒸桑拿、穿不透气的尼龙运动服）。

④ 服用泻药。

⑤ 自我催吐。

⑥ 服用食欲抑制剂等。

⑦ 体重的减轻量为原来体重的 3%～5%。

⑧ 长期控制体重法和快速减重法相结合。

⑨ 快速减重法，在赛前 1～2 周，减少饮食、控制摄水量、加强运动量和增加脱水。

⑩ 如要增加体重，可在赛前半小时、称重前大量饮水。

（三）健美竞赛减脂

1. 赛前减脂目标

将体内皮下脂肪降到最低水平，使肌肉线条凸显。

2. 赛前饮食减脂

（1）重要性：极为重要，训练占比 25%，饮食占比 75%。

（2）原则：限制热能、控制体内水分、严格作息时间；也叫"一高三低"，即高蛋白、低碳水化合物、低脂、低盐（钠）。

（3）具体措施：

① 赛前两个月开始，逐渐进行。赛前 4～5 周开始增加有氧训练，每天保证至少 0.5 h 的训练量。

② 抗阻训练采用中等重量多次数的训练法，即减脂训练法。

③ 赛前 10 天，逐渐减少碳水化合物的摄入。

④ 赛前一周，过渡性训练，即轻运动量。

⑤ 赛前三天，少量运动或停训，多练造型姿势，不能增加碳水化合物的摄入，必须按时、定量地补充碳水化合物。

⑥ 赛前二天，不能吃脂肪食物，并控制流汁食品的摄入。

⑦ 控制钠的摄入量，调整好钠和钾的摄入比例。因为一旦钠过剩，水就会跑到肌细胞的外面进入皮下；而钾过剩，水则会进到细胞中。

⑧ 不可使用利尿剂，因为大量排尿的同时，会带走体内储藏的钾。

⑨ 需要增加体重的，在赛前几周多摄入卡路里（热能）或者在赛前饮用流质食物。
⑩ 有超重问题的健美运动员，在赛前几个月就要开始实施减重减脂计划。

四、国家级健美运动员合理膳食指导参考方案

（1）进餐次数：每天 4~7 次。
（2）食物种类：谷类食物（以米饭、馒头为主）、蔬菜（以西红柿、小白菜、芹菜梗、油麦菜、黄瓜为主）、水果（以香蕉、西瓜和草莓为主）、肉蛋类（以蛋清、无皮鸡胸、鱼和豆腐为主）。
（3）烹饪要求：肉类食物以水煮和清蒸为主，蔬菜生吃为主，炒菜要少油少盐；少用含盐高的佐料和酱油。
（4）每天补充以下种类和数量的营养补剂品：
① 增肌粉，一天二次，每次运动后即刻服用 50 g。
② 蛋白粉，一天一次，早晨起床后服用 25 g。
③ 谷氨酰胺，一天 5 g，分二次分别在早晨起床后和晚上睡觉前服用。
④ 左旋肉碱，一天 4 g，分 2 次分别在上下午运动前 20~30 min 服用。
⑤ 支链氨基酸，一天 4 g，分 2 次分别在上下午运动前服用。
⑥ 补充促进肌肉恢复的活性糖、维生素等。

第十三章

健美健身比赛规则及组织裁判法

第一节 竞赛总则

本章节在中国健美协会于 2021 年 6 月审定通过在内部发行的《健美健身竞赛规则裁判法》上精简而成。

一、健美比赛的种类

目前，健美比赛有锦标赛、公开赛、精英职业联赛、大奖赛、邀请赛、冠军赛、综合运动后的健美健身比赛、其他交流性质的比赛等。

二、健美健身竞赛项目

健美健身竞赛项目如表 13-1-1 所示。

表 13-1-1

分类	项目名称
健美比赛	男子健美、古典健美、竞技古典健美、女子健体、混合双人
健身比赛	男子古典健体、男子肌肉健体、男子健体、女子形体、健康小姐、男子和女子健身、少儿健身、比基尼健身、健身模特、健体混合双人、时尚模特、健美健身集体造型

健美比赛按年龄分成 3 个组别：青年组（16~23 岁）、成年组（<50 岁）和男子元老组（≥50 岁）。

三、比赛级别

（一）健美比赛级别（按体重划分，重量用"M"表示）

健美比赛级别如表 13-1-2 所示。

表 13-1-2

青年男子组	75 kg 以下	$M \leqslant 75$ kg
	75 kg 以上	$M > 75$ kg
成年男子组	60 kg 级	$M \leqslant 60$ kg
	65 kg 级	60 kg $< M \leqslant 65$ kg
	70 kg 级	65 kg $< M \leqslant 70$ kg
	75 kg 级	70 kg $< M \leqslant 75$ kg
	80 kg 级	75 kg $< M \leqslant 80$ kg
	85 kg 级	80 kg $< M \leqslant 85$ kg
	90 kg 级	85 kg $< M \leqslant 90$ kg
	90 kg 级以上	90 kg $< M$

（二）古典健美比赛级别

古典健美的比赛级别如表 13-1-3 所示（身高用 H 表示，单位 cm；体重用 M 表示，单位 kg）。

表 13-1-3

身高 H	体重 M
$H \leqslant 165$	$M \leqslant (H-100)+0$ kg
$165 < H \leqslant 168$	$M \leqslant (H-100)+1$ kg
$168 < H \leqslant 171$	$M \leqslant (H-100)+2$ kg
$171 < H \leqslant 175$	$M \leqslant (H-100)+4$ kg
$175 < H \leqslant 180$	$M \leqslant (H-100)+6$ kg
$180 < H \leqslant 190$	$M \leqslant (H-100)+8$ kg
$H > 190$	$M \leqslant (H-100)+9$ kg

（三）男子竞技古典健美比赛级别

男子竞技古典健美比赛级别如表 13-1-4 所示（身高用 H 表示，单位 cm；体重用 M 表示，单位 kg）。

表 13-1-4

身高 H	体重 M
$H \leqslant 162$	$M \leqslant (H-100)-2$ kg
$162 < H \leqslant 165$	$M \leqslant (H-100)-1$ kg
$165 < H \leqslant 168$	$M \leqslant (H-100)+0$ kg
$168 < H \leqslant 171$	$M \leqslant (H-100)+1$ kg
$171 < H \leqslant 175$	$M \leqslant (H-100)+2$ kg
$175 < H \leqslant 180$	$M \leqslant (H-100)+3$ kg
$180 < H \leqslant 190$	$M \leqslant (H-100)+4$ kg
$H > 190$	$M \leqslant (H-100)+5$ kg

（四）女子比赛级别

女子比赛级别如表 13-1-5 所示（身高用 H 表示，单位 cm）。

表 13-1-5

	一组	二组	三组	四组
女子健体	$H < 158$	$158 < H \leqslant 163$	$H > 163$	
女子健身	一组	二组		
	$H \leqslant 163$	$H > 163$		
健康小姐	一组	二组	三组	四组
	$H \leqslant 160$	$160 < H \leqslant 163$	$163 < H \leqslant 168$	$H > 168$
比基尼健身	一组	二组	三组	四组
	$H \leqslant 160$	$160 < H \leqslant 163$	$163 < H \leqslant 166$	$166 < H \leqslant 169$
	五组	六组	—	—
	$169 < H \leqslant 172$	$H > 172$	—	—

（五）男子健体比赛级别

男子健体比赛级别如表 13-1-6 所示（身高用 H 表示，单位 cm；体重用 M 表示，单位 kg）。

表 13-1-6

	身高 H		体重 M	
男子古典健体	$H \leqslant 168$		$M \leqslant (H-100)+4 \text{ kg}$	
	$168 < H \leqslant 171$		$M \leqslant (H-100)+6 \text{ kg}$	
	$171 < H \leqslant 175$		$M \leqslant (H-100)+8 \text{ kg}$	
	$175 < H \leqslant 180$		$M \leqslant (H-100)+11 \text{ kg}$	
	$H > 180$		$M \leqslant (H-100)+13 \text{ kg}$	
男子肌肉健体	一组		二组	
	$H \leqslant 175$		$175 < H$	
男子健体	一组	二组	三组	四组
	$H \leqslant 170$	$170 < H \leqslant 173$	$173 < H \leqslant 176$	$176 < H \leqslant 179$
	五组	六组	—	—
	$179 < H \leqslant 182$	$H > 182$	—	—

（六）模特比赛级别

模特比赛级别如表 13-1-7（身高用 H 表示，单位 cm）。

表 13-1-7

	一组	二组	三组	四组
男子健身模特	$173 < H \leqslant 176$	$176 < H \leqslant 180$	$180 < H \leqslant 183$	$H > 183$
女子健身模特	A 组	B 组	C 组	—
	$162 < H \leqslant 165$	$165 < H \leqslant 168$	$H > 168$	—

（七）健美健身集体造型分级法

不分级别，每队不少于 6 人。

四、称量身高体重

（1）运动员必须在赛事组委会规定的时间内持注册证明测量身高和称量体重。

（2）测量身高和称量体重时，必须穿着比赛服；赤脚测量身高；比赛服装、鞋和道具等需经裁判长或指定裁判员检查合格，方能许可。

（3）运动员参赛前的体重与报名级别不符时，允许在赛前 30 min 内反复多次称量。若不能达标，则失去该级别的比赛资格，若本人愿意，可以申请更改参加上一级别的比赛（不能越级）；如果达标，则不能更改参赛级别。

（4）若赛前身高测量与报名级别不同，按实际测量结果参加对应的级别比赛。

（5）男子古典健美、男子竞技古典健美、男子古典健体和男子健身这四个项目的身高和体重测量应在同一时段进行。

五、运动员着色

规则允许运动员对肤色进行装饰，但必须严格遵守以下规定：

（1）允许使用人工色剂，必须采用喷射方式着色，颜色要自然、不易擦拭、不得有任何勾画；允许擦抹适量的身体用油、植物油、护肤霜和保湿乳液。

（2）严禁在身体上涂抹闪亮片、发光金属色闪光粉。

（3）着色后，运动员的身体不得出现任何带有政治性、宗教性和个人化的标语、言论、图案或广告。

六、运动员着装

（一）男子健美比赛着装要求

（1）运动员应穿着单色、无光泽、不透明、清洁、得体的健美三角裤，运动员自己确定赛裤的颜色、面料、质地和样式，赛裤须覆盖臀部的3/4及整个下腹部，侧面宽度不小于1 cm，禁止在赛裤上附加衬垫和其他附加物。

（2）赤脚参赛。

（3）比赛时，禁止佩戴框架式眼镜、手表、镯类、项链、耳环、假发以及人造指甲等饰品，禁止使用道具。

（4）严禁进行任何改变身体、肌肉形态的固体和液体的义体植入。

（二）女子健体比赛着装要求

（1）运动员应着不透明、分体、后交叉式比基尼赛服，运动员自己确定赛服的颜色、面料、质地、样式和风格，赛服必须能展现腹部和背部的肌肉且盖住臀部的1/2和整个胸部，禁止在赛服上使用衬垫、字符和附加饰物。

（2）赤脚参赛。

（3）比赛时，禁止佩戴框架式眼镜、手表、镯类、项链、耳环、假发、人造指甲以及扰乱注意力的饰品，禁止使用道具。

（4）头发可以做造型或垂直至肩部，但不得遮住肩部和上背部的肌肉。

（5）严禁进行任何改变身体、肌肉形态的固体和液体的义体植入。

（三）健美混合双人比赛着装要求

（1）男运动员的赛服同男子健美比赛着装要求。

（2）女运动员的赛服同女子健体比赛着装要求。

（四）古典健美和竞技古典健美比赛着装要求

同男子健美比赛着装要求。

（五）男子古典健体比赛着装要求

穿着不透明、无花纹、无光泽的单色紧身平角裤或体操短裤，赛裤侧面宽度不少于 15 cm 且必须覆盖臀部和对应的正面区域，赛裤上不得有褶皱、蕾丝以及任何衬垫、饰物和图案。

除该部分内容以外的其他部分与男子健美比赛着装要求第 2~4 条相同。

（六）男子健体和男子肌肉健体比赛着装要求

运动员应赤膊，着不透明、非紧身的黑色齐膝短裤，除短裤的品牌标志外，禁止使用任何衬垫以及附加饰物（含具有商业色彩的 LOGO 图案），运动员自己确定赛裤的颜色、面料、材质、款式和风格。

除该部分内容以外的其他部分与男子健美比赛着装要求第 2~4 条相同。

（七）女子形体比赛着装要求

（1）运动员着分体、后交叉式比基尼赛服，必须覆盖住臀部的 1/2 和整个下腹部。预赛的赛服面料颜色为纯黑色，不透明、无花纹、无光泽；决赛的赛服款式、颜色、面料由运动员自定，但必须无垂性装饰物。

（2）赤脚脚穿（非坡跟式）高跟鞋，鞋前掌厚度不大于 1 cm，鞋跟细、高度不超过 12 cm。第一轮比赛，鞋的颜色必须是黑色，且包住脚趾和脚跟；其他轮次对鞋的颜色和款式不限。

（3）可以戴结婚戒指、小耳钉以及头发饰品，不得佩戴眼镜、手表、镯类、耳环、假发以及任何其他人工饰品。

（4）严禁进行任何改变身体、肌肉形态的固体和液体的义体植入。

（八）健康小姐比赛着装要求

头发可以做造型。

除该部分内容以外的其他部分与女子形体比赛着装要求基本一致。

（九）男子健身形体轮比赛着装要求

穿着不透明、无花纹、无光泽的纯黑色紧身平角短裤，赛裤侧面宽度不少于 15 cm 且必须覆盖臀部和对应的正面区域，赛裤上不得有任何衬垫、饰物和图案。

除该部分内容以外的其他部分与男子健美比赛着装要求第 2~4 条相同。

（十）女子健身形体轮比赛着装要求

赛服的颜色、面料、质地、装饰和款式不限，鞋的颜色不限，头发可以做造型。

除该部分内容以外的其他部分与女子形体比赛着装要求一致。

（十一）少年儿童健身比赛服装要求

（1）男、女孩都要求赤脚参赛，不得佩戴眼镜、手表、镯类、耳环、假发以及任何其他人工饰品。

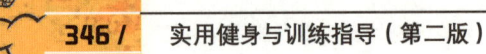

（2）男孩必须穿黑色、不透明、长度齐臀线的紧身平脚裤。

（3）女孩必须穿黑色、不透明的分体式紧身赛服，赤脚。

（十二）比基尼健身比赛服装要求

与女子形体比赛着装要求一样。

（十三）健身模特比赛着装要求

1. 男子

必须穿紧身连体体操背心和合体短裤，面料的颜色、材质和风格不限；短裤底边齐臀线并覆盖臀部；背心须覆盖住胸肌和斜方肌面积的 1/2。

除该部分内容以外的其他部分与男子健美比赛着装要求第 2~4 条相同。

2. 女子

必须穿不透明的连体泳装，面料的颜色、材质、装饰和风格不限，不得有垂性装饰物，头发可以造型。

除该部分内容以外的其他部分与女子形体比赛着装要求相同。

（其余着装要求略）

七、比赛场地和路线

（一）舞台尺寸

（1）比赛有效区域的长度不少于 16 m、宽度不少于 10 m，运动员比赛展示线距离裁判席不得少于 7 m、大于 10 m，舞台台面距离地面的高度为 0.8~1 m。

（2）舞台上必须稳固、平整地铺设灰色地毯，并在地毯上标出相应竞赛项目的规定行走路线以及定点造型的位置。

（二）表演路线

表演路线如图 13-1-1 所示。

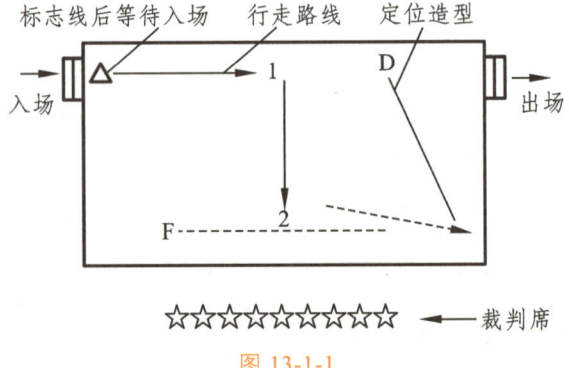

图 13-1-1

八、运动员参赛流程

（1）按照赛事组委会的要求，在（线上或线下）指定的窗口按照自己的参赛项目报名。

（2）提前 1~2 天到达比赛地入住。

（3）比赛前，按照组委会规定的时间段，到赛场熟悉场地。

（4）比赛当日，提前 30 min 到达赛场检录处进行检录和做热身准备。

（5）赛前 20 min 进行第一次检录，测量身高体重，抽签并在规定位置佩戴签号、检查着装、油彩、道具等是否符合要求。

（6）赛前 10 min 进行第二次检录，由裁判员强调参赛相关要求。

（7）赛前 5 min 进行最后一次检录，再次确认相关事宜，等待引领员（裁判工作人员之一）引导入场比赛。

（8）在舞台上，自己按照规定路线或听从裁判长（或引导员）的指令，依次表演、展示规定动作或自选动作。

（9）比赛完毕，按照规定路线和顺序依次退场、结束比赛，等待大会宣布比赛成绩、领奖、离会返程。

（10）运动员或参赛单位对比赛结果有异议，必须以书面的形式向大会仲裁委员会提出申诉或抗议，等待仲裁结果。

第二节 比赛动作及评判标准

一、男子健美规定动作

男子健美规定动作按比赛展示顺序依次是前展双肱二头肌、前展双背阔肌、侧展胸部、后展双肱二头肌、后展双背阔肌、侧展肱三头肌、前展腹部和腿部，如图 13-2-1~13-2-7 所示。

图 13-2-1 　　　　图 13-2-2 　　　　图 13-2-3

图 13-2-4 　　　　　　　　　　　图 13-2-5

图 13-2-6 　　　　　　　　　　　图 13-2-7

（一）前展双肱二头肌（见图 13-2-1）

1. 技术标准

面向裁判，双脚开立（间距 40~50 cm），一只脚向侧前方伸出并用脚尖点地，另一只脚支撑身体主要重量；双手半握拳，直臂从腹前开始，经体侧至肩上，屈肘使小臂朝上、大臂略高于肩、大小臂的夹角略小于 90°并屈腕至极限；接着吸腹成空腔，保持该姿势静止 3~5 s。

2. 评判标准

（1）肌肉的质量、整体的发达程度以及肩峰的高度。
（2）肌肉的清晰度和分离度。
（3）肱二头肌与身体其他部位肌群发展的均衡度和协调性。
（4）整体匀称度、造型的规范和美观度。

（二）前展双背阔肌（见图 13-2-2）

1. 技术标准

面向裁判，双脚左右开立（间距 15~20 cm）、重心在两脚中间；双臂从体前开始、经髋侧绕至臀后部，握拳、用拳面和拇指支撑在腰侧（三角裤侧边之上），拳心朝侧后下方；接着吸腹成空腔，用力扩展双侧背阔肌并收缩全身肌肉、持续静止 3~5 s。

2. 评判标准

（1）背阔肌的宽阔、厚实程度，肌肉形状的美观度和发力力度的强弱。
（2）背部肌肉整体成"V"字形，清晰度明显。
（3）背阔肌与身体其他部位肌群发展的均衡度和协调性。
（4）整体匀称度、造型的规范和美观度。

（三）侧展胸部（见图 13-2-3）

1. 技术标准

侧对裁判（以左腿为例）并脚站立，右腿微曲、支撑主要身体重量，左腿屈膝、脚尖点地；双臂在体前，左臂在左肩前下方伸直、握拳、拳心朝上，右手虎口朝内握住左小臂腕部；然后左臂屈肘（肘关节向左腰后拉），同时向左转体（腰以下保持不动）使左侧胸部正对裁判；接着吸腹成空腔、用力收缩胸部、小腿和全身肌肉、持续静止 3~5 s。

2. 评判标准

（1）胸大肌的宽阔度、厚度、力度以及形状的美观度。
（2）肌肉的分离度、清晰度。
（3）胸大肌与肩部、肱二头肌、大腿和小腿肌群发展的均衡度和协调性。
（4）整体匀称度、造型的规范和美观度。

（四）后展双肱二头肌（见图 13-2-4）

1. 技术标准

背对裁判站立，双脚开立（间距 40~50 cm），一只脚向侧后方伸出并用脚尖点地，另一只腿微屈膝、支撑身体主要重量；双手握拳、双臂直臂从体前下方、经体侧至肩上高举；接着下拉手臂至肘关节略高于肩，小臂向上、屈腕、拳心相对，接着用力收缩双侧肱二头肌以及全身肌肉，持续静止 3~5 s。

2. 评判标准

（1）肱二头肌尖峰的高度、轮廓的清晰度、形态的美观度。
（2）肱二头肌与肱肌、肱三头肌、三角肌之间的分离度。
（3）背面相关肌群发展的均衡度和发达度。
（4）整体匀称度、造型的规范和美观度。

（五）后展双背阔肌（见图 13-2-5）

1. 技术标准

背对裁判，双脚左右开立（间距 15~20 cm），重心在两脚中间；双臂从腹前绕到腰后再到腰侧，拳面和拇指贴压腰侧；接着吸腹含胸，用力扩展双侧背阔肌并收缩全身肌肉、持续静止 3~5 s。

2. 评判标准

（1）背阔肌的宽阔度、厚度以及下缘的清晰度。
（2）背阔肌呈"V"字形状，各部位的均衡度、协调性和形态的美观度。
（3）其他相关肌群发展的均衡度、发达度，线条清晰度和形态的美观度。
（4）整体匀称度、造型的规范和美观度。

（六）侧展肱三头肌（见图 13-2-6）

1. 技术标准

侧对裁判（以左腿为例）并腿站立，右手背腰后、手背贴腰，左臂直臂从体前经右侧到头顶、再摆至身体左侧并背左腰后部，左手握拳、右手握住左小臂手腕，躯干伸直并微微屈髋、躯干半面左转使左臂对着裁判，接着收缩肱三头肌以及全身肌肉、持续静止 3~5 s。

2. 评判标准

（1）肱三头肌整体的发达程度、轮廓的清晰度、形态的美观度。
（2）与三角肌以及臂部其他关联肌群的分离度。
（3）其他相关肌群发展的均衡度、发达度，线条清晰度和形态的美观度。
（4）整体匀称度、造型的规范和美观度。

（七）前展腹部和腿部（见图 13-2-7）

1. 技术标准

面对裁判，双脚左右开立（间距 15~20 cm），一只脚向侧前方伸出、膝微屈并用脚尖点地，另一只腿膝微屈、支撑身体主要重量；双臂从体前上举到头后并抱头、肘外展；接着用力呼气、收紧腹部、腿部以及全身肌肉、持续静止 3~5 s。

2. 评判标准

（1）腹直肌和腹外斜肌的发达程度、块垒的突出和清晰度。
（2）大腿肌肉的发达、饱满、分离和清晰度。
（3）其他相关肌群发展的均衡度、发达度，线条清晰度和形态的美观度。
（4）整体匀称度、造型的规范和美观度。

（八）男子健美比赛动作展示动作内容

（1）预赛：8 名运动员一组同台依次进行四个规定动作（前展双肱二头肌、侧展胸部、后展双肱二头肌、前展腹部和腿部）比赛，退场。
（2）半决赛：运动员按签号顺序呈单行自然站立，集体听裁判（长）的指挥，依次做预赛时的四个规定动作；之后由裁判提名其中的运动员面向裁判进行七个规定动作的全部展示，退场。
（3）决赛：运动员先进行七个规定动作展示，再做集体不定位自由造型展示（时限为 30~60 s），退场。

（九）男子健美自选动作比赛技术和评判标准

（1）技术标准：由各种造型动作（包括全部规定动作和非规定动作）组成，造型动作要有停顿，动作之间衔接自然、流畅，时间为 60 s。

（2）评判标准：套路编排主题突出，配乐感染力强，动作完整、规范、流畅、形体展示艺术性强，富有节奏感和美感。

（十）男子健美全场冠军

男子健美全场冠军只进行规定动作比赛和集体不定位自由造型展示，程序、内容、技术标准和评判标准与决赛相同。

二、女子健美

女子健美四个规定动作按比赛展示顺序分别是前展双肱二头肌、侧展胸部、后展双肱二头肌、侧展肱三头肌，如图 13-2-12 ~ 13-2-15 所示。

（一）四个方位形体动作展示（见图 13-2-8 ~ 13-2-11）

图 13-2-8 　　　图 13-2-9 　　　图 13-2-10 　　　图 13-2-11

1. **技术标准**

双脚并拢（或脚跟并拢，脚尖分开约 30°）、自然站立，吸腹挺胸、端正头部、两眼平视前方；两臂肘微曲、自然下垂置于体侧，四个位置的定型动作都要做到掌心朝内，距离身体约 10 cm，适度收紧身体各部肌肉；侧向站立时前肩略高于后肩；按图 13-2-8 ~ 13-2-11 所示，依次从前、左、后和右四个方位进行体形展示。

2. **评判标准**

（1）先天骨架发育良好，肩宽、腰细、腿直，身体中心线中正，头部、四肢和躯干的比例协调。

（2）肌肉匀称比例、发达程度和线条的清晰程度。

（3）皮肤光洁、色泽适中，没有外科手术或其他疤痕、斑点、痤疮或文身等。

（4）表演时，步态优美、自信，仪态端庄。

（二）前展双肱二头肌（见图13-2-12）

图 13-2-12 　　　图 13-2-13 　　　图 13-2-14 　　　图 13-2-15

1. 技术标准

与男子健美前展双肱二头肌的动作要领基本一样，女子的五指分开。

2. 评判标准

（1）肱二头肌的质感等级、轮廓的明显程度、饱满程度以及尖峰高度。

（2）肱二头肌与其他相关肌群发展的均衡度、发达度，线条清晰度和形态的美观度。

（3）整体匀称度、造型的规范和美观度。

（三）侧展胸部（见图13-2-13）

1. 技术标准

侧对裁判（以右侧对为例），左腿微屈膝、支撑主要体重，右腿向前方伸出、前脚掌着地，吸腹挺胸、直臂、双手成掌、在腹前左手压住右手手腕，接着用力收缩胸部以及全身肌肉。

2. 评判标准

（1）胸大肌的饱满度、美观度。

（2）胸、肩关节处分界明显、圆润。

（3）肩部、肱三头肌、臀部、大腿、小腿肌群轮廓的清晰度以及与胸部的比例。

（4）整体造型规范，凹凸有致，性别特征明显，形态和姿态的美观度。

（四）后展双肱二头肌（见图13-2-14）

1. 技术标准

与男子健美后展双肱二头肌的技术标准基本一样，女子的五指分开。

2. 评判标准

（1）肱二头肌轮廓的清晰程度、形态的美观等级。
（2）肱二头肌与肱肌、肱二头肌、三角肌之间的分离度。
（3）背面相关肌群发展的均衡度、发达度、线条清晰度和形态的美观度。
（4）整体匀称度、造型的规范和美观度。

（五）侧展肱三头肌（见图 13-2-15）

1. 技术标准

女子侧展肱三头肌的动作与女子健体侧展胸部的动作要领基本一样，只需改变手臂的放法，左手在体后握住右手手腕，用力收缩肱三头肌以及全身肌肉。

2. 评判标准

（1）肱三头肌发达的合理性、形状的美观度。
（2）肱三头肌轮廓的清晰程度、与臂部其他肌群的分离度。
（3）相关肌群发展的均衡度、发达度，线条清晰度和形态的美观度。
（4）整体匀称度、造型的规范和美观度。

（六）女子健体比赛动作展示内容

（1）预赛：不超 10 名运动员一组同台依次进行四个规定动作（前展双肱二头肌、侧展胸部、后展双肱二头肌、侧展肱三头肌）比赛，退场。
（2）半决赛：运动员按签号顺序呈单行自然站立，集体听裁判（长）的指挥，依次做四个向右转体；之后运动员等分（或接近）站赛台两侧，由裁判提名其中的运动员面向裁判进行四个规定动作展示来作为比较评分，退场。
（3）决赛：运动员依次进行四个向右转和四个规定动作；裁判指挥交换站位后，再次重复做四个向右转和四个规定动作；然后集体不定位自由造型展示（时限为 30~60 s），退场。

（七）女子健体自选动作比赛的技术和评判标准

与男子健美自选动作比赛的技术和评判标准一样。

三、健美混合双人

1. 技术标准

五队（一男一女）运动员一组同台进行五个规定动作比赛，这五个规定动作是前展双肱二头肌、侧展胸部、后展双肱二头肌、侧展肱三头肌、前展腹部和腿部。决赛时运动员除了要先表演上述五个规定动作外，还要在表演完（30~60 s）集体不定位自由造型之后才能退场。

2. 规定评判标准

（1）体格及各部位肌肉群发达程度协调、一致。
（2）造型动作规范、流畅、配合默契。
（3）运动员外表、气质整体感强。

3. 自选（自由造型）动作评判标准

（1）套路编排主题突出、有创意，配乐感染力强，整套动作规范、完整、互补、流畅，形体造型展示艺术性强，富有节奏感、美感和观赏性。

（2）时限为 90 s。

四、男子古典健体比赛

男子古典健体按比赛展示五个动作顺序是前展双肱二头肌、侧展胸部、后展双肱二头肌、侧展肱三头肌、真空腹前展腹部和腿部。

（一）四个方位动作展示

如图 13-2-16 ~ 13-2-19 所示。

图 13-2-16 　　　　图 13-2-17 　　　　图 13-2-18 　　　　图 13-2-19

1. 技术标准

与女子健体四个方位动作的技术标准一样。

2. 评判标准

（1）先天骨架发育良好，肩宽、腰细、腿直，身体中心线中正，头部、四肢和躯干的比例协调，体格和谐，具有古典气息。

（2）全身肌肉发展均衡，左右对称、前后对应，各部位肌肉条状发达、饱满、线条轮廓清晰。

（3）皮肤光洁、色泽适中，没有外科手术或其他疤痕、斑点、痤疮或文身等。

（二）男子古典健体比赛动作展示内容

技术标准和评判标准与男子健美的五个规定动作（前展双肱二头肌、侧展胸部、后展双肱二头肌、侧展肱三头肌、前展腹部和腿部）的技术标准和评判标准一样。只有"真空腹、前展腹部和腿部"动作的评判内容增加腹部呈真空凹进的评判标准，此标准要求是：腹部凹进自然、有深度、稳定，且运动员的控制力强。

（1）预赛：不超 8 名运动员一组同台进行四个规定动作（前展双肱二头肌、侧展胸部、后展双肱二头肌、真空腹加前展腹部和腿部），退场。

（2）半决赛：运动员按签号顺序呈单行自然站立，集体听裁判（长）的指挥，依次做四个向右转体；之后运动员等分（或接近）站赛台两侧，提请每组不超 8 名运动员面向裁判呈单行站在舞台中央，听裁判指挥集体进行预赛的四个规定动作展示；最后，由裁判提名其中的几名运动员，面向裁判进行四个方位的形体动作展示和六个动作（5 个规定动作加 1 个自选动作）来作为比较评分，退场。

（3）决赛：运动员按规定路线依次入场、定位造型后站在舞台的 D 线位置，待全部入场展示完毕，到舞台 F 线成一排站立进行四个方位的形体展示和六个动作（5 个规定动作加 1 个自选动作）；裁判指挥运动员交换站位后，再次重复做四个方位的形体展示和六个规定动作；最后，集体不定位自由造型展示（时限为 30～60 s），退场。

（三）男子古典健体自选动作比赛的技术和评判标准

与男子健美自选动作比赛的技术和评判标准一样。

（四）男子古典健体全场冠军

男子古典健体全场冠军比赛只进行规定动作比赛和集体不定位自由造型的展示，程序、内容、动作要领、评判标准与决赛相同。

五、男子健体和男子肌肉健体

男子健体和男子肌肉健体比赛只做四个方位的形体展示，动作顺序是正向站立、左侧向站立、背向站立和右侧向站立。动作展示如图 13-2-20～13-2-23 所示。

图 13-2-20 　　　图 13-2-21 　　　图 13-2-22 　　　图 13-2-23

（一）四个方位的形体展示

1. 正向站立技术标准（见图 13-2-20）

运动员面向裁判站立，双脚自然开立，一条腿直腿支撑体重，另一条腿向侧前方直腿伸出并用前脚掌点地（控制身体平衡）；支撑腿同侧手臂微屈肘自然下垂于体侧，另一条手臂屈肘、掌指伸直（与小臂同线）、四指并拢、拇指分开叉置于腰侧；收腹挺胸、端正头部、双眼正视，适度扩展背阔肌。

2. 左侧向站立技术标准（见图 13-2-21）

在前动作正向站立的基础上，向右转体 90°，左脚上步在右腿侧直腿站立并支撑主要体重，右腿朝背后方向直腿伸出并用前脚掌点地控制身体平衡），上体略微左转面向裁判（手臂姿势不变），成左侧向站立（左腿对裁判），收腹挺胸、端正头部、双眼正视、身体各部肌肉不得过度收缩。

3. 背向站立技术标准（见图 13-2-22）

在前动作左侧向站立的基础上，向右转体 90° 背对裁判，身体重心从左腿移至右腿，左脚起踵变为前脚掌点地（控制身体平衡），手臂姿势不变、躯干微微后伸、端正头部、双眼正视，成背向站立，适度扩展背阔肌。

4. 右侧向站立技术标准（见图 13-2-23）

在前动作背向站立的基础上，向右转 90°，右腿继续支撑身体重心，左腿在背后用脚掌点地（控制身体平衡），手臂姿势不变、躯干微微右转面向裁判，成右侧向站立（右腿对裁判），收腹挺胸、端正头部、双眼正视，身体各部肌肉不得过度收缩。

（二）评判标准

男子健体和男子肌肉健体的评判标准是在男子古典健体四个方位动作展示的评判标准基础上，增加的一条内容为：四个面向站立要做到动作规范、行走自然、自信、节奏合理。

（三）男子健体和男子肌肉健体比赛动作展示内容

（1）预赛：不超 10 名运动员一组同台在裁判的统一指挥下进行一次四个方位形体展示，退场。

（2）半决赛：运动员按签号顺序呈单行自然站立，集体听裁判（长）的指挥，做一次四个方位形体展示；之后运动员等分（或接近）站赛台两侧，由裁判提名其中的几名运动员，面向裁判进行一次四个方位形体展示作为比较评分，退场。

（3）决赛：运动员按规定路线依次入场，在舞台的 D 线位置站立，待全部入场完毕，到舞台 F 线站成一排进行一次四个方位的形体展示，裁判指挥运动员交换站位后，再次做一次四个方位的形体展示，退场。

六、女子形体

（1）女子形体比赛规定动作展示与女子健体的规定动作展示基本一样（详见图 13-2-8～13-2-11），技术标准和评判标准也基本一样；在女子健体规定动作评判标准的基础上，增加形体评判要求：正面、背面呈"V"字形，从侧面看身体呈适度的"S"形曲线，性别特征明显，各部比例匀称，富有美感。

（2）女子形体比赛动作展示内容与男子健体和男子肌肉健体比赛动作展示内容一样。

（3）全场冠军比赛程序、内容、技术标准、评判标准与决赛的要求相同。

七、健康小姐

健康小姐比赛只做四个方位形体展示，动作顺序是正向站立、左侧向站立、背向站立和右侧向站立。比赛动作展示如图 13-2-24～13-2-27 所示。

图 13-2-24 　　　　　图 13-2-25 　　　　　图 13-2-26 　　　　　图 13-2-27

（一）技术标准

1. 正向站立

开腿站立，躯干微微前倾、吸腹挺胸、提臀、端正头部、后展双肩、双眼正视；然后重心侧移至左腿（以左腿为例）支撑重心，右腿前脚掌着地；左手置于同侧髂嵴上，右臂微曲自然下垂于体侧；身体重心、髋部和手臂适时交替移动。如图 13-2-24 所示。

2. 左侧向站立

在前动作正向站立的基础上，向右转体 90°，然后，上体向左转、面向裁判；双腿靠近、右腿直腿、全脚掌着地，左腿膝微屈、脚略前伸、前脚掌着地；右臂屈肘、右手置于同侧髂嵴上，左臂微屈、自然下垂于身体中心线左后侧、左手造型；端正头部、目视裁判。如图 13-2-25 所示。

3. 背向站立

在前动作侧向站立的基础上，向右转 90° 背对裁判，其余动作要领与正向站立的动作要领相同。如图 13-2-26 所示。

4. 右侧向站立

在前动作背向站立的基础上，向右转 90° 至身体右侧侧对裁判，其余动作要领与左侧向站立的动作要领相同。如图 13-2-28 所示。

（二）行走路线与定位造型

运动员按签号顺序逐一上场，按照图 13-1-1 中箭头指向的路线移动，必须采用自然步态走步；在图中 1 号位置做短暂停留并做 2 个身体方位的动作展示，在 2 号位置做 4 个身体方位的动作展示；然后行致谢礼，行进至图中 D 线的位置依次站立并做形体造型。本轮运动员全部逐个展示完毕，由裁判长统一指挥运动员依次到图中 F 线的位置面向裁判站成一排做四个方位动作展示。

（三）评判标准

（1）体型标准：骨架发育良好，形体匀称，头部、躯干和四肢的纵横比例协调，三围（胸、腰、臀）比例、性别特征明显。

（2）全身肌肉发展均衡、左右对称、饱满、线条轮廓清晰。

（3）皮肤光洁、色泽适中，没有外科手术或其他疤痕、斑点、痤疮或文身等。

（4）仪态标准：仪容端正，步态、站姿优雅，走步节奏正确，表情自然、自信、健康形象，具有个性魅力。

（四）健康小姐比赛动作展示内容

与男子健体和男子肌肉健体的比赛动作展示内容一样。

（五）全场冠军

全场冠军比赛的展示，程序、内容以及技术标准、评判标准与决赛相同。

八、健身

（一）女子健身形体轮比赛

女子健身形体轮比赛的规定动作与女子健体的规定动作基本一样（详见图 13-2-12～13-2-15），技术标准和评判标准也基本一样；在女子健体规定动作评判标准的基础上，增加形体评判要求：正面、背面呈"V"字形，从侧面看身体呈适度的"S"形曲线，性别特征明显，各部比例匀称，富有美感。

（二）男子健身形体轮比赛

男子健身形体轮比赛规定动作的技术标准和评判标准与女子健身形体轮比赛的技术标准基本一样，女子的动作展示详见图 13-2-8～13-2-11，男子的动作展示详见图 13-2-16～13-2-19。

（三）女子和男子健身比赛行走路线和定位造型

与健康小姐比赛行走路线和定位造型基本一样。

（四）女子和男子健身比赛动作展示内容

女子和男子健身比赛动作展示预赛和决赛动作展示内容跟男子健体和男子肌肉健体比赛动作展示内容一样；半决赛的动作展示内容是在男子健体和男子肌肉健体比赛动作展示内容之前增加（不超 90 s）运动特长表演。

九、比基尼健身比赛

（一）技术标准

与健康小姐比赛四个方位形体展示的技术标准一样。

（二）评判标准

与健康小姐比赛四个方位形体展示的评判标准一样。

（三）比赛动作展示内容

与男子健体和男子肌肉健体一样。

十、健身模特

（1）男子健身模特比赛规定动作的技术标准与男子健体的技术标准相同，动作展示详见图 13-2-20 ~ 13-2-23。

（2）女子健身模特比赛规定动作的技术标准与健康小姐比赛的技术标准相同，动作展示详见图 13-2-24 ~ 13-2-27。

（3）评判标准。

男子健身模特比赛规定动作和女子健身模特比赛规定动作的评判标准与男子健体的评判标准一样。

（4）健身模特比赛动作展示内容。

在男子健体和男子肌肉健体比赛动作展示内容的基础上，半决赛增加（个人表演不超 30 s，集体表演不超 60 s）运动服装展示轮，决赛增加礼服展示轮，其他都一样。

十一、自选动作

自选动作比赛，运动员跟随赛会播放的音乐进行自编身体造型，其中也允许包含全部规定动作；动作的数量不限，每个造型动作要有停顿，动作之间的衔接要自然、流畅；比赛总时间为 60 s；运动员可以自己提供音乐，如果运动员不提供音乐，则由大会统一提供；音乐中不能有宗教、政治色彩、亵渎、低俗或辱骂语言。

其他比赛动作的技术标准和评判标准略。

第三节 健美健身竞赛组织及裁判法（简介）

健美健身运动有专业竞技比赛、业余比赛和群众比赛。当今时代，健美运动已经从专业

的职业赛事走向大众，成为大众喜爱的群众体育比赛项目，不仅有业余高级别的比赛，也有一般水平的企业比赛、院校比赛、基层协会主办比赛等各类级别的比赛。无论哪种比赛，都离不开赛事的策划、组织和裁判等工作。

一、赛事策划

赛事策划是任何一种比赛的先导工作，策划内容包括比赛的性质、规模、主办机构、承办单位、经费预算等。

二、组织比赛

（1）赛事确定之后，就需要成立组织机构，组织机构的第一级是组委会，第二级是竞赛部、仲裁委员会，第三级是宣传部、编排部、裁判组、安保部、后勤保障部、场地器材组等具体事务机构。

（2）发放竞赛通知、印发秩序册。赛事通知先发，参赛运动员根据通知报名；然后根据报名情况编排秩序册，秩序册包括竞赛规程和竞赛日程等内容。竞赛规程中包含比赛的性质、主办单位、承办单位、赛事名称、评分细则、比赛时间、比赛地点、比赛项目、参赛资格和奖励办法等。竞赛日程包含比赛期间的赛事安排、人员分工、具体地点等。

（3）检查场地器材。赛前提前几个月或一年以上，考察承办方的举办条件和能力；赛前几天检查场地器材是否合乎要求（留出整改的时间）。

（4）各部门按进程要求，迎接比赛和按照竞赛日程组织比赛。

（5）结束赛事，相关部门组织参赛单位和运动员离会，并做出总结报告。

三、裁判工作

裁判工作是所有比赛的核心部分。

依据国家体育总局相关规定，中国健美协会对全国健美裁判员进行管理、发展规划以及对国家级和国际级裁判员进行培训、考核、审批和注册管理；地方各级体育行政主管部门或省、自治区、直辖市健美协会负责对本区域的一级及以下的健美裁判员进行培训、考核、注册和管理。

健美裁判员的技术等级称号分为国际级、亚洲级、国家级、一级、二级和三级，另设有荣誉级裁判员。

健美比赛的裁判员必须是在中国健美协会注册的裁判员。全国性健美比赛的仲裁委员、裁判长、记录长由中国健美协会选派；各省、自治区、直辖市健美健身项目主管部门或健美协会以及相关单位举办的健美健身竞赛活动，主办单位负责选派和聘请一级及以上级别的裁判员。

附　录

附表一　腕关节活动肌肉群

腕关节活动肌肉群		屈腕（近固定）	伸腕（近固定）	屈指（近固定）	外展（近固定）	内收（近固定）
前臂前群肌	桡侧腕屈肌	●			●	
	掌长肌	●				
	尺侧腕屈肌	●				●
	指浅屈肌	●		●（2～5指）		
	拇长屈肌（深）	●		●（2～5指）		
	指深屈肌（深）	●		●（2～5指）		
前臂后群肌	指伸肌		●			
	小指伸肌		●			
	尺侧腕伸肌		●			
	桡侧腕长伸肌		●			
	桡侧腕短伸肌		●			

备注："●"表示具备此功能（附录其他表格同）。

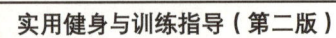

附表二 肘关节活动肌肉群

肘关节活动肌群	屈肘（近固定）	伸肘（近固定）	内旋小臂	外旋小臂	起点	止点	备注
肱二头肌（浅层）	●				长头：肩胛骨盂上结节 短头：肩胛骨喙突	桡骨粗隆 肌腱膜：前臂筋膜	远固定使上臂靠拢前臂，外旋刺激效果佳
肱肌（肱二头肌下）	●主				肱骨前面下部	尺骨粗隆	远固定使上臂靠拢前臂
肱三头肌		●			长头：肩胛骨盂下结节 外侧头：肱骨体后上方桡神经沟 内侧头：肱骨桡神经沟内下方	尺骨鹰嘴	
肱桡肌	●（拳心朝内或朝后）			●	肱骨外上髁上方	桡骨茎突	小臂在内旋极限位开始旋外
桡侧腕屈肌	●（拳心朝前）		●		肱骨内上髁及前臂筋膜	第二掌骨底	
掌长肌	●（拳心朝前）		●		肱骨内上髁及前臂筋膜	手掌皮下的掌腱膜	
尺侧腕屈肌	●（拳心朝前）				肱骨内上髁、前臂筋膜和尺骨鹰嘴	豌豆骨	
指浅屈肌	●（拳心朝前）		●		肱骨内上髁、尺骨和桡骨前面前臂骨间膜	第2～5指中节指骨底两侧	
拇长屈肌（深层）					桡骨前面和前臂骨间膜	拇指远节指骨底	
指深屈肌（深层）			●		尺骨前面和前臂骨间膜	第2～5指远节指骨底	
旋前圆肌	●（拳心朝前）		●		肱骨内上髁和尺骨冠突	桡骨外侧面中部	
旋前方肌			●		尺骨前面下1/4	桡骨前面下1/4	
肘肌		●			肱骨外上髁	尺骨背面上部	没有参与肘关节组成
指伸肌		●（拳心朝后）			肱骨外上髁	第2～5指中节和远节指骨底	
小指伸肌		●（拳心朝后）			附于指伸肌内侧	小指中节和远节指骨底	
尺侧腕伸肌		●（拳心朝后）			肱骨外上髁和尺骨背面上半	第5掌骨底	
桡侧腕长伸肌		●（拳心朝后）			肱骨外上髁	第2掌骨底	
桡侧腕短伸肌		●（拳心朝后）			肱骨外上髁	第3掌骨底	
旋后肌				●	肱骨外上髁和尺骨外侧缘上部	桡骨上部前面	

附表三 肩关节活动肌肉群

肩关节活动肌群		屈大臂(近)	水平屈大臂(近)	伸大臂(近)	水平伸大臂(近)	内收大臂	外展大臂	内旋大臂	外旋大臂	另外	起点	止点	备注(远固定)
背阔肌				●	●	●		●			借腱膜起于第7~12胸椎棘突、腰椎棘突、骶正中嵴、髂嵴后部和全部第10~12肋外	肱骨小结节嵴	(臂上举)拉躯干靠拢大臂、提助、助吸气
胸大肌		●	●	●臂上举	●	●		●			锁骨部起自锁骨内侧半,胸肋部起自胸骨前和第1~6肋软骨,腹部起自腹直肌鞘前层	(锁骨部肌束和腹部肌束上下交叉止于肱骨大结节嵴)	(臂上举)拉躯干靠拢大臂、提助、助吸气
三角肌	前束	●	●					●			锁骨外侧半前缘	肱骨三角肌粗隆	整体收缩上提大臂
	中束						●			近固定整体收缩使臂外展	肩胛骨肩峰	肱骨三角肌粗隆	
	后束			●	●				●		肩胛骨冈下窝	肱骨三角肌粗隆	
大圆肌				●臂在体前	●	●		●			肩胛骨冈上窝	肱骨大结节上部	使颈靠拢大臂
肩袖	肩胛下肌					●		●			肩胛骨冈下窝	肱骨大结节中部	
	冈上肌						●				肩胛骨冈上窝	肱骨大结节上部	
	冈下肌			●	●	●			●		肩胛骨冈下窝	肱骨大结节中部	
	小圆肌			●	●	●			●		肩胛骨外侧缘背面	肱骨大结节下部	
肱二头肌		●长和短头	●短头			●长头	●小臂向上或掌心朝前或掌心朝外				长头起于肩胛骨盂上结节,短头起于肩胛骨喙突	肌腱止于桡骨粗隆,腱膜止于前臂筋膜	使大臂向前
喙肱肌		●	●			●					肩胛骨喙突	肱骨中部内侧	使大臂靠拢
上肢带 肱三头肌				●长头		●长头					长头起于肩胛骨盂下结节,外侧头起于肱骨体后上方桡神经沟外侧,内侧头起于肱骨体后下方桡神经沟内后	尺骨鹰咀	

附表四　肩胛骨活动肌肉群

肩胛骨活动肌群		上回旋(近固定)	下回旋(近固定)	前伸(近固定)	后缩(近固定)	上提	下降	另外(近固定)	起点	止点	备注(远固定)
斜方肌	上束	●			●	●		两侧同时后缩肩胛	上项线内1/3、枕外隆凸、项韧带、全部颈椎棘突、棘上韧带	锁骨外侧端1/3	单侧上束肌纤维收缩使头向同侧屈和向对侧回旋，双侧上束肌纤维同时收缩使头后仰，整体收缩使脊柱伸直，中束和下束肌纤维收缩使肩胛骨后缩
	中束				●	●				肩峰、肩胛冈上部	
	下束		●		●					肩胛冈上缘	
肩胛提肌		●				●			第1~4颈椎横突	肩胛骨内上角和内侧缘上部	单侧收缩使头向同侧屈、后伸、下回旋，双侧同时收缩使颈柱直
菱形肌			●		●	●			第6~7颈椎和第1~4胸椎棘突	肩胛骨内侧缘下半部	双侧同时收缩使脊柱伸、胸段直
前锯肌				●			●下部		第1~9肋骨外侧面	肩胛骨内侧缘和下角的前面	提肋、助深吸气
胸小肌			●	●			●		第3~5肋骨前面	肩胛骨喙突	提肋助吸气

附表五 腰腹部活动肌肉群

腰腹部活动肌群		躯干屈	躯干伸	躯干（腰段）侧屈	躯干转（水平）	其他	起点	止点	备注
	腰大肌	●下固定、两侧同时收缩		●下固定、单侧收缩			第12胸和第1~5腰椎体侧和横突	股骨小转子	髂腰肌由腰大肌和髂肌组成
竖脊肌	棘肌		●	●单侧收缩		●上固定使骨盆前倾，使头后仰	骶骨背面，髂嵴后部，腰椎棘突，胸腰筋膜	颈椎、胸椎的棘突 颈椎、胸椎的横突和颞乳突 肋骨的肋角	
	最长肌								
	髂肋肌								
	腹横肌					●增腹压，助呼气	第7~12肋骨内面、胸腰筋膜、髂嵴、腹股沟韧带外侧	以腱膜参与形成腹直肌鞘后层并止于白线	
	腰方肌			●下固定、单侧收缩		●降第12肋（下固定、两侧同时收缩）	髂嵴后部	第12肋、第1~4腰椎横突	
	腹直肌	●两侧同时收缩		●单侧收缩		●骨盆后倾（上固定）、收腹，降肋，助呼气	耻骨联合和耻骨结节	第5~7肋软骨前面和胸骨剑突	
腹肌	腹内斜肌	●两侧同时收缩		●同侧腹内斜肌和腹外斜肌同时收缩	●异侧腹内斜肌和腹外斜肌同时收缩	●骨盆后倾（上固定、两侧同时收缩）	胸腰筋膜、髂嵴和腹股沟韧带外侧	第10~12肋骨下缘、腹直肌鞘前层、后层和白线	
	腹外斜肌	●两侧同时收缩（效果较小）					第5~12肋骨面	后部止于髂嵴、前部以腱膜参与形成腹直肌鞘前层和耻骨上棘和耻骨结节并形成腹股沟韧带	

附表六 髋关节活动肌肉群

髋关节活动肌群		屈髋（近固定）	伸髋（近固定）	内收（近固定）	外展（近固定）	内旋（近固定）	外旋（近固定）	起点	止点	备注（远固定）
髂腰肌	腰大肌	●						第12胸椎体侧面和横突和第1～5腰椎体侧面和横突	股骨小转子	单侧收缩使躯干侧屈，两侧收缩使躯干前屈和骨盆前倾
	髂肌							髂肌起于髂窝		双：骨盆后倾
梨状肌			●		●上半部		●	骶骨前面骶前孔外侧	股骨大转子	单侧收缩使骨盆转向对侧倾，躯干后伸，站立平衡
臀大肌			●	●下半部			●	髂骨翼外面、骶骨背面、骶结节韧带和尾骨	股骨臀肌粗隆和胫骨束	单侧收缩使骨盆同时收缩使对侧倾上升，两侧同时收缩使骨盆前倾
阔筋膜张肌		●				●		髂前上棘	胫骨外侧髁	骨盆前倾
缝匠肌		●		●直腿			●	髂前上棘	胫骨粗隆内侧面	两侧同时收缩使骨盆后倾
腘绳肌	股二头肌（长头）		●小腿直				●	长头起于坐骨结节	腓骨头	两侧同时收缩使骨盆前倾
	半腱肌		●小腿直			●		坐骨结节	胫骨上端内侧髁后	两侧同时收缩使骨盆前倾
	半膜肌		●小腿直			●		坐骨结节	胫骨内侧髁后	两侧同时收缩使骨盆前倾
大腿内收肌	耻骨肌	●		●				耻骨上支	股骨粗线内侧唇上部	两侧同时收缩使骨盆前倾
	长收肌	●		●				耻骨结节附近	股骨粗线内侧唇中部	两侧同时收缩使骨盆前倾
	短收肌	●		●				耻骨结节、坐骨支	股骨粗线内侧唇上2/3和股骨内上髁	两侧同时收缩使骨盆前倾
	大收肌	●		●				耻骨下支、坐骨支	股骨粗线内侧唇和股骨内上髁	两侧同时收缩使骨盆前倾
股薄肌				●直腿				耻骨下棘	胫骨上端内侧	两侧同时收缩使骨盆前倾
股直肌		●前部	●后部					髂前翼外	胫骨粗隆	股四头肌的四头之一
臀中肌		●前部	●后部		●	●前部		髂骨的臀前线以下、髋臼以上骨面	股骨大转子	单侧收缩使对侧收缩使骨盆上升，两侧前倾，两侧后部收缩使骨盆后倾
臀小肌		●前部	●后部		●	●前部		髂骨的臀前线以下、髋臼以上骨面	股骨大转子	

附表七 膝关节活动肌肉群

膝关节活动肌群		屈膝（近固定）	伸膝（远固定）	内旋（近固定）	外旋（近固定）	起点	止点	备注（远固定）
阔筋膜张肌			●			髂前上棘	胫骨外侧髁	
缝匠肌		●		●		髂前上棘	胫骨粗隆内侧面	
股四头肌	股直肌		●			髂前下棘	（合成髌韧带）胫骨粗隆	使大腿在膝关节处伸，维持人体直立
	股中间肌					股骨体前面		
	股内侧肌					股骨粗线内侧唇		
	股外侧肌					股骨粗线外侧唇		
腘绳肌	股二头肌	●			●	长头起于坐骨结节，短头起于股骨粗线外侧唇的下半部	腓骨头	
	半腱肌	●		●		坐骨结节	胫骨上端内侧	
	半膜肌	●		●		坐骨结节	胫骨内侧髁后	
股薄肌		●				耻骨下支	胫骨上端内侧	
腓肠肌		●				内侧头起于股骨内上髁后面，外侧头起于股骨外上髁后面	跟骨的跟结节	两侧同时收缩使骨盆前倾
跖肌		●				股骨外上髁	附着于跟腱的内侧缘	
腘肌		●		●		股骨外侧髁的外侧面上缘	胫骨的比目鱼肌线以上的骨面	

附表八　踝关节活动肌肉群

踝关节活动肌群		屈（远固定）	伸（近固定）	内收（内翻）	外翻	起点	止点	备注（远固定）
小腿前群肌	胫骨前肌		●	●		胫骨体外侧面上 1/2	内侧楔骨内侧面和第 1 跖骨底	踝关节的屈也叫跖屈，维持足弓
	踇长伸肌		●			腓骨前面和小腿骨间膜	踇趾远节趾骨底	
	趾长伸肌		●		●第三腓骨肌	腓骨胫骨上端	分 5 条肌腱，次止于第 2～5 趾中节趾骨底，其中 4 条依次止于第 2~5 跖中节和远节趾骨底，最外侧一条肌腱（第三腓骨肌）止于第 5 趾骨底	维持外侧足弓
小腿后群肌	腓肠肌	●跖屈（直腿）				内侧头起于股骨内髁后面，外侧头起于股骨外上髁后面	跟骨的跟结节	小腿后群肌也叫小腿三头肌，维持人体直立
	比目鱼肌	●跖屈（直腿和屈腿）				胫骨和腓骨后面上部		
小腿外侧肌	腓骨长肌	●			●	腓骨外侧面上方	肌腱经外踝止于内侧楔骨和第 1 跖骨底	维持足弓
	腓骨短肌	●			●	腓骨外侧面下方	第 5 跖骨底	维持足弓

附表九　常见食物能量参考表（源自《中国居民膳食指南》2022）

食物类别		重量/（g/份）	能量/kcal	备注
谷类		50~60	160~180	50 g 面粉 = 70~80 g 馒头 50 g 大米 = 10~120 g 米饭
薯类		80~100	80~90	80 g 红薯 = 100 g 马铃薯（相当于 0.5 份谷类）
蔬菜类		100	15~35	高淀粉类蔬菜，如甜菜、鲜豆类，应注意按照能量的不同，调整每份的用量
水果类		100	40~55	100g 梨和苹果，相当于高糖水果（如 25 g 枣、65 g 柿子）
畜禽肉类	瘦肉（脂肪含量<10%）	40~50	40~55	瘦肉的脂肪含量<10% 肥瘦肉的脂肪含量<10%~35% 肥肉、五花肉脂肪含量一般不超过 50%，应减少食用
	肥瘦肉（脂肪含量 10%~35%）	20~25	65~80	
水产品类	鱼类	40~50	50~60	鱼类蛋白质含量 15%~20%，脂肪 1%~8% 虾贝类蛋白质含量 5%~15%，脂肪 0.2%~2%
	虾贝类		35~50	
蛋类（含蛋白质 7 g）		40~50	65~80	一般每个鸡蛋 50 g，每个鹌鹑蛋 10 g，每个鸭蛋 80 g 左右
大豆类（含蛋白质 7 g）		20~25	65~80	黄豆 20 g = 北豆腐 60 g = 南豆腐 110 g = 内酯豆腐 120 g = 豆干 45 g = 豆浆 360~380 mL
坚果类（含脂肪 5 g）		10	40~55	淀粉类坚果相对能量低，如葵花籽仁 10 g = 板栗 25 g = 莲子 20 g（能量相当于 0.5 份油脂类）
乳制品	全脂（含蛋白质 2.5%~3%）	200~250	110	200 mL 液态奶 = 20~25 g 奶酪 = 20~30 g 奶粉 全脂液态奶　脂肪含量约 3% 脱脂液态奶　脂肪含量约<0.5%
	脱脂（含蛋白质 2.5%~3%）	200~250	55	
水		200~250	0	

备注：
1. 谷类按能量一致原则或 40 g 碳水化合物进行代换，薯类按 20 g 碳水化合物等量原则代换，能量相当于 0.5 份谷类。
2. 蛋类和大豆按 7 g 蛋白质，乳类按 5~6 g 蛋白质等量原则进行代换；脂肪含量不同时，能量有所不同。
3. 畜禽肉类、鱼虾类以能量为基础进行代换，参考脂肪含量区别。
4. 坚果类按 5 g 脂肪等量原则进行代换，每份蛋白质大约 2g。

附表十　常见身体活动能量消耗参考表（一）（源自《中国居民膳食指南》2022）

活动项目		身体活动强度/MET		能量消耗/(kcal·标准体重·10 min)	
		3以下低强度，3~6中强度 7~9高强度，10~11极高强度		男（66 kg）	女（56 kg）
家务活动	整理床、站立	低强度	2.0	22.0	18.7
	洗碗、熨烫衣服	低强度	2.3	25.3	21.5
	收拾餐桌、做饭或准备食物	低强度	2.5	27.5	23.3
	擦窗户	低强度	2.8	30.8	26.1
	手洗衣服	中强度	3.3	36.3	30.8
	扫地、扫院子、拖地板、吸尘	中强度	3.5	38.5	32.7
步行	慢速（3 km/h）	低强度	2.5	27.5	23.3
	中速（5 km/h）	中强度	3.5	38.5	32.7
	快速（5.5~6 km/h）	中强度	4.0	44.0	37.3
	很快（7 km/h）	中强度	4.5	49.5	42.0
	下楼	中强度	3.0	33.0	28.0
	上楼	高强度	8.0	88.0	74.7
	上下楼	中强度	4.5	49.5	42.0
跑步	走跑结合（慢跑成分不超10 min）	中强度	6.0	66.0	56.0
	慢跑、一般	高强度	7.0	77.0	65.3
	8 km/h、原地	高强度	8.0	88.0	74.7
	9 km/h	极高强度	10.0	110.0	93.3
	跑、上楼	极高强度	15.0	165.0	140.0
自行车	12~16 km/h	中强度	4.0	44.0	37.3
	16~19 km/h	中强度	6.0	66.0	56.0
球类	保龄球	中强度	3.0	33.0	28.0
	高尔夫	中强度	5.0	55.0	47.0
	篮球、一般	中强度	6.0	66.0	56.0
	篮球、比赛	高强度	7.0	77.0	65.3
	排球、一般	中强度	3.0	33.0	28.0
	排球、比赛	中强度	4.0	44.0	37.3
	乒乓球	中强度	4.0	44.0	37.3
	台球	低强度	2.5	27.5	23.3
	网球、一般	中强度	5.0	55.0	46.7
	网球、双打	中强度	6.0	66.0	56.0
	网球、单打	高强度	8.0	88.0	74.7
	羽毛球、一般	中强度	4.5	49.5	42.0
	羽毛球、比赛	高强度	7.0	77.0	65.3
	足球、一般	高强度	7.0	77.0	65.3
	足球、比赛	极高强度	10.0	110.0	93.3

常见身体活动能量消耗参考表（二）（源自《中国居民膳食指南》2022）

活动项目		身体活动强度/MET		能量消耗/（kcal·标准体重·10 min）	
		3以下低强度，3~6中强度 7~9高强度，10~11极高强度		男（66 kg）	女（56 kg）
跳绳	慢速	高强度	8.0	88.0	74.7
	中速、一般	极高强度	10.0	110.0	93.3
	快速	极高强度	12.0	132.0	112.0
舞蹈	慢速	中强度	3.0	33.0	28.0
	中速	中强度	4.5	49.5	42.0
	快速	中强度	5.5	60.5	51.3
游泳	踩水、中等用力、一般	中强度	4.0	44.0	37.3
	爬泳（慢）、自由泳、仰泳	高强度	8.0	88.0	74.7
	蛙泳、一般速度	极高强度	10.0	110.0	93.3
	爬泳（快）、蝶泳	极高强度	11.0	121.0	102.7
其他活动	瑜伽	中强度	4.0	44.0	37.3
	单杠	中强度	5.0	55.0	46.7
	俯卧撑	中强度	4.5	49.5	42.0
	太极拳	中强度	3.5	38.5	32.7
	健身操（轻或中等强度）	中强度	5.0	55.0	46.7
	轮滑旱冰	高强度	7.0	77.0	65.3

备注：
1. 1MET相当于每千克体重每小时消耗能量1 kcal。
2. 此表源自《中国居民膳食指南》（2022版）。

附表十一 健康状况问卷调查表（一）

为确保××公司（或××健身俱乐部）准确掌握客户的健康基本情况，为您精准设计健身计划，请您真实地填写每一个问题，本表所填信息要与本人相符。您的资料我们将绝对保密，谢谢您的合作和理解！

姓名：	性别：	身高：	体重：	身份证号码：		
当前住址：		通讯地址：		邮箱或QQ：		
工作的性质（脑力或体力）：		体力轻重：		每周工作时间：	职业：	本人电话：紧急电话：
来去健身房的交通方式：		早中晚三餐习惯：			健身可用时间：	
过去比较熟悉的运动项目：		曾经最喜欢的运动项目：		饮食喜好：		
此前多久没有运动以及原因：			疾病确诊的时间：	运动项目首选情况：		
医生确诊不能剧烈运动的疾病：			父母遗传病史：	本次健身的目的：		
本人遗传病史：			当前健康状况综合评判：	疾病当前恢复情况：		
本人最近一次体检时间及情况：				父母健康状况：		
其他需要说明的情况：				本人兄长姐妹健康状况：		

客户签名：　　　　　时间：

健康状况问卷调查表（二）

尊敬的顾客您好！

  此表格的目的是为了让我们更好的了解您的身体情况，从而制定适合您的运动课程，确保您的训练安全、有效。您为本表格提供的个人数据，纯属个人自愿。如果您提供的个人数据不够全面，我们可能无法给予您参加健身运动的合理化建议。您的个人数据属于您的个人隐私，保护您的隐私是我们应尽的义务。

一、个人基本信息

  姓名：_____，性别：_____，出生年月：_____，血型：_____，会员卡号：_____，家庭住址：_____，电话：_____

  紧急情况下联系人姓名：_____ 电话：_____ 与本人的关系：_____。

二、特殊疾病

  如果您有下列疾病请在 □ 内打勾

  高血压 □ 心肌梗塞□ 心绞痛 □ 糖尿病 □ 贫血 □ 支气管炎 □ 关节炎□ 风湿病□ 阑尾炎□ 神经衰弱□ 胆结石□ 白血病□ 癌症□ 肺炎□ 肝炎□ 癫痫□ 坐骨神经痛□ 胆固醇过高□ 骨质疏松症□。

三、体质情况

  1. 请问您的血缘关系中曾有家庭病史吗？_____。
  2. 请问您的关节、骨骼、韧带以及肌肉曾经有过损伤吗？_____。
  3. 您的工作类型属于重度体力劳动□中度体力劳动□轻度体力劳动□脑力劳动□。
  4. 是否驾驶？是□ 否□，每天驾驶时长_____。
  5. 请问您现在是否正接受药物治疗？是□否□。
  6. 请问最近两个月您的体重是否有大幅变化？是□否□；如果是，请问在___时间内增加□减少□_____kg体重。
  7. 请问您有过敏史吗？是□否□；如果是，过敏源是_____。
  8. 请问您吸烟吗？是□否□；如果是，请选择每日数量：2-4□，5-10□，11-15□，15以上□。
  9. 请问您饮酒吗？是□否□；如果是，请选择饮用情况：偶尔□，一般□，经常□。
  10. 请问您睡眠时间是从_____点到_____点；午休是□否□。
  11. 请问您最近三天曾有过感冒发烧吗？是□否□。
  12. 请问您现在是否怀孕？是□否□。
  13. 请问您最近三月是否生育？是□否□。

四、日常生活及习惯

  1. 近段时间，请问您觉得整体压力情况如何？很大□一般□很轻松□。
  2. 请问您觉得自己目前的健康状况如何？很好□好□一般□不好□。
  3. 请问您喜欢哪些种类的运动锻炼方式？_____。
  4. 请问您喜欢在每天的哪个时段进行运动？_____。

5. 请问您的早餐通常以什么食物为主？_____。
6. 请问您的午餐通常以什么食物为主？_____。
7. 请问您的晚餐通常以什么食物为主？_____。
8. 请问您有夜宵的习惯吗？是□否□。
9. 请问您喜欢吃零食吗？是□否□。
10. 请问您现在是否进行节食？是□否□。
11. 请问您知道自己每天的热量摄入量吗？是□否□。
12. 请问您现在正在服用哪些补剂？_____。
13. 请问您现在是否拥有自己的饮食计划？是□否□。

五、健身相关

1. 请问您的健身目的（可多选）

塑身减脂□增强肌肉力量□增强肌肉耐力□增强身体免于能力□提高心肺功能□减轻压力□改变精神面貌□改变睡眠质量□提高身体柔韧性□。

2. 请问您每周计划参加几次运动锻炼？_____。
3. 请问您到本健身房的距离有多少公里？大约有_____公里。
4. 请问你到达本健身房的交通方式是什么？_____。

六、补充

请问您的身体健康状况是否有以上内容未涉及的问题？是□否□；如果是，是_____。

贵宾签字：_____
问询人：_____
时间：_____

尺寸单位：mm

附表十二 体型测量登记表

测试员： 健身教练：

编号	姓名	性别	胸围	腰围	臀围	大腿围	小腿围	肩宽	三角肌	肱二头肌	肱三头肌	女上臂围	前臂围	肩水平	含胸	圆背	驼背	脊椎弯曲	骨盆	腿型	脚型	测试时间
																						始
																						末
																						体型变化

备注：正增长用＋标识，负增长用－号标识。

附表十三 体质测量登记表

身高单位：m　　　测试员：　　　健身教练：

编号	姓名	性别	身高	体重（左右）	BMI	身体水分	蛋白质	无机盐	骨骼肌	去脂体重	体脂率	安静心率	血压	健康状况	运动水平	测量时间 始	测量时间 末	体质变化

备注：正增长用＋标识，负增长用－号标识。

附表十四 体能测量登记表

测试员： 健身教练：

编号	姓名	性别	男引体向上	女仰卧起坐	立跳	座位体前屈	肺活量（台阶实验）	50米跑	女800米跑	男1000米跑	男生宽距俯卧撑	女生跪姿宽距俯卧撑	握力 左	握力 右	硬拉	负重深蹲	斜卧举腿	举杠铃	有氧耐力（1小时走）	测试时间 始	测试时间 末	体能变化

备注：正增长用＋标识，负增长用－号标识。

附表十五　人体成分分析报告样表（一）（国内某品牌产品测试结果样表）

编号	姓名	性别	年龄（岁）	身高（cm）	体重（kg）	测量日期
123	×××	男	28	183	90.6	××××-××-××

人体成分（kg）						
	测量值	总水分	肌肉量	去脂体重	体重	正常值
细胞内液	30.3	45.7 （42.5～45.0）	58.7 （54.4～58.1）	2.5 （58.8～62.5）	90.6 （61.9～80.3）	27.4～29.7
细胞外液	15.4	^	^	^	^	15.9～18.2
蛋白质	13.0					11.7～13.1
无机盐	3.80					4.19～4.41
体质脂肪	28.1					11.0～14.7

体型分析						
消瘦	正常	隐形肥胖	临界性肥胖	中度肥胖	肥胖	重度肥胖
超重	底肌肉	运动员型	低脂肪	超重肌肉型	低脂肪肌肉型	

水肿分析			
水肿指数	过低	正常	过高	测定值
	0.250　0.275	0.3　0.325	0.35　0.375　0.4　0.425　0.45	0.33

肌肉脂肪分析			
	过低	正常	过高	测定值
身体肥胖指数（BMI）	13.0　15.7	18.5　21.2　24.0	26.7　29.5　32.2　35	27.1
骨骼肌（kg）	23.6　27.2	30.9　34.5　38.2	41.8　45.5　49.1　52.8	35.1
体脂脂肪（kg）	7.3　9.1	11.0　12.8　14.8	16.5　18.4　20.2　22.1	28.1

营养评估		
蛋白质	不足 □	正常 ☑	过量 □
无机盐	不足 ☑	正常 □	过量 □

肥胖分析			
	过低	正常	过高	测定值
脂肪率（%）	10.0　12.5	15.0　17.5　20.0	22.5　25.0　27.5　30.0	31
腰臀臂	0.70　0.75	0.80　0.85　0.90	0.95　1.0　1.05　1.10	0.93
内脏脂肪面积（cm²）		0.0　50.0	100.0　150.0　200.0　300.0	127.8

肥胖评估		
体重	不足 □	正常 □	过量 ☑
体脂肪量	不足 □	正常 □	过量 ☑

人体成分分析报告样表（二）

节段分析（kg）										
	过低			正常			过高			测定值
左上肢脂肪量	0.5	0.6	0.7	0.8	0.9	1.0	1.1	1.2	1.3	1.7
左上肢肌肉量	4.1	3.5	3.6	3.7	3.8	3.9	4.0	4.1	4.2	4.1
右上肢脂肪量	0.5	0.6	0.7	0.8	0.9	1.0	1.1	1.2	1.3	1.8
右上肢肌肉量	3.4	3.5	3.6	3.7	3.8	3.9	4.0	4.1	4.2	3.8
躯干脂肪量	3.7	4.6	5.5	6.4	7.3	8.2	9.1	10.0	10.9	16.2
躯干肌肉量	25.3	26.2	27.1	28.0	28.9	29.8	30.7	31.6	32.5	31.9
左下肢脂肪量	1.3	1.6	2.0	2.3	2.7	3.0	3.4	3.7	4.1	4.1
左下肢肌肉量	9.3	9.6	10.0	10.3	10.7	11.0	11.4	11.7	12.1	9.7
右下肢脂肪量	1.3	1.6	2.0	2.3	2.7	3.0	3.4	3.7	4.1	4.3
右下肢肌肉量	9.3	9.6	10.0	10.3	10.7	11.0	11.4	11.7	12.1	9.2

调节目标			
	当前值	目标值	调节值
体重	90.6	73.6	−17.0
体脂肪量	28.1	12.8	−15.3
肌肉量	58.7	56.2	−2.5

综合评估	
基础代谢	1 961 kcal
总能量消耗	3 016 kcal
身体年龄	31.0
总评分	65.1

附表十六　私人健身教练体验课卡片

XXX 健身　　　　　　　　　　　　　　　　　　　时间 Date:＿＿＿＿＿＿

私人健身教练

体 验 课 卡 片

PERSONAL TRAINING HEALTH PROGRAM

客户姓名 Name：＿＿＿＿＿＿　　性别 Gender：男□ 女□

手机号码 Phone Number:＿＿＿＿＿　教练姓名 Trainer's Name：＿＿＿＿＿

训练大纲 Training Outline				
每周健身次数 Frequency　1□ 2□ 3□ 4□ 5□				
授课计划 Trail Class				
训练目标 Goals：				
热身运动 Warm-up	项目 Program	强度 Intensity	时间 Time	备注 Remark

授课内容 Teaching Contents	次序	项目	重量	次数	组数	组间休息	时间	备注
	1							
	2							
	3							
	4							
	5							
课后小结 Review								

　　　　　　　　　　　　　　　　客户签字确认 Signature:＿＿＿＿＿＿＿

附表十七　不同年龄段男女生肺活量数据及其对应评分等级

性别	等级 数据 年龄	优秀	良好	中等	中下	差
男性	18~24	>4 734	4 085~4 734	3 565~4 084	2 984~3 564	2 469~2 947
	25~29	>4 724	4 070~4 724	3 560~4 069	2 950~3 559	2 426~2 949
	30~34	>4 644	3 975~4 644	3 445~3 974	2 850~3 444	2 340~2 849
	35~39	>4 449	3 840~4 449	3 310~3 839	2 720~3 309	2 235~2 719
	40~44	>4 323	3 700~4 323	3 185~3 699	2 550~3 184	2 107~2 549
	45~49	>4 199	3 565~4 199	3 065~3 564	2 408~3 064	2 000~2 407
	50~54	>4 014	3 355~4 014	2 880~3 354	2 265~2 879	1 870~2 264
	55~59	>3 869	3 225~3 869	2 745~3 224	2 160~2 744	1 769~2 159
女性	18~24	>3 359	2 880~3 359	2 455~2 879	1 974~2 454	1 523~1 973
	25~29	>3 344	2 870~3 344	2 465~2 869	1 935~2 464	1 496~1 934
	30~34	>3 342	2 860~3 342	2 440~2 859	1 882~2 439	1 420~1 881
	35~39	>3 259	2 774~3 259	2 350~2 774	1 835~2 349	1 395~1 834
	40~44	>3 174	2 674~3 174	2 250~2 673	1 730~2 249	1 328~1 729
	45~49	>3 079	2 560~3 079	2 150~2 559	1 620~2 149	1 260~1 619
	50~54	>2 999	2 475~2 999	2 078~2 474	1 570~2 077	1 215~1 569
	55~59	>2 869	2 530~2 869	1 955~2 349	1 475~1 954	1 195~1 474

备注1：此表源自"亚洲运动及体适能专业学院"的网络数据。
备注2：本项目采用肺活量测试仪器测得数据。
备注3：所测肺活量数据单位是ml（毫升）。

参考文献

[1] 国家体育总局职业技能鉴定指导中心组. 健身教练[M]. 北京：高等教育出版社，2009.
[2] 官加荣. 最强肌肉健身课[M]. 江苏：江苏凤凰科学技术出版社，2015.
[3] Nick Evans. 健美健身运动系统训练[M]. 北京：人民邮电出版社，2016.
[4] 田里. 健身教练服务教程[M]. 北京：中国书籍出版社，2013.
[5] 荒川裕志. 肌肉训练完全图解[M]. 北京：化学工业出版社，2016.
[6] Jim Stoppani. 肌肉与力量[M]. 北京：北京科学技术出版社，2017.
[7] Michael Mosley. 轻健身[M]. 南京：江苏凤凰科学技术出版社，2017.
[8] 李铂，李帅星. 实用体能训练方法[M]. 北京：化学工业出版社，2017.
[9] 黄晓琳. 人体运动学[M]. 北京：人民卫生出版社，2013.
[10] 顾德明，缪进昌. 运动解剖学图谱[M]. 3版. 北京：人民体育出版社，2013.
[11] 严隽陶. 推拿学[M]. 北京：中国中医药出版社，2011.
[12] 王之虹. 推拿手法学[M]. 北京：人民卫生出版社，2016.
[13] 宋柏林，于天源. 推拿治疗学[M]. 北京：人民卫生出版社，2016.
[14] 李鸿江. 推拿按摩治疗常见病[M]. 北京：人民卫生出版社，2009.
[15] 苏继承. 骨伤科康复技术[M]. 北京：人民卫生出版社，2008.
[16] 体育院、系教材编审委员会：运动解剖学编写组. 运动解剖学[M]. 北京：人民体育出版社，1985.
[17] 邱树华. 正常人体解剖学[M]. 上海：上海科学技术出版社，1989.
[18] 刘国隆. 生理学[M]. 上海：上海科学技术出版社，1989.
[19] 邱茂良. 针灸学[M]. 上海：上海科学技术出版社，1987.
[20] 岑泽波. 中医伤科学[M]. 上海：上海科学技术出版社，1989.
[21] 曲锦域，于长隆. 实用运动医学[M]. 4版. 北京：北京大学医学出版社，2007.
[22] 健身健美运动教程编写组. 健身健美运动教程[M]. 北京：北京体育大学出版社，2015.
[23] 克里斯蒂安·冯·勒费尔霍尔茨. 健身营养全书[M]. 北京：北京科学技术出版社，2018.
[24] 西南区体育教材教法研究会教材编审委员会. 运动生物力学[M]. 北京：北京师范大学出版社，2010.
[25] 张景琦. 健身食典[M]. 北京：中信出版集团股份有限公司，2020.
[26] 兰成伟. 实用健身与训练指导[M]. 成都：西南交通大学出版社，2019.
[27] 中国营养学会. 中国居民膳食指南（2022）[M]. 北京：人民卫生出版社，2022.
[28] 迈克·鲍伊尔. 体育运动中的功能性训练[M]. 北京：人民邮电出版社，2023.
[29] 何塞·曼努埃尔·桑斯·门希瓦尔. 人人都能看得懂的运动康复指南[M]. 北京：人民邮电出版社，2017.
[30] 张先松. 健身健美运动[M]. 2版. 北京：高等教育出版社，2022.